VIE
DE JÉSUS.

—

TOME II.

PARIS. — IMPRIMERIE DE BOURGOGNE ET MARTINET,
Rue Jacob, 30.

VIE

DE JÉSUS,

OU

EXAMEN CRITIQUE DE SON HISTOIRE,

PAR LE DOCTEUR

DAVID FRÉDÉRIC STRAUSS,

TRADUITE DE L'ALLEMAND SUR LA TROISIÈME ÉDITION

PAR

E. LITTRÉ,

Membre de l'Académie des Inscriptions et Belles-Lettres.

TOME SECOND.

PARIS,

LIBRAIRIE DE LADRANGE,

QUAI DES AUGUSTINS, 19.

—

1840.

DEUXIÈME SECTION.

HISTOIRE DE LA VIE PUBLIQUE DE JÉSUS.

SECONDE PARTIE.

NEUVIÈME CHAPITRE.

*

§ LXXXVIII.

Jésus considéré comme opérant des miracles.

Trois raisons montrent que le peuple juif, au temps de Jésus, attendait des miracles du Messie; d'abord cela, en soi, est naturel, puisque pour les Juifs le Messie était un second Moïse et le plus grand des prophètes, et que la légende nationale racontait toute sorte de merveilles des prophètes et de Moïse; en second lieu, des écrits juifs postérieurs rendent la chose vraisemblable (1); en troisième lieu, les évangiles même en font foi : Jésus ayant guéri une fois (sans moyen naturel) un démoniaque muet et aveugle, le peuple fut par là conduit à se demander : *Celui-là n'est il pas le fils de David?* μήτι οὗτός ἐστιν ὁ υἱὸς Δαυίδ (Matth. 12, 23); ce qui prouve qu'à cette époque on considérait, comme un attribut du Messie, le pouvoir de produire des cures miraculeuses. Jean-Baptiste, à la nouvelle des *œuvres* de Jésus, ἔργοις, demanda s'il n'était pas celui *qui doit venir,* ἐρχόμενος ; et Jésus, pour montrer qu'il l'est en effet, n'invoque à son tour que ses miracles (Matth. 11, 2 seq., et passages parallèles). À la fête des Tabernacles, que Jésus célébra à Jérusalem, plusieurs du peuple crurent en lui, disant en eux-mêmes : *Le Christ, quand il viendra, fera-t-il plus de signes que*

---

(1) Voyez les passages cités dans le tome 1er, Introduction, p. 100, note 1, à quoi on peut ajouter 4. Esdras, 13, 50 (Fabric. Cod. pseudepigr. V. T., 2, p. 286) et Sohar Exod. fol. 3, col. 12 (dans Schöttgen, *Horæ,* 2, p. 541, et aussi dans Bertholdt, Christol. § 33, not. 1).

celui-ci n'en fait ? ὅτι ὁ Χριστὸς ὅταν ἔλθῃ, μήτι πλείονα σημεῖα τούτων ποιήσει, ὧν οὗτος ἐποίησεν (Joh. 7, 31).

L'attente populaire avait décidé d'avance, non seulement
que le Messie ferait des miracles en général, mais encore
qu'il les ferait de telle ou telle espèce. Cela provenait aussi
de types et de sentences fournies par l'Ancien-Testament.
Moïse, par une voie surnaturelle, avait procuré au peuple
de quoi manger et boire (2. Mos. 16, 17); on en attendait
autant du Messie, ainsi que les rabbins le disent expressément. Sur la prière d'Élisée, aux uns les yeux avaient été
surnaturellement fermés, aux autres surnaturellement ou-
verts (2. Reg. 6); le Messie devait aussi ouvrir les yeux
des aveugles. Ce prophète et son maître avaient ressuscité
des morts (1. Reg. 17; 2. Reg. 4); le Messie ne pouvait
pas être privé du pouvoir sur la mort (1). Parmi les prophéties, c'était surtout celle d'Isaïe (35, 5 seq.; comparez
42, 7) qui avait exercé de l'influence sur ce côté de l'idée
du Messie. Il y avait été dit des temps messianiques : *Alors
les yeux des aveugles s'ouvriront, et les oreilles des sourds
entendront ; alors le boiteux sautera comme un cerf,
et la langue des bègues articulera*, τότε ἀνοιχθήσονται
ὀφθαλμοὶ τυφλῶν, καὶ ὦτα κωφῶν ἀκούσονται· τότε ἁλεῖται ὡς
ἔλαφος ὁ χωλὸς, τρανὴ δὲ ἔσται γλῶσσα μογιλάλων (LXX). Ces
expressions forment, à la vérité, dans Isaïe, un contexte
métaphorique ; mais elles furent bientôt entendues au propre, ainsi qu'on le voit par la réponse que Jésus fit aux
messagers de Jean (Matth. 11, 15); il y décrit ses miracles
en se référant évidemment à ce passage du prophète.

Du moment que Jésus se donna et fut considéré comme
Messie, ou même seulement comme prophète, cette attente
devint pour lui une exigence quand, d'après plusieurs passages déjà examinés (Matth. 12, 38; 16, 1 et passages pa-

(1) Voyez les passages rabbiniques dans l'endroit du premier volume auquel je
renvoie dans la note précédente.

rallèles), un *signe*, σημεῖον, lui fut demandé par ses adversaires pharisiens ; quand , après l'expulsion violente des vendeurs et des changeurs hors du Temple, les Juifs désirèrent de lui un *signe* qui légitimât son action (Joh. 2 , 18) ; et quand les gens, dans la synagogue de Capharnaüm, mirent , à la croyance que Jésus exigeait qu'ils eussent en lui comme envoyé de Dieu, la condition de leur montrer un *signe* (Joh. 6, 30).

D'après les renseignements fournis par le Nouveau-Testament, Jésus a plus que satisfait à cette exigence que ses contemporains imposaient au Messie. Non seulement une partie considérable des narrations évangéliques consiste en descriptions de ses actes miraculeux ; non seulement , après sa mort, ses partisans se rappelèrent, avant toute chose, à eux et aux Juifs, les *puissances*, δυνάμεις, les *signes*, σημεῖα, et les *prodiges*, τέρατα, accomplis par lui (Act. Ap. 2, 22, comparez Luc 24, 19) ; mais encore le peuple lui-même fut tellement satisfait de ce côté par lui dès son vivant, que plusieurs , pour cette raison, crurent en lui (Joh. 2 , 23 ; comparez 6, 2) ; qu'on l'opposa à Jean-Baptiste, qui n'avait fait aucun *signe* (Joh. 10, 41) ; et que même l'on pensa que le Messie futur ne pourrait pas le surpasser à cet égard (Joh. 7, 31). Ces demandes de signes ne prouvent pas que Jésus ait manqué de faire des miracles, et elles le prouvent d'autant moins, que plusieurs d'entre elles sont faites immédiatement après des miracles considérables, par exemple après la guérison d'un démoniaque (Matth. 12, 38), après la nourriture donnée aux cinq mille (Joh. 6, 30). A la vérité, cette position même fait difficulté ; l'on ne comprend pas bien comment les Juifs ont contesté à ces deux derniers le titre de vrais *signes*, car l'expulsion des démons en particulier était estimée très haut (Luc 10, 17). Il faudrait donc préciser davantage le signe demandé dans ces passages, à l'aide de Luc 11. 16 (comparez Matthieu. 16. 1 ; Marc 8.

11), en faire un *signe du ciel*, σημεῖον ἐξ οὐρανοῦ, et songer, soit au *signe* spécifiquement messianique *du fils de l'homme dans le ciel*, σημεῖον τοῦ υἱοῦ τοῦ ἀνθρώπου ἐν τῷ οὐρανῷ (Matth., 24, 3o), soit à l'interruption du cours des astres, à leur obscurcissement, et peut-être à une voix céleste qui vînt imposer la croyance (1). Si l'on aime mieux rompre toute connexion entre ces demandes de signes et les miracles antécédents, Jésus peut avoir fait de très nombreux miracles, et cependant quelques pharisiens hostiles, qui, par hasard, n'avaient encore été témoins oculaires d'aucun miracle, ont pu demander d'en voir eux-mêmes.

Si Jésus blâme la manie des miracles (Joh. 4, 48), et à ces demandes de signes répond toujours en les refusant, en soi cela ne prouve pas qu'il n'ait fait volontairement des miracles dans d'autres cas où ils lui paraissaient mieux placés. Quand, relativement à la demande des pharisiens, il déclare, d'après Marc 8, 12, qu'il ne sera donné aucun signe *à cette génération*, τῇ γενεᾷ ταύτῃ, ou, d'après Matthieu, 12, 39 seq. 16, 4, et d'après Luc 11, 29 seq., qu'il ne lui sera donné aucun signe, si ce n'est le *signe de Jonas le prophète*, σημεῖον Ἰωνᾶ τοῦ προφήτου, il semblerait que Jésus refusait tout miracle, excepté le signe de Jonas, c'est-à-dire, d'après l'interprétation du premier évangile, sa résurrection. Cependant, comme, d'après la relation moins altérée de Luc, il faut plutôt entendre par le signe de Jonas la manifestation entière de Jésus dans laquelle ses miracles sont aussi compris, Jésus, sans aucun doute, veut seulement dire que cette génération est sans justification en demandant encore un signe particulier pour croire en lui, puisque toute sa manifestation et toute son action renferment assez de choses capables d'inspirer la foi (et parmi

(1) Comparez De Wette, exeg. Handb., sur ce passage; Neander, L. J. Chr. S. 264.

ces choses il y a des miracles), pour qu'un cœur tout-à-fait endurci puisse seul rester inaccessible à la conviction (1).

Si l'on recherche les documents historiques qui attestent les miracles de Jésus, on peut, à la vérité, trouver surprenant que, malgré tous les récits qu'en font les évangiles, ils aient, pour ainsi dire, complétement disparu dans les Actes et dans les Lettres des apôtres, à part une couple de mentions générales (Act. Ap. 2, 22 ; 10, 38 seq.), et que tout y soit rapporté à sa résurrection. Mais cela s'explique d'après la relation des Actes des Apôtres, si l'on considère que, dans la première communauté chrétienne, la preuve par les miracles était présente aux esprits, et qu'il était besoin, non d'invoquer les miracles appartenant au passé, mais seulement de faire voir comment les miracles mêmes des Apôtres dérivaient de l'action de Jésus (Act. Ap. 2, 33 ; 3, 16 ; 4, 30).

Le don des miracles dura dans l'Église apostolique, même après la mort de Jésus ; non seulement l'histoire des apôtres, dont le témoignage pourrait peut-être être contesté, en donne l'assurance, mais encore l'apôtre Paul est un témoin irrécusable dans ses Lettres, où, d'une part, il s'attribue à lui-même une *puissance*, accordée par le Christ, *de signes et de prodiges*, δύναμις σημείων καὶ τεράτων (Rom. 15, 19), une action *en signes, prodiges et puissances*, ἐν σημείοις καὶ τέρασι καὶ δυνάμεσι (2. Cor. 12, 12), et où, d'autre part, il cite, parmi les dons spirituels concédés à la communauté, les *grâces des remèdes*, χαρίσματα ἰαμάτων, et les *efficacités des puissances*, ἐνεργήματα δυνάμεων (1. Cor. 12, 9 seq. 28 seq.). De là on tire une conclusion rétrospective pour Jésus lui-même, conclusion qui n'est pas de telle sorte que nous n'ayons pas, en général, un droit absolu de rejeter dans un endroit ce que nous avons été obligés de recon-

(1) Voyez Neander l. c., S. 265 f.

naître dans une autre, mais qui contient un argument *à minori ad majus*, c'est-à-dire que nous devons juger l'extraordinaire plus croyable en Jésus qu'en ses disciples, ou, plus précisément, que nous devons, conformément à l'indication donnée par les apôtres eux-mêmes, trouver, en lui et dans les dons extraordinaires dont il était doué, la cause productrice de semblables phénomènes dans l'âge apostolique.

Maintenant, comment cet examen historique, favorable à la créance du merveilleux raconté de Jésus, se comporte-t-il avec l'exposition philosophique de l'impossibilité du miracle, exposition présentée dans l'Introduction (1) ? n'existe-t-il pas, entre l'un et l'autre, la plus complète contradiction? Cela semble ainsi; dans le fait, ils ne se contredisent pas immédiatement; mais, tandis que l'une des propositions nie le miracle dans le sens rigoureux, la seconde proposition reconnaît des effets et des phénomènes au sujet desquels il s'agit d'abord de demander si ce sont des miracles absolus. Que Dieu par Jésus, ou celui-ci par lui-même, ait agi sur des choses finies absolument en créateur, par sa simple volonté, sans être lié par les lois de l'action finie, c'est ce qui demeure inadmissible à notre esprit, et tout ce qui nous serait raconté de semblable resterait incroyable pour nous. Mais les histoires évangéliques des miracles sont-elles de telle nature qu'elles conduisent nécessairement à supposer une action infinie? Quelques unes, à la vérité, pour le dire ici d'avance, telles que la multiplication des pains, la transformation de l'eau en vin, les résurrections des morts, si l'on s'en tient au texte, ne peuvent s'expliquer que par l'action d'un être qui, placé au-dessus de la nature considérée comme l'ensemble de causalités finies et agissant réciproquement les unes sur les autres, y intervient de dehors ou

____

(1) T. 1, § XIV. p. 57—

d'en haut. Mais, dans plusieurs autres narrations de miracles, une explication paraît possible, sinon par les forces
naturelles ordinaires, telles que l'emploi de médicaments ou
d'opérations chirurgicales dans les cures miraculeuses de
Jésus, comme le disait l'explication prétendue naturelle,
du moins par ces forces qui, appartenant à l'ensemble de
l'existence finie, y occupent, aux yeux de notre esprit, une
place plus haute ou plus profonde; de telle sorte que, se
manifestant plus rarement dans leur action, elles se dérobent
davantage à l'observation et par là à la trivialité quotidienne.

Pour nous assurer du caractère naturel de l'action de
Jésus dans certains actes miraculeux, et de la créance qu'ils
méritent, nous devons chercher des phénomènes correspondants dans le domaine de ces contingences qui sont re-
gardées comme naturelles; or ici, le magnétisme animal
forme, comme on sait, le point central de toutes les analogies que l'on peut trouver. Nous y avons également une
action curative de la main, non de la main qui offre un
remède ou qui pratique une opération, mais de la main qui
touche simplement, de l'imposition seule des mains, à l'aide
de laquelle Jésus aussi guérit si souvent. Ici encore, nous avons,
sans un contact immédiat, une efficacité de la simple parole, et même de la direction de la volonté du magnétiseur;
et cependant, individu qui opère et procédé de guérison,
tout empêche de penser à quelque chose de positivement
surnaturel. C'est aussi dans ce domaine que, en voyant se
rompre les barrières de l'action ordinaire, nous voyons
semblablement s'étendre les limites de la faculté de percevoir, et apparaître une lucidité et une vue à distance qui
nous rappellent maintes particularités de la vie de Jésus
d'après la narration évangélique. Ainsi, d'une part les
phénomènes magnétiques, de l'autre l'action de Jésus sur
l'organisme malade, nous montrent des points de contact
avec ce qu'on observe ordinairement se passer d'une façon

naturelle ; au contraire, les récits d'une influence de Jésus sur la nature extra-humaine et sur l'être humain frappé par la mort, étant hors de toute analogie, subsistent comme absolument surnaturels, et par conséquent incroyables (1). Cependant, jusqu'à quel point l'action de Jésus, en tant qu'elle a de l'analogie avec les phénomènes magnétiques et semblables au magnétisme, dépasse-t-elle la mesure de l'observation ordinaire, et quelle influence cette différence exerce-t-elle sur la créance des récits ? c'est ce dont il sera temps de traiter quand nous examinerons en particulier chacune des histoires de miracles.

Ici appartient encore une remarque sur la valeur que nous sommes habitués à attacher à de pareilles facultés et opérations, là où elles se présentent ordinairement. D'abord, quant à la force d'agir magnétiquement, nous ne la connaissons partout que comme un don naturel qui, tel que la vigueur corporelle, l'éloquence, etc., n'est que dans un rapport accidentel avec la valeur morale ou la piété de ceux qui en sont doués. La lucidité et la vue à distance se montrent dans le somnambulisme, comme l'admettent les partisans mêmes de cette analogie pour les mira-

(1) Comparez mes Écrits polémiques, 1, 3, S. 38 f. 154 f.; Weisse, die evangelische Geschichte critisch und philosophisch bearbeitet, 1, S. 144 ff. 334 ff; Tholuck, Glaubwürdigkeit, S. 90 ff. Le premier fait, à cet égard, une distinction entre le miraculeux et le merveilleux, le dernier entre *miraculum* et *mirabile*. Dans le même sens, Weisse dit (mémoire publié dans Tholuck's literarischem Anzeiger, 1836, nº 20, S. 157) : « Pour la croyance aux miracles proprement dits, en tant qu'elle ne trouve pas un point fixe rationnel dans le magnétisme animal, dans la lucidité des somnambules, etc., la philosophie, en acceptant et en maniant la physique spéculative et l'opinion qui considère dynamiquement la nature, ne s'est pas placée dans un autre rapport que celui où l'opinion qui considérait mécaniquement la nature, était jadis placée. Au contraire, la répugnance du naturaliste spéculatif à admettre toute interruption extérieure du cours régulier de la nature sera d'autant plus grande, en comparaison de la répugnance d'un partisan de l'opinion mécanique, qu'il a la conscience de reconnaître, dans ces lois, l'essence propre, la substance, l'idée de la nature, qui serait complétement abolie par une interruption des lois; au lieu que, pour la philosophie mécanique, les lois, n'étant que jointes extérieurement à la substance de la nature, pourraient être également brisées par l'extérieur. »

cles de Jésus (1), bien plutôt dans un état et par un état de
dépression spirituelle et de limitation du sens interne. Des
phénomènes pareils se trouvent, il est vrai, en dehors du
cercle proprement magnétique, et en particulier sur le terrain de la religion. Mais ces faits, tels que plusieurs des histoires merveilleuses du moyen âge, là où elles sont appuyées de
témoignages, tels que les scènes du tombeau du diacre Paris,
ou celles qui se passèrent parmi les Camisards dans la guerre
des Cévennes, ne sont nullement des signes caractéristiques du vrai et de l'authentique en matière de religion ;
ils sont associés, non moins souvent, avec des éléments
faux et impurs ; ils accompagnent de violentes émotions re-
ligieuses, en tant que et aussi long-temps que ces émotions
fermentent plus dans la profondeur du sentiment et de la
conscience qu'elles ne se développent sous l'œil de la réflexion. En conséquence, ce ne serait dans aucun cas par ces
facultés et par ces phénomènes que Jésus se ferait reconnaître
à nous comme le fondateur de la vraie religion ; au contraire,
c'est parce que nous le connaissons comme tel par une autre
voie, que nous devons considérer ces phénomènes dans sa
vie comme des phénomènes de santé et de pureté.

Sans doute il peut être naturel, au moment où la vie
spirituelle prend de nouveaux développements, d'attendre,
dans la nature corporelle, des phénomènes correspondants,
résultat de la nouvelle force spirituelle ; et, par ce motif,
de supposer que le Christ, qui a exercé une action si particulière sur le reste de la nature humaine, aura, par l'intermédiaire de l'enchaînement universel, manifesté aussi une
puissance particulière pour agir sur le côté corporel de
cette même nature (2). Mais un tel don corporel tient-il à son
essence spirituelle par un lien nécessaire ? Ce don doit-

(1) Tholuck, l. c., S. 94, 98 ; Olshausen, bibl. Comm., Préface de la seconde
édition, p. VII.

(2) Schleiermacher, Glaubenslehre, 1,
§ 14, S. 102.

il le faire reconnaître comme la plus haute personnalité religieuse? Prouver cela (1), ce serait prouver le miracle dans le sens du système orthodoxe; or cette preuve ne pourra jamais se donner, parce que non seulement, sur d'autres terrains, les plus grandes époques n'ont point présenté de pareils phénomènes, mais encore parce que, dans l'intérieur même du domaine religieux, ces phénomènes ne sont pas les compagnons exclusifs de ce qui est pur et authentique.

Nous nous en tiendrons à ces généralités sur les miracles de Jésus. Quant à l'examen des miracles en particulier, nous considérerons d'abord, par un motif qui bientôt deviendra clair, les expulsions de démons.

§ LXXXIX.

Les démoniaques considérés en général.

Tandis que, dans le quatrième évangile, les expressions *avoir un démon*, δαιμόνιον ἔχειν, *être démoniaque*, δαιμονιζόμενος, ne se présentent que dans la bouche des Juifs et sont des accusations contre Jésus, et des synonymes de *être fou*, μαίνεσθαι (8, 48 seq.; 10, 20 seq; comparez Marc 3, 22. 30; Matth. 11, 18), les démoniaques sont, dans les trois premiers évangiles, les objets, on peut le dire, les plus habituels des opérations curatives de Jésus. Dès l'endroit où les synoptiques décrivent les commencements de son ministère en Galilée, ils mettent, en tête des malades que Jésus a guéris, les *démoniaques*, δαιμονιζομένους (2) (Matth. 4,

(1) C'est ce qu'essaie Weisse, die evangel. Gesch., 1, S. 337 f.

(2) Les *lunatiques*, σεληνιαζόμενοι, qui leur sont associés chez Matthieu, ne sont qu'une espèce particulière de démoniaques, dont la maladie paraissait se régler sur les phases lunaires; cela se voit par un passage de Matthieu, où un *démon*, δαιμόνιον, est expulsé d'un *lunatique*, σεληνιαζόμενος.

24 ; Marc 1 , 34), et ces derniers jouent généralement un rôle principal dans les récits sommaires de l'action que Jésus exerça en certaines contrées (Matth. 8 , 16 seq. Marc 1 , 39; 3, 11 seq. Luc 6 , 18). Jésus accorde aussi à ses disciples, avant toute autre chose, le pouvoir de chasser les démons (Matth. 10, 1. 8; Marc 3, 15; 6, 7; Luc 9, 1), ce qui, à leur grande joie, leur réussit en effet à souhait (Luc 10, 17. 20; Marc 6, 13).

Outre ces renseignements sommaires, les guérisons de plusieurs démoniaques nous sont racontées en particulier, de sorte que nous pouvons nous faire une idée assez exacte de l'état spécial de ces malades. Chez celui dont la guérison dans la synagogue de Capharnaüm est placée comme la première de cette espèce par les deux évangélistes intermédiaires (Marc 1, 23 seq. Luc 4, 33 seq.), nous trouvons d'une part le sentiment interne altéré de telle sorte que le possédé parle dans la personne du démon, ce qui se reproduit aussi chez d'autres démoniaques, par exemple chez les démoniaques de Gadara (Matth. 8, 29 seq. et passages parallèles), d'autre part nous y reconnaissons des spasmes et des convulsions avec des cris sauvages. Cet état convulsif se rencontre, arrivé à l'état d'épilepsie manifeste, chez ce démoniaque qui est en même temps désigné comme lunatique (Matth. 17, 14 seq. et passages parallèles) ; car la chute subite, souvent dans des lieux dangereux, les cris, le grincement de dents, l'écume, sont des symptômes connus de l'épilepsie (1). L'autre face de la maladie, c'est-à-dire la perturbation du sens interne, se manifeste particulièrement chez les possédés de Gadara, qui, outre que le démon, ou plutôt une multitude de démons, parle it comme sujet par leur bouche, présentent une folie lycanthropique avec des accès de manie furieuse dont les effets

—————

(1) Comparez les passages d'anciens médecins chez Winer, bibl. Realwörterb. 1, S. 191.

se manifestent contre eux-mêmes et contre d'autres (1). Les évangiles désignent encore plus ou moins précisément, comme démoniaques, non seulement des fous et des épileptiques, mais encore des muets (Matth. 9, 32; Luc 11, 14; dans Matthieu 12, 22, le *démoniaque muet*, δαιμονιζόμενος κωφὸς, est en même temps *aveugle*, τυφλὸς), et des malades affectés de contraction goutteuse du corps (Luc 13, 11).

L'opinion sur ces malades qui est supposée dans les évangiles, et qu'en effet leurs rédacteurs partagent, est qu'un esprit mauvais, impur (δαιμόνιον, πνεῦμα ἀκάθαρτον), ou plusieurs se sont emparés d'eux (de là l'expression de *avoir un démon*, δαιμόνιον ἔχειν, *être démoniaque*, δαιμονίζεσθαι); que ces démons parlent par leur bouche (Matth. 8, 31 : *les démons l'appelèrent disant* : οἱ δαίμονες παρεκάλουν αὐτὸν λέγοντες), et meuvent à volonté leurs membres (Marc 9, 20 : *l'esprit le mit en mouvement*, τὰ πνεῦμα ἐσπάραξεν αὐτὸν), jusqu'à ce que, dans la guérison, chassés avec violence, ils abandonnent le malade (ἐκβάλλειν, ἐξέρχεσθαι). D'après les évangiles, Jésus avait le même point de vue. A la vérité, quand, pour guérir les possédés, il adresse la parole aux démons qui résident en eux (Marc 9, 25; Matth. 8, 32; Luc 4, 35), on pourrait à toute force regarder cela avec Paulus (2) comme une manière d'entrer dans l'idée fixe de ces personnes plus ou moins aliénées, condescendance à laquelle le médecin doit s'accommoder pour pouvoir agir, quelque convaincu qu'il puisse être du peu de fondement d'une pareille opinion. Mais il n'en est point ainsi : Jésus, dans ses conversations particulières avec ses disciples, non seulement ne leur dit jamais rien qui ait pour but de saper cette opinion, mais encore il part, à diverses reprises, de la supposition que ces états morbides ont une origine démoniaque, par exemple : outre l'ordre de *chasser les démons*,

(1) Voyez des passages rabbiniques et autres dans Winer, l. c., S. 192.

(2) Exeg. Handb., 1. b, S. 475; comparez Hase, L. J., § 60.

δαιμόνια ἐκϐάλλετε (Matth. 10, 8), on trouve encore un passage explicite dans Luc 10, 18, et particulièrement celui de Matthieu (17, 21 et parallèles), où Jésus dit : *cette espèce*, c'est-à-dire les démons, *ne sort pas*, etc., τοῦτο τὸ γένος οὐκ ἐκπορεύεται κ. τ. λ. Dans une explication purement théorique, donnée peut-être à ses seuls disciples, il décrit la sortie des démons, leurs courses vagabondes dans le désert, et leur retour renforcé, d'une manière qui se rattache tout-à-fait aux opinions populaires d'alors (Matth. 12, 43, seq.). C'est donc uniquement rectifier les idées de Jésus d'après les nôtres, que d'admettre, comme le font des érudits d'ailleurs exempts de préjugés, tels que Winer (1), que Jésus ne partageait pas l'opinion du peuple sur la cause de ces maladies, et qu'il ne faisait que s'y accommoder. Pour renoncer à toute pensée de ce genre, il ne faut qu'examiner de plus près le passage noté en dernier lieu. A la vérité, on a essayé d'échapper à ce qu'il a de probant, en le prenant au figuré ou même comme une parabole (2). Mais, si nous laissons de côté les interprétations comme celle que Olshausen répète encore d'après Calmet (3), le sens de cette métaphore prétendue aboutit toujours à ceci, qu'une conversion superficielle à la cause de Jésus entraîne une rechute d'autant plus fâcheuse (4). Mais je voudrais savoir ce qui, en somme, nous autorise à nous écarter du sens propre de ce discours : rien n'indique cette interprétation dans le passage même ; rien ne l'indique, non plus, dans le reste de l'enseignement de Jésus, qui, nulle part, ne cache des conditions morales sous l'image de conditions démoniaques ; et quand il parle ailleurs, comme ici, de la *sortie*, ἐξέρχεσθαι, des mauvais esprits, par exemple dans Matthieu 17, 21, cela veut être entendu au propre. Mais, dit-on, c'est

(1) L. c., S. 191.

(2) Gratz, Comm. z. Matth.. 1, S. 615 ; Neander, L. J. Chr, S. 293.

(3) Bibl. Comm., 1, S. 417. Suivant Calmet, il s'agit du peuple juif, qui fut possédé avant l'Exil par le diable sous forme d'idolâtrie, après l'Exil par le diable encore pire du pharisaïsme.

(4) C'est ce que dit Fritzsche, in Matth., p. 447.

l'enchaînement des pensées qui l'exige. Luc (11, 24 seq.) place le passage dont il s'agit ici, après l'apologie de Jésus contre l'inculpation des pharisiens qui l'accusaient de chasser les démons par Beelzébuth ; il le place sans doute d'une manière fautive, comme nous l'avons vu ; mais cela prouve du moins qu'il a entendu parler, au propre, de véritables démons. Matthieu met aussi ce passage dans le voisinage de l'inculpation des pharisiens et de l'apologie de Jésus ; mais il intercale, entre l'inculpation et l'apologie, la demande de signes et la réponse qu'y fait Jésus, et il met, comme application finale dans la bouche de Jésus, ces mots : *Il en sera ainsi de cette génération perverse,* οὕτως ἔσται καὶ τῇ γενεᾷ ταύτῃ τῇ πονηρᾷ. Si, par là, Jésus donne au discours une relation figurée avec l'état moral et religieux de ses contemporains, il veut, sans aucun doute, que la description précédente du démon qui est chassé et qui revient soit entendue, au propre, de possédés ; et ce n'est que par un retour sur cette description qu'il en fait l'image de la condition morale de ses contemporains. Dans tous les cas, Luc, qui n'a pas cette addition, présente le discours de Jésus comme un avertissement, ainsi que Paulus s'exprime, contre la récidive démoniaque (1). La plupart des théologiens actuels, sans être précisément appuyés par Matthieu, et en contradiction positive avec Luc, ne veulent entendre l'expression de Jésus que dans un sens figuré. Mais cela ne paraît avoir son motif que dans la crainte d'attribuer à Jésus une démonologie aussi développée qu'elle se trouve dans ces paroles, si on les entend au propre. On n'y échappe pas cependant, lors même qu'on fait abstraction de ce passage : dans Matthieu (12, 25 seq. 29), Jésus parle d'un royaume et d'une maison du diable, d'une façon qui dépasse évidemment le simple langage figuré ; mais c'est surtout le passage déjà cité (Luc 10, 18-20) qui est décisif ; car il est tel, qu'il

____

(1) Comparez De Wette, exeg. Haudb., 1, 1, S. 120.

arrache, même à Paulus, si jaloux de prêter aux personnages saints de la primitive histoire chrétienne les idées de notre temps, l'aveu que Jésus n'a pas considéré le royaume de Satan simplement comme symbole du mal, et qu'il a admis de véritables possessions démoniaques. Car, dit Paulus avec toute justesse, comme Jésus parle ici, non aux malades, non au peuple, mais à ceux qui eux-mêmes guérissaient, sous sa direction, de pareilles maladies, on ne peut plus, par un simple accommodement aux idées de son temps, expliquer son langage, quand, accueillant ses disciples à leur retour, il leur confirme que *les démons leur sont soumis*, τὰ δαιμόνια ὑποτάσσεται ὑμῖν, et qu'il décrit leur faculté de guérir les démoniaques comme une domination sur la *puissance de l'ennemi*, δύναμις τοῦ ἐχθροῦ (1). Le même théologien, sentant que ceux dont les lumières ne s'accordent pas avec la croyance aux possessions démoniaques, pourraient être choqués de voir que Jésus avait eu cette croyance, y a pourvu avec beaucoup de justesse, en remarquant que l'esprit même le plus distingué peut conserver une idée fausse qui est de son temps, pourvu qu'elle n'appartienne pas au domaine de ses réflexions particulières (2).

Les opinions qui règnent dans le Nouveau Testament sur les démoniaques trouvent un éclaircissement dans celles que nous rencontrons touchant le même objet dans d'autres écrivains plus ou moins contemporains. Les idées générales de l'influence des esprits malins sur les hommes, influence qui avait pour résultat la mélancolie, la folie, l'épilepsie, furent, il est vrai, répandues de bonne heure chez les Grecs (3) comme chez les Hébreux (4). Quant à l'idée plus précise,

---

(1) Exeg. Handb., 2, S. 566.

(2) L. c., 1, b, S. 483. 2, S. 96.

(3) C'est pour cela que les mots δαιμονᾶν, κακοδαιμονᾶν, sont employés comme synonymes de μελαγχολᾶν, μαίνεσθαι. Hippocrate fut obligé de combattre l'opinion qui attribuait l'épilepsie à l'influence démoniaque. Voyez dans Weitstein, S. 282 ff.

(4) Que l'on compare *l'esprit méchant qui agitait* Saül, רוח רעה מאת יהוה, d'où vint sa mélancolie, 1. Sam. 16,

que les esprits malins entrent dans le corps de l'homme et en prennent possession, on ne la trouve développée chez les Hébreux et chez les Grecs que plus tard, et lorsque la pneumatologie de l'Orient, et surtout de la Perse, se fut propagée parmi eux (1). De là proviennent, dans l'historien Josèphe, les expressions de *démons entrant dans les vivants, s'y établissant,* δαιμόνια τοῖς ζῶσιν εἰσδυόμενα (2), ἐγκαθεζόμενα (3), et les mêmes idées chez Lucien (4) et Philostrate (5).

Les évangiles ne disent rien de précis sur la nature et la provenance de ces esprits, si ce n'est qu'ils appartiennent à la maison de Satan (Matth., 12, 26 seq. et passages parallèles); aussi, ce que fait l'un d'entre eux, est attribué à Satan (Luc, 13, 16). Par Josèphe (6), Justin-Martyr (7) et Philostrate (8), avec lesquels des écrits rabbiniques concordent aussi (9), nous apprenons que ces démons étaient des âmes de méchants séparées de leurs corps; et des théologiens récents n'ont pas hésité à attribuer cette opinion sur leur origine au Nouveau Testament lui-même (10).

14. Son action sur Saül est rendue par l'expression בעתתו, *il l'envahit.*

(1) Voyez Creuzer, Symbolik, 3, S. 69 f.; Baur, Apollonius von Tyana und Christus, S. 144.

(2) Bell. jud., 7, 6, 3.

(3) Antiq., 6, 11, 2. Il s'agit de l'état de Saül.

(4) Philopseud. 16.

(5) Vita Apollon. 4, 20, 25. Comparez Baur, l. c., S. 58 f. 42. Cependant Aristote même parle *de gens possédés d'un certain démon,* δαίμονί τινι γενομένοις κατόχοις, de Mirab. 166, ed. Bekk.

(6) L. c., de la Guerre des Juifs : *Car ceux qu'on appèle démons sont des esprits d'hommes méchants qui entrent dans les vivants et qui les tuent, s'il ne se trouve pas de secours,* τὰ γὰρ καλούμενα δαιμόνια.... πονηρῶν ἐστιν ἀνθρώπων πνεύματα, τοῖς ζῶσιν εἰσδυόμενα καὶ κτείνοντα τοὺς βοηθείας μὴ τυγχάνοντας.

(7) Apol. 1, 18.

(8) L. c., 3, 38.

(9) Voyez Eisenmenger, entdecktes Judenthum, 2, S. 427.

(10) Paulus, exeg. Handb., 2, S. 39; L. J., 1, a, S. 217. Il invoque particulièrement Matthieu, 14, 2, où, sur le bruit des miracles de Jésus, Hérode dit: *C'est Jean-Baptiste, il est ressuscité,* οὗτός ἐστιν Ἰωάννης ὁ βαπτιστὴς, αὐτὸς ἠγέρθη ἀπὸ τῶν νεκρῶν. En cela Paulus trouve l'opinion rabbinique du עיבור; cette opinion, différente de celle du גלגול ou transmigration proprement dite des âmes, c'est-à-dire passage des âmes défuntes dans des corps d'enfants qui se forment, cette opinion, dis-je, admet, qu'à l'âme d'un vivant se joint l'âme d'un défunt, qui

Cependant Justin et les rabbins précisent davantage la chose, et disent que ces esprits persécuteurs des vivants sont surtout les âmes des géants, descendants de ces anges qui s'unirent avec les filles des hommes ; les rabbins y ajoutent les âmes de ceux qui périrent dans le déluge, et de ceux qui prirent part à la construction de la Tour de Babel (1); en quoi concordent les Clémentines, d'après lesquelles ces âmes de géants, devenues des démons, cherchent, étant les plus fortes, à s'attacher à des âmes humaines, et à entrer dans des corps humains (2). Comme, dans le reste du passage cité plus haut, Justin veut démontrer aux païens l'immortalité par leurs propres idées, l'opinion qu'il exprime que les démons sont, en général, des âmes de défunts, ne peut guère être considérée comme la sienne propre, d'autant plus que son disciple Tatien la repousse formellement (3). Quant à Josèphe, son témoignage ne décide rien pour la doctrine qui fait le fond du Nouveau Testament à ce sujet, car il avait reçu une éducation grecque ; et l'on a toute raison de demander s'il reproduit cette doctrine sous la forme primitivement juive, ou sous la forme grécisée. Or, s'il faut admettre que la doctrine des démons est passée des Perses aux Hébreux, on sait que les Dèves de la religion zend étaient des esprits essentiellement mauvais, et nés avant le genre humain ; de ces deux conditions, la première appartenait au dualisme, et l'hébraïsme put se sentir amené à l'effacer, tandis qu'il n'eut aucune raison pour sacrifier la seconde. De la sorte, dans

ajoute à sa force. (Voyez Eisenmenger, 2, S. 85 ff.) Mais le mot ἠγέρθη, s'il faut l'entendre au pied de la lettre (comparez De Wette), renferme, non cette idée rabbinique, mais l'idée d'une véritable résurrection de Jean-Baptiste ; c'est ce que Fritzsche et d'autres ont montré ; et, quand même il renfermerait l'opinion rabbinique, il n'en serait pas moins question ici d'un tout autre état que la possession démoniaque. Il s'agirait, en effet, d'un bon esprit qui serait entré dans un prophète pour le fortifier, comme, d'après l'opinion postérieure des Juifs, l'âme de Seth se joignit à celle de Moïse, et les âmes de Moïse et d'Aaron se joignirent à celle de Samuel (Eisenmenger, l. c.); mais il ne s'ensuivrait nullement qu'on eût cru à la possibilité du passage d'âmes méchantes dans des vivants.

(1) Justin. Apol., 2, 5. Eisenmenger, l. c., S. 428 ff.

(2) Homil. 8, 18 seq. 9, 9 seq.

(3) Orat. contra Græcos, 16.

l'opinion hébraïque, les démons devinrent les anges tombés de Moïse (1, 9), les âmes de leurs enfants les géants, et des grands criminels, avant et immédiatement après le déluge, auxquels l'imagination populaire donna peu à peu des proportions surhumaines. Mais il n'y avait, dans les idées des Hébreux, aucun motif pour descendre au-delà du cercle de ces âmes, que l'on pouvait se représenter comme la cour de Satan. Ce motif ne surgit que quand les croyances gréco-romaines se rencontrèrent avec celles des Hébreux. Les premières n'avaient point de Satan, par conséquent point de cortége d'esprits qui lui fussent propres et qui le servissent ; mais elles avaient leurs mânes, leurs lemures, etc., esprits humains qui étaient séparés de leurs corps et qui inquiétaient les vivants. La conciliation des idées juives avec les idées gréco-romaines paraît avoir produit la manière de penser de Josèphe, de Justin, et même des rabbins postérieurs ; mais il ne s'ensuit pas que cette manière de voir se trouve dès le Nouveau Testament. Le fait est que nous n'y rencontrons aucune indication positive de cette opinion grécisée ; et même, en quelques endroits, les démons sont rattachés à Satan comme formant son cortége. En conséquence, comme les évangiles synoptiques offrent ordinairement, à moins de quelque transformation dans le sens chrétien, les opinions juives dans leur pureté, nous devons leur supposer, sur les démons, l'opinion qui régnait primitivement parmi les Juifs (1).

L'ancienne théologie, on le sait, s'est appropriée, d'après l'autorité de Jésus et des évangélistes, l'opinion d'une véritable possession des hommes par les démons. Au contraire, la théologie plus moderne, surtout depuis Semler (2), considérant

---

(1) C'est ce que dit aussi Neander, L. J. Chr., S. 281.

(2) Voyez ses mémoires intitulés : Commentatio de dæmoniacis quorum in N. T. fit mentio, et Umständliche Untersachung der dämonischen Leute. — Dès le temps d'Origène, les médecins donnaient des explications naturelles de l'état des prétendus possédés. Voyez Orig. in Matth., 17, 15.

la ressemblance frappante qui existe entre l'état des démoniaques du Nouveau Testament et plusieurs malades de
notre temps (1), a commencé à attribuer aussi le mal des
premiers à des causes naturelles, et à mettre, sur le compte
des idées du temps, la cause surnaturelle supposée dans
l'Ancien Testament. Aujourd'hui, quand il est question
d'épilepsie, de folie, et même d'une altération du sentiment
interne, semblable à l'état des possédés du Nouveau Testament, on ne songe plus guère à l'influence démoniaque. La
cause en est, d'une part, que, grâce aux progrès dans la connaissance de la nature et de l'âme, on possède plus de moyens
et plus d'analogies pour expliquer naturellement ces états,
et, d'autre part, que l'on a commencé à reconnaître, au
moins d'une manière obscure, les contradictions que renferme l'idée de la possession. Car, indépendamment des
difficultés exposées plus haut qui, en général, s'opposent à
l'admission de l'existence du diable et des démons, de quelque manière qu'on se représente le rapport entre la conscience de soi et les organes corporels, on ne peut imaginer
comment le lien entre les deux serait assez lâche pour qu'une
conscience étrangère s'interposât, et, expulsant la conscience propre à l'organisme, prît possession de ce dernier.
En conséquence, quiconque examine les phénomènes du
temps présent avec des yeux éclairés, et cependant les récits
du Nouveau Testament avec des yeux orthodoxes, arrive à
une contradiction, à savoir qu'il faudrait attribuer à des
causes surnaturelles du temps de Jésus, ce qui est, de
notre temps, le produit de causes naturelles.

Pour faire disparaître cette différence inconcevable entre
les époques, et pourtant ne rien sacrifier du Nouveau Testament, Olshausen, à qui nous pouvons ici attribuer la qua-

(1) Comparez particulièrement Kerner, Geschichten Besessener neuerer Zeit,
Carlsruhe, 1834.

lification de représentant de la théologie et de la philosophie mystiques du temps actuel, nie ces deux propositions :
qu'aujourd'hui tous les états semblables soient naturels, et
qu'alors ils aient été tous surnaturels. Quant à notre temps,
dit-il, si les apôtres entraient dans nos maisons d'aliénés,
comment nommeraient-ils plusieurs des malades qui y sont
renfermés (1)? Certainement ils donneraient à plusieurs la
dénomination de possédés, en vertu des idées qui leur étaient
communes avec leurs contemporains et leurs compatriotes,
et non en vertu des lumières apostoliques; de sorte que
l'homme de métier qui les conduirait chercherait avec raison à rectifier leurs jugements ; et aucune des dénominations
qu'ils imposeraient à nos malades, ne peut servir d'argument
contre le caractère naturel de ces états pathologiques. Pour
le temps de Jésus, ledit théologien soutient que les Juifs
eux-mêmes faisaient une distinction entre ces mêmes formes
de maladies, et que, suivant le mode de production, ils regardaient les unes comme démoniaques, et les autres comme
non démoniaques ; par exemple, un homme qui serait devenu fou par une lésion organique du cerveau, ou muet par
une lésion de la langue, n'aurait pas passé pour démoniaque; ce nom aurait été réservé à ceux dont l'état était le
résultat de causes plus ou moins psychologiques. Olshausen
nous doit, comme on le pense bien, des exemples d'une
pareille distinction faite du temps de Jésus. Où, en effet,
les Juifs d'alors auraient-ils pris la connaissance des causes
naturelles cachées qui produisent de pareils états, où auraient-ils pris les signes diagnostiques d'une folie ou d'un
idiotisme occasionné par une altération du cerveau ou par
une condition psychologique? N'étaient-ils pas exclusivement bornés aux phénomènes extérieurs, et à ce que les ap-
parences de ces phénomènes ont de plus grossier? Or, chez
un épileptique qui tombe soudainement et à l'improviste,

(1) Bibl. Comm., 1, S. 291. Anm.

et qui est saisi de convulsions, chez un maniaque qui délire, surtout si, par le contre-coup des idées contemporaines sur son état, il parle au nom d'un tiers, ces phénomènes sont de nature à indiquer une puissance extérieure qui domine le malade ; et, si une fois la croyance aux possessions démoniaques règne dans le peuple, tous les états pareils y seront ramenés, comme nous le voyons dans le Nouveau - Testament. Au contraire, dans le mutisme, dans la contracture ou dans la paralysie goutteuse, la domination d'une puissance étrangère est déjà indiquée d'une manière moins positive ; et aussi ces affections peuvent tantôt être attribuées à la possession d'un démon, tantôt ne l'être pas. En effet, elles ne le sont pas chez les muets dont il a déjà été question (Matth., 9, 32 ; 12, 22), et chez la femme courbée en deux (Luc, 13, 11) ; elles le sont au contraire, chez le *sourd parlant difficilement*, κωφὸς μογιλάλος (Marc, 7, 32 seq.), et chez les divers paralytiques dont il est question dans les évangiles. Il n'est pas besoin de dire que l'adoption de l'une ou de l'autre opinion a pour cause, non l'examen du mode de production de la maladie, mais uniquement celui des phénomènes extérieurs. En conséquence, si les Juifs, et avec eux les évangélistes ont rattaché à l'influence démoniaque les deux espèces principales des états dont il s'agit ici, celui qui se croit tenu à accepter leur opinion, sans cependant vouloir se dérober aux lumières de notre époque, reste sous la nécessité d'admettre avec une inégalité choquante, que les mêmes maladies ont dû être toutes naturelles dans un temps, et toutes surnaturelles dans un autre.

Mais le plus grand embarras est celui que Olshausen a créé en essayant de concilier la démonologie des Juifs et du Nouveau-Testament avec les connaissances de notre temps. En effet, l'emploi qu'il fait de ces connaissances s'oppose à l'adoption de démons personnels. Ce théologien, imbu des notions de la philosophie de la nature, s'efforce d'absorber, dans un système d'émanation, ce qui est représenté, dans le Nouveau-Testament, comme une armée d'individus distincts, et de les confondre dans la continuité d'une substance qui produit à la vérité, hors d'elle-même, des forces isolées, mais qui, ne leur permettant pas de se fixer en des individus indépendants, les ramène, comme autant d'accidents, au sein de sa propre unité. Cette tendance, que nous avons déjà vue percer dans l'angélologie d'Olshausen, se manifeste maintenant plus positivement dans sa démonologie. Des démons personnels sont trop choquants; et, chez les prétendus possédés, comme Olshausen le dit lui-même, l'inclusion de deux sujets dans un seul individu est trop inconcevable pour que l'on puisse accepter une pareille idée. Par conséquent, de toutes parts, on ne parle qu'avec une généralité indécise, d'un royaume du mal et des ténèbres; l'on suppose, il est vrai, que ce royaume a un prince personnel; mais par démons, l'on n'entend que les émanations et les influences isolées par lesquelles se manifeste le mauvais principe. Aussi, et c'est un côté par lequel on attaque le plus décidément l'opinion d'Olshausen sur les démons, et même celle de Neander (1), aussi, dis-je, ces théologiens souffrent de croire que Jésus ait demandé au démon qui possédait le Gadaréen, comment il s'appelait; le Christ, disent-ils, ne peut pas avoir supposé, avec autant de précision, la personnalité de ces émanations du royaume sombre, personnalité qu'eux-mêmes révoquent en doute. En conséquence, ils entendent la question *Quel est ton nom ?* τί σοι ὄνομα (Marc, 5, 9), comme la demande, non pas du nom du démon, mais de celui du possédé (2). Cela est évidemment contraire à tout l'enchaînement du texte, car la réponse *Légion*, λεγεὼν, paraît, non pas une méprise mais la véritable réponse, celle que Jésus désirait.

(1) L. J. Chr., S. 296.   (2) S. 302, d'après l'exemple de Paulus, exeg. Handb., 1, b, S. 474.

Si les démons, d'après l'opinion de ces théologiens, sont des forces impersonnelles, ce qui les meut, ce qui les détermine à des actions diverses, c'est la loi qui règle les rapports du royaume des ténèbres avec le royaume de la lumière. Par conséquent, de ce côté, plus l'homme sera mauvais, plus le lien entre lui et le royaume du mal se resserrera ; et le lien le plus étroit que l'on puisse imaginer, c'est-à-dire l'introduction de la noire puissance dans la personnalité de l'homme, ou la possession, devrait toujours s'opérer chez les hommes les plus mauvais. Or, dans l'histoire évangélique, cela n'est pas ; les démoniaques, dans les évangiles, ne paraissent être des pécheurs qu'en ce sens que tous les malades ont besoin que leurs péchés leur soient pardonnés ; et les plus grands pécheurs, tels qu'un Judas, demeurent exempts de la possession. L'opinion ordinaire, avec ses démons personnels, échappe à cette contradiction. A la vérité, elle soutient fermement, comme nous le trouvons, par exemple, dans les Clémentines, que c'est par le péché seulement que l'homme ouvre au démon l'entrée en lui (1) ; mais ici il reste toujours de la latitude pour la volonté individuelle du démon, qui, par des motifs subjectifs impossibles à calculer, peut souvent laisser de côté l'homme plus mauvais, et poursuivre celui qui l'est moins (2). Si, au contraire, les démons ne sont considérés, comme le veut Olshausen, que comme les actions de la puissance du mal dans les rapports réguliers qu'elle entretient avec la puissance du bien, tout arbitraire, tout accident sont exclus. La conséquence de cette théorie est que les plus mauvais devraient toujours être les possédés, et, visiblement. Olshausen s'est donné beaucoup de peine pour y échapper. Partant de la lutte apparente de deux puissances dans les démoniaques, il arrive à cette issue, que

(1) Homil. 8, 19.

(2) C'est ainsi qu'Asmodée choisit Sara et ses maris pour les tourmenter et les faire périr, non parce que elle ou eux étaient plus pervers que d'autres, mais parce que la beauté de Sara l'attira. Tob. 6, 12, 15.

l'état de possession survient, non chez ceux qui se livrent complétement au mal, et qui, de la sorte, conservent l'unité intérieure de leur être, mais seulement chez ceux en qui existe encore une résistance interne contre le péché. Mais cet état, devenu ainsi un phénomène purement moral, devrait se manifester bien plus fréquemment, tout violent combat intérieur devrait se montrer sous cette forme, et justement ceux qui plus tard se livrent complétement au mal, devraient y arriver après une période de lutte, c'est-à-dire de possession. En raison de ces difficultés, Olshausen ajoute encore une condition physique, c'est que le mal doit avoir affaibli dans l'homme l'organisme corporel et particulièrement le système nerveux, pour que l'état démoniaque puisse s'établir en lui. Mais qui ne voit pas, attendu que de pareilles perturbations du système nerveux peuvent se manifester, même sans faute morale ; qui ne voit pas que, de cette façon, l'état qu'on veut attribuer à la puissance démoniaque comme à sa cause spéciale, est ramené, en grande partie, à des causes naturelles, ce qui va contre le but que l'auteur voulait atteindre ? Aussi Olshausen quitte-t-il bientôt ce côté, et il s'arrête à comparer le *démoniaque*, δαιμονιζόμενος, avec le *méchant*, πονηρὸς, tandis qu'il devrait le comparer avec l'épileptique et le maniaque, comparaison qui seule peut jeter quelque lumière sur les possédés. Par ce tour d'adresse, qui transporte la question du domaine physiologique et psychologique dans le domaine moral et religieux, la discussion sur les démoniaques est devenue une des plus inutiles que renferme le livre d'Olshausen (1).

Laissons donc de côté les tentatives peu satisfaisantes qu'on a faites pour donner une tournure moderne aux idées du Nouveau Testament sur les démoniaques, et une tournure

_____

(1) Elle remplit les pages 289-298.

juive à nos idées actuelles, et entendons, en ce point aussi, le Nouveau Testament tel qu'il se donne, sans nous laisser fermer le chemin à des recherches ultérieures par les opinions qu'il renferme, et qui étaient celles du temps et du peuple auquel ses auteurs ont appartenu (1).

Le traitement des démoniaques, particulièrement chez les Juifs, se conforma aux idées que l'on se faisait de la nature de leur mal. La cause morbifique, cessant d'être, comme dans les affections naturelles, un objet ou un état impersonnel, tel qu'un suc impur, une tension ou une atonie morbide, fut considérée comme un être ayant conscience de lui-même. On essaya donc d'agir sur elle, non seulement mécaniquement, chimiquement, etc., mais encore logiquement par la parole. On enjoignit aux démons de s'éloigner, et, pour donner de la force à cette injonction, on la rattacha aux noms d'êtres auxquels on attribuait de la puissance sur le royaume des démons. Aussi le moyen principal contre la possession démoniaque fut-il la conjuration (2) faite au nom, soit de Dieu, soit des anges, soit d'un autre être surnaturellement puissant tel que le Messie (Act. Ap. 19, 13), et conçue en certaines formules que d'ordinaire on faisait provenir de Salomon (3). Au reste, on y joignait des racines (4), des pierres (5), des fumigations et des amulettes (6), conformément encore, pensait-on, aux prescriptions de Salomon. Or, la cause de tous ces maux était non rarement une cause psychologique, ou résidait dans le système nerveux, sur lequel on peut agir d'une façon incalculable par le côté moral ; ce traitement psychologique n'é-

---

(1) J'ai essayé de donner des contributions à une conception scientifique de la possession dans deux examens des écrits de Kerner et d'Eschenmayer *Sur les possédés des temps modernes*, dans les : Jahrbb. für wiss. Kr. 1836, juin, n° 102 ff., 1838, février, n° 31 ff. Comparez en outre Wirth, Theorie des Somnambulismus, S. 511 ff.

(2) Voyez le passage de Lucien, cité p. 18, note 4.

(3) Joseph., Antiq., 8, 2, 5.

(4) Joseph., l. c.

(5) Gittin, f. 67, 2.

(6) Justin. Mart. dial. c. Tryph., 85.

tait donc pas absolument illusoire; mais, faisant naître, chez
le malade, l'opinion que le démon qui le possédait était incapable de se maintenir contre une formule de conjuration,
il pouvait réellement produire la guérison dans quelques cas.
Jésus lui-même accorde que de pareilles cures réussissent
parfois aux conjurateurs juifs (Matth., 12, 27). Quant à
lui, nous lisons que, sans recourir à d'autres moyens, sans
conjurer une puissance, quelle qu'elle fût, il chassa les démons par sa simple parole. Ce sont les guérisons les plus
frappantes de cette nature, rapportées par les évangiles,
que nous allons maintenant examiner.

§ XC.

Expulsions des démons par Jésus, considérées isolément.

Parmi les récits isolés que les trois premiers évangiles
nous donnent des cures opérées par Jésus sur des démoniaques, trois sont particulièrement saillants; ce sont : la guérison d'un démoniaque dans la synagogue de Capharnaüm,
la guérison des Gadaréens possédés par une multitude de
démons, et enfin la guérison du lunatique que les apôtres
n'avaient pas été en état de guérir.

Tandis que, d'après Jean, la transformation de l'eau en vin
fut le premier miracle qu'il rapporte depuis le retour de Jésus
en Galilée après le baptême, ce premier miracle, d'après Marc
(1, 23 seq.) et Luc (4, 33 seq.), est la guérison d'un possédé dans la synagogue de Capharnaüm. Jésus avait produit, par son enseignement, une profonde impression, lorsque, tout-à-coup, un possédé qui était présent s'écrie, au
nom du démon qui était en lui, qu'il ne veut rien avoir à
faire avec Jésus, qu'il le reconnaît comme le Messie, qui est
venu pour les perdre, eux démons; sur quoi Jésus ordonne
au démon de se taire et de sortir, ce qui se fit au milieu

des cris et des convulsions du malade, et au grand étonnement de la foule, qui s'émerveillait d'une pareille puissance de Jésus.

On pourrait, absolument parlant, se représenter la chose
de la façon suivante avec des interprètes rationalistes : le
malade, qui était entré dans la synagogue pendant un intervalle lucide, ressentit une vive impression du discours
énergique de Jésus, et, ayant entendu l'un des assistants
parler de Jésus comme du Messie, il put facilement concevoir l'idée que l'esprit impur qui le possédait était incapable
de se maintenir en présence du saint Messie, ce qui le jeta
dans un paroxysme, et put lui faire exprimer, au nom du
démon, la crainte que lui inspirait Jésus ; or, Jésus ayant vu
cet homme ainsi disposé, qu'y eut-il de plus naturel pour
lui que l'idée d'utiliser l'opinion de ce malade au sujet de sa
puissance sur le démon, et d'ordonner à celui-ci de sortir ?
C'était attaquer ce fou par son idée fixe, et, d'après les lois
de la médecine psychologique, cela pouvait fort bien réussir.
Aussi Paulus regarde-t-il ce cas comme la circonstance qui
conduisit pour la première fois Jésus à la pensée d'utiliser,
pour la guérison de pareils malades, la croyance qu'on avait
en lui comme Messie (1).

Mais il s'élève plusieurs difficultés contre cette explication naturelle ; elle suppose que le malade apprit par les
gens qui étaient dans la synagogue, que Jésus était le Messie ; or, non seulement le texte n'en dit rien, mais encore il
s'oppose de la manière la plus formelle à une pareille hypothèse ; le démon qui parle par la bouche de cet homme,
en disant : *Je sais qui tu es*, οἶδά σε τίς εἶ κ. τ. λ., exprime manifestement qu'il le connaît comme Messie, non
parce que cela lui a été appris accidentellement par des
hommes, mais parce qu'il l'a deviné en vertu de sa nature
démoniaque. De plus, quand Jésus lui crie : *Tais-toi*, φι-

(1) Exeg. Handb., 1, b, S. 422 ; L. J., 1, a, S. 218.

μόθητι, cela se rapporte justement à ce que le démon venait de dire sur sa messianité, car il est raconté de Jésus qu'*il ne permettait pas aux démons de dire qu'ils le connussent*, οὐκ ἤφιε λαλεῖν τὰ δαιμόνια ὅτι ᾔδεισαν αὐτὸν (Marc, 1, 34; Luc, 4, 41), ou qu'*ils le fissent connaître*, ἵνα μὴ φανερὸν αὐτὸν ποιήσωσιν (Marc, 3, 12). Jésus crut, en imposant silence au démon, empêcher que sa messianité ne devînt publique; il a donc dû penser, non que le possédé en avait appris quelque chose par le peuple qui se trouvait dans la synagogue, mais, au contraire, que le peuple pourrait apprendre le mystère de sa messianité de la bouche du possédé. Et en effet, à l'époque où les évangélistes placent cette aventure, c'est-à-dire dans les premiers temps de sa vie publique, personne ne pensait encore à sa messianité.

Si l'on demande comment, sans communication du dehors, le démoniaque a pu découvrir le Messie en Jésus, Olshausen invoque l'exagération anomale de l'activité du système nerveux, qui produit, dans les démoniaques comme dans les somnambules, une augmentation de la faculté de pressentir, une espèce de lucidité en vertu de laquelle un pareil homme a bien pu reconnaître l'importance de Jésus pour tout le royaume des esprits (1). La narration évangélique attribue cette connaissance, non à une faculté du malade, mais à une faculté du démon qui résidait en lui, ce qui, seul, est en effet conforme aux idées juives d'alors. Le Messie devait apparaître pour renverser le royaume des démons (ἀπολέσαι ἡμᾶς, comparez 1. Joh., 3, 8; Luc, 10, 18 seq.), et précipiter le diable avec ses anges dans les feux de l'enfer (Matth. , 25, 41 ; Apocal., 20, 10) (2); et il allait de soi que les démons reconnaîtraient celui qui était destiné à exercer sur eux un pareil jugement (3).

---

(1) Bibl. Comm., 1, 290 f.

(2) Comparez Bertholdt, Christol. Jud. §§ 36, 41.

(3) D'après Pesikta dans Jalkut Schimoni, 2, f. 56, 3, (voyez Bertholdt, p. 185), Satan reconnait de la même ma-

Puisque donc la reconnaissance du Messie par les démons concorde si parfaitement avec les idées populaires, on pourrait supposer qu'en ce point la tradition évangélique ne s'est pas formée purement d'après la vérité historique, mais que ces idées du temps y avaient coopéré (1). La tradition s'y trouvait d'autant plus portée, que cette reconnaissance de la part des démons était plus glorieuse pour Jésus. De même que, s'il était méconnu par les adultes, il avait, dans la bouche des enfants, sa louange toute prête (Matth., 21, 16), de même qu'il était convaincu que, dans le cas où les hommes se tairaient, les pierres prendraient la parole (Luc, 19, 40), de même il dut paraître naturel que, méconnu par son peuple, qu'il était venu sauver, il fût reconnu par les démons, dont le témoignage était impartial, puisqu'ils n'avaient à attendre de lui que perdition, et certain, à cause de la supériorité de leur nature spirituelle. Cependant on n'est pas, dans le fait, obligé de recourir à cet expédient ; des démoniaques, comme des somnambules, peuvent, pendant le paroxysme, entrer en rapport avec des assistants, éprouver ce qu'ils éprouvent, et participer à leurs impressions, à leur disposition, à leur pensée. Ce phénomène a été observé non rarement (2), et, si Jésus venait de parler dans la pleine conviction de sa messianité, le démoniaque, en vertu de rapports magnétiques, a pu en avoir perception.

Du moment que cette connaissance du démoniaque ne

---

nière, avec terreur, le Messie préexistant aux pieds du trône de Dieu, comme celui *qui me*, dit-il, *et omnes gentiles in infernum præcipitaturus est.*

(1) Fritzsche, in Marc. p. 35 : In multis evangeliorum locis homines legas a pravis dæmonibus agitatos, cum primum conspexerint Jesum, eum Messiam esse, a nemine unquam de hâc re commonitos, statim intelligere. In qua re hac nostri scriptores ducti sunt sententia, consentaneum esse, Satanæ satellites facile cognovisse Messiam, quippe insignia de se supplicia aliquando sumpturum. Neander, S. 501, Anm., trouve possible aussi que du moins les confessions des démoniaques aient pris, dans la tradition, une forme fixe, tandis que, dans la réalité, ce démoniaque n'aurait peut-être adressé la parole à Jésus qu'en qualité de prophète.

(2) Voyez Wirth, l. c., S. 321. Comparez 179 ff.

fait pas difficulté, sa guérison par Jésus n'en fait pas davantage. Si le malade se représentait Jésus comme le Messie, et s'il avait cette idée, non, comme le veulent les rationalistes, par une communication extérieure, mais par son propre sentiment mis en rapport magnétique avec celui de Jésus, la parole et la volonté de Jésus pour l'expulsion du démon passèrent sur lui avec une force qui s'exerça sans intermédiaire.

Nous avons, dans cette histoire de la guérison d'un démoniaque, un cas de l'espèce la plus simple; au contraire, celui de la cure des Gadaréens possédés (Matth., 8, 28 seq.; Marc, 5, 1 seq.; Luc, 8, 26 seq.) est des plus compliqués, car nous y avons, outre mainte divergence entre les évangélistes, plusieurs démons au lieu d'un seul, et, au lieu de la simple sortie de ces démons, leur entrée dans un troupeau de pourceaux.

Après une traversée orageuse sur le lac de Galilée, Jésus rencontre sur la rive orientale, d'après Marc et d'après Luc, un démoniaque qui se tenait dans les sépulcres de cette contrée (1), et qui sévissait ordinairement contre lui-même (2) et contre d'autres avec une exaspération redoutable; d'après Matthieu il y en avait deux. On a lieu de s'étonner combien de temps l'harmonistique a travaillé avec de misérables subterfuges à montrer que Marc et Luc n'en nomment qu'un seul, parce que celui-là se distinguait particulièrement par sa violence, ou que Matthieu en nomme deux, parce qu'il avait compté le gardien chargé de

____

(1) C'était le séjour favori des fous furieux (voyez Lightfoot et Schöttgen sur ce passage), et des esprits impurs (voyez les passages rabbiniques dans Wetstein).

(2) Marc dit que ce possédé *se meurtrissait lui-même avec des pierres*, κατακόπτειν λίθοις. Attribuer cette action à une pénitence qu'il s'imposait dans les intervalles lucides pour ses fautes, c'est commettre une de ces inexactitudes auxquelles Olshausen a été conduit par son faux point de vue moral et religieux sur ces phénomènes; car il est suffisamment connu que, dans les paroxysmes, de pareils malades sont souvent saisis d'une fureur destructive.

surveiller le fou, etc. (1), jusqu'à ce qu'enfin on se soit décidé à accorder une véritable différence entre les deux récits. Prenant en considération que de pareils fous furieux
sont ordinairement insociables, on a donné la préférence à
la notice des deux évangélistes intermédiaires, et on a expliqué le doublement du démoniaque chez le premier évangéliste, en disant que la multiplicité des *démons* dont il est
question dans le récit était devenue, pour le narrateur, une
multiplicité de *démoniaques* (2). Mais l'impossibilité que
deux fous furieux se soient réunis en réalité, ou peut-être
aient été seulement réunis dans la légende primitive, n'est
pas tellement positive, que, par cela seul, on puisse attribuer une prérogative au récit de Marc et de Luc sur celui
de Matthieu. Du moins, si l'on demande lequel des deux
récits a pu le plus facilement, dans la tradition, naître de
l'autre, qui sera supposé le récit primitif, on trouvera la
possibilité également grande des deux côtés. Car si, comme
il a été dit plus haut, la pluralité des démons a pu faire naître
l'idée de la pluralité des démoniaques, il est permis de
dire par un raisonnement inverse : la narration de Matthieu,
qui, plus voisine du fait, parle de plusieurs possédés et de
plusieurs démons, ne donnait pas un relief suffisant à ce qui
est spécialement extraordinaire, à ce qui se trouve dans la
narration des deux autres, savoir que plusieurs démons pos-
sédaient un seul individu. On voulut mettre en saillie cette
circonstance, et l'on dut, en répétant l'histoire, s'exprimer
de manière à montrer que plusieurs démons se sont trouvés
dans un seul homme. Cela a pu conduire facilement à mettre le possédé au singulier, tandis que les démons étaient au
pluriel (3). Au reste, à ce début, le récit de Matthieu est
bref et général, tandis que celui des deux autres est développé

<hr>

(1) Voyez la réunion de ces explications dans Fritzsche, in Matth. p. 327.

(2) C'est ce que disent Schulz, über
das Abendmahl, S. 309; Paulus sur ce

passage; Hase, L. J., § 75; Neander,
L. J. Chr. S. 295, Anm.

(3) Comp. De Wette, exeg. Handb.,
1, 1, S. 88.

et pittoresque ; et l'on n'a pas manqué de conclure de cette différence que le récit des deux derniers était plus près de la narration primitive (1). Mais , lorsque Luc et Marc disent que le possédé ne souffrait sur lui aucun vêtement, brisait toutes ses chaînes et se meurtrissait lui-même avec des pierres, on peut admettre que cette description, dont ils se partagent les détails, est un développement arbitraire de la simple expression : *très violents*, χαλεποὶ λίαν, dont se sert Matthieu, ajoutant comme conséquence que personne ne pouvait passer par ce chemin ; et cela est aussi permis que d'admettre que l'expression de Matthieu est une abré-viation inexacte de la description des autres.

La scène entre le ou les démoniaques et Jésus, s'ouvre, comme plus haut , par un cri d'anxiété du démoniaque ; le démon déclarant par la bouche du possédé qu'il ne veut rien avoir à faire avec Jésus le Messie, dont il n'aurait à attendre que des tourments. Les rationalistes, pour expliquer comment le démoniaque reconnaît aussitôt Jésus en qualité de Messie, prétendent que dès lors, sans doute, Jésus, sur cette rive du lac, avait été nommé le Messie (2) , ou que le démoniaque (dont personne n'osait s'approcher à cause de sa violence !) avait appris de quelques uns de ceux qui avaient traversé le lac avec Jésus, que le Messie était arrivé avec eux (3). Ces deux suppositions sont également dénuées de fondement : Jésus n'avait encore rien dit , et même il avait pris terre à une assez grande distance du lieu où se tenaient les démo-niaques ; circonstances qui rendent difficile à admettre que cette connaissance ait été l'effet d'un rapport magnétique entre eux et lui ; et, plus cela est difficile, plus on peut incli-ner vers une autre explication, et supposer que l'opinion ju-déo-chrétienne sur les relations des démons avec le Messie a produit cette particularité de la narration (4). Cependant

(1) Schulz, l. c.
(2) Schleiermacher , uber den Lu-kas, S. 127.

(3) Paulus, L. J., 1, S. 232.
(4) Voyez Fritzsche , in Matth.,
p. 329.

une divergence entre les récits se manifeste encore en ceci : d'après Matthieu, les possédés, en apercevant Jésus, s'é-crient : *Qu'y a-t-il entre nous et toi...? Tu es venu... pour nous tourmenter*, τί ἡμῖν καὶ σοί...; ἦλθες... βασανίσαι ἡμᾶς. D'après Luc, le démoniaque tombe aux genoux de Jésus, et lui dit en suppliant : *Ne me tourmente pas*, μή με βασανίσῃς. Enfin, d'après Marc, il se précipite en courant au-devant de Jésus, se jette à ses genoux, et le conjure au nom de Dieu de ne pas le tourmenter. Nous avons donc de nouveau ici une progression : dans Matthieu, le démo-niaque repousse avec effroi Jésus, dont il n'a pas désiré l'approche ; dans Luc, il s'avance en suppliant auprès de Jésus, qui est devant lui ; dans Marc, il court en toute hâte au-devant de Jésus, qui est encore éloigné. Les in-terprètes, prenant Marc pour point de départ, doivent eux - mêmes accorder que l'empressement d'un démonia-que à courir au-devant de Jésus, que cependant il redoute, a quelque chose de contradictoire ; ils y remédient en ad-mettant que le démoniaque, au moment où il se mit en mouvement pour aller vers Jésus, était dans un intervalle lucide, pendant lequel il désirait être délivré du démon, mais que, échauffé par la course (1), ou ému par l'apo-strophe de Jésus (2), il tomba dans un paroxysme, où, au nom du démon, il demanda qu'on ne procédât pas à l'ex-pulsion. Mais, dans l'enchaînement des mots chez Marc : *Ayant vu..... il courut..... et il se prosterna..... et ayant crié..... il dit*, ἰδὼν..... ἔδραμε..... καὶ προσεκύνησε..... καὶ κράξας..... εἶπε, il n'y a aucune trace d'un changement dans son état, et l'invraisemblance de la narration subsiste ; car un possédé véritable, s'il eût reconnu de loin le Messie re-douté, se serait enfui en toute hâte plutôt que de s'appro-cher de lui ; et, quand même il ne se serait pas enfui, celui qui se croyait possédé par un démon ennemi de Dieu, ne

____

(1) Natürliche Geschichte, 2, S. 174.   (2) Paulus, Olshausen, sur ce passage.

pouvait certes pas conjurer Jésus au nom de Dieu, comme Marc le fait faire au démoniaque (1). Si sa narration ne peut pas être ici originale, celle de Luc, qui n'a en moins que les particularités de la course et de la supplique, est trop analogue pour que nous puissions la considérer comme la plus voisine du fait. La narration de Matthieu est sans doute celle qui s'est conservée le plus purement. La question pleine de terreur : *Es-tu venu ainsi avant le temps pour nous tourmenter ?* est bien plus naturelle à un démon qui, ennemi du règne du Messie, n'avait à attendre de lui aucun ménagement, que la prière d'être épargné que rapportent Marc et Luc ; cependant Philostrate, dans un récit que l'on pourrait considérer comme une imitation du récit évangélique, s'est tenu à cette dernière forme (2).

On devrait croire, d'après ce qui précède, que les démons, ici comme dans la première narration, ont adressé la parole à Jésus sans aucun acte précédent de sa part ; cependant les deux évangélistes intermédiaires, revenant sur leurs pas, disent que Jésus commanda à l'esprit impur de quitter cet homme. On se demande : quand Jésus a-t-il prononcé ces paroles ? La première réponse est : avant que le démoniaque ne lui eût parlé. Or, chez Luc, le mot *il se prosterna*, προσέπεσε, et le mot placé encore plus haut, *ayant crié*, ἀνακράξας, sont si étroitement liés avec le discours du démoniaque, que l'on devrait mettre l'ordre de Jésus avant le cri et l'agenouillement, et le considérer comme la cause de ces deux actes. Mais Luc attribue ces deux actes au simple aspect de Jésus ; par conséquent l'on ne sait pas en quel endroit il faut, chez Luc, placer l'ordre de Jésus. C'est encore pis chez Marc : un semblable enchaînement des

(1) Paulus et Olshausen trouvent aussi cela singulier. et Weisse, bien qu'il regarde, ici aussi, le récit de Marc comme l'original, renonce cependant à le prendre dans son acception textuelle (1, S. 497).

(2) C'est le récit de la manière dont Apollonius de Tyane démasqua un *démon* (*empusa*), vita Ap. 4, 35; dans Baur, S. 145.

propositions reportera l'ordre de Jésus, même avant le mot
il courut, ἔδραμε, de sorte qu'il faudrait que Jésus eût crié,
par une grande singularité, de loin au démon : *Sors*, ἔξελθε.
Ainsi, chez les deux évangélistes intermédiaires, ou la série
cohérente des propositions qui précèdent l'injonction, ou
cette injonction est mal placée. On peut donc se demander
de quel côté est plutôt l'apparence du caractère non historique ; et ici, Schleiermacher lui-même, et après lui Neander
ont accordé que, si, dans le récit original, il eût été question
d'un ordre antécédent de Jésus, cet ordre aurait été reproduit certainement à sa véritable place, avant la prière des
démons, et avec les termes mêmes dont Jésus s'était servi ;
tandis que sa position actuelle, sa rédaction abrégée en
forme de discours indirect chez Luc, et que Marc seul,
d'après son habitude, change en discours direct, autorisent
grandement à penser que ce n'est qu'une addition explicative, que le narrateur a intercalée dans son récit par conjecture (1). Et dans le fait, cette addition est très malen-
contreuse, car elle donne rétroactivement à toute la scène
une autre forme qu'elle n'avait tout d'abord. Cette scène
semblait destinée à montrer que le démoniaque avait reconnu d'avance et supplié Jésus ; mais le narrateur, aban-
donnant sa première idée, et venant à penser que la prière
du démon avait dû être précédée d'un ordre rigoureux de
Jésus, se reprend, et dit que Jésus l'avait prévenu par son ordre.

A cette reprise se rattache, dans Marc et dans Luc, la question de Jésus au démon : *Quel est ton nom ?* τί σοι ὄνομα ;
dans la réponse, une multitude de démons se fait reconnaître, et elle se désigne sous le nom de *légion*, λεγεών.

(1) Schleiermacher über den Lukas,
S. 128 ; Neander, L. J. Chr., S. 296
Anm. Schleiermacher explique cette
fausse addition de la part de Luc en disant que celui de qui Luc tenait le récit,
ayant peut-être été occupé dans le bateau,
était resté en arrière, de sorte qu'il n'a-
vait pas assisté au commencement de la
scène avec le démoniaque. C'est donner
dans une excessive sagacité, en regard de
l'opinion vieillie qui admet un rapport
aussi immédiat que possible entre les
faits et les récits évangéliques.

Or Matthieu n'a aucun de ces détails intermédiaires. Que serait - ce donc, si , de même que l'addition précédente était une explication rétroactive de ce qui venait d'être dit, cette question et cette réponse étaient une introduction préalable à ce qui va suivre, et n'avaient également d'autre source que la légende ou l'imagination de l'écrivain ? Dirigeons notre examen dans ce sens : le désir, exprimé aussitôt par les démons, d'entrer dans le troupeau de pourceaux, ne suppose pas nécessairement dans Matthieu qu'il y eût plusieurs démons dans chacun des possédés ; car nous ne pouvons savoir si un Juif n'était pas capable de supposer un rapport de possession entre deux démons et un troupeau entier ; mais un narrateur postérieur put très bien penser qu'il devait égaler le nombre des mauvais esprits à celui des pourceaux. Or, ce qu'un troupeau est pour les animaux, une armée ou une division l'est pour des hommes et pour des êtres supérieurs ; et, comme il s'agissait de désigner un corps considérable , rien ne se présentait plus naturellement que la légion romaine : elle est appliquée aux anges , dans Matthieu (26, 53) , comme elle l'est ici aux démons. Mais nous n'avons pas besoin de chercher quelque chose de plus précis de ce côté ; car, indépendamment du silence de Matthieu, il est tout-à-fait impossible de concevoir comment plusieurs démons auraient eu leur résidence dans un seul individu. Si à toute force on imagine comment un seul démon , étouffant la conscience humaine, peut s'emparer d'un organisme humain, tout pouvoir d'imaginer s'arrête quand il s'agit de concevoir plusieurs personnalités démoniaques en possession d'un seul homme ; comme cette possession n'est rien autre chose qu'un acte par lequel le démon devient le sujet de la conscience d'un seul individu, et comme, dans la réalité, la conscience ne peut avoir qu'un point central, il est absolument impossible de se représenter comment, simultanément, plusieurs démons peuvent prendre possession d'un homme. La possession multiple ne pourrait avoir existé qu'autant que des démons différents seraient successivement entrés dans le possédé ; mais jamais elle ne peut être la cohabitation de toute une armée de démons qui occupent à la fois et abandonnent à la fois le corps d'un homme. En conséquence, cette forme de la maladie, qui, du reste, a été aussi observée dans les temps modernes, contient un motif de plus pour être considérée d'une manière rationnelle, et comme une illusion mentale des malades.

Tous les récits s'accordent pour dire que les démons, afin de ne pas être relégués, hors du pays d'après Marc, ou dans l'abîme d'après Luc, demandèrent à Jésus la permission d'entrer dans un troupeau de pourceaux qui paissait dans les environs ; que leur prière leur fut accordée, et qu'aussitôt, par leur action, tous les pourceaux (Marc en fixe le nombre à 2,000 ; on n'a pas besoin de demander où il a pris cette évaluation) se précipitèrent dans le lac et se noyèrent. Si l'on s'en tient au point de vue des narrateurs, qui croient à des démons véritables, on se demande : comment des démons, à supposer même qu'ils puissent prendre possession d'individus humains, comment des démons, qui, dans tous les cas, sont des esprits doués de raison, ont-ils pu solliciter et obtenir d'entrer dans des corps d'animaux ? Les religions et les philosophies qui rejettent la transmigration des âmes, doivent aussi nier, par le même motif, la possibilité d'un pareil passage ; et avec toute raison, Olshausen compare ensemble les pourceaux de Gadara dans le Nouveau Testament, et l'âne de Balaam dans l'Ancien, comme formant *un scandale et un achoppement* semblables, σκάνδαλον καὶ πρόσκομμα (1). Aussi prétend-il qu'il s'agit ici, non d'une entrée de chacun des démons dans chacun des pourceaux, mais d'une simple action de l'ensemble des mauvais esprits sur la matière animale : c'est

(1) S. 299, Anm.

esquiver la difficulté, et non la surmonter ; car l'expression *entrer dans les pourceaux*, εἰσελθεῖν εἰς τοὺς χοίρους, étant opposée à l'expression *sortir de l'homme*, ἐξελθεῖν ἐκ τοῦ ἀνθρώπου, ne peut absolument signifier rien autre chose, si ce n'est que les démons furent désormais, avec les pourceaux, dans le même rapport que celui où ils avaient été avec les hommes possédés. En outre, ce n'était pas une simple action sur les pourceaux, c'était une véritable habitation dans les corps de ces animaux qui pouvait les préserver d'être relégués hors du pays ou dans l'abîme ; de sorte que le *scandale* dont parle Olshausen subsiste. Ainsi cette prière provient, non pas de véritables démons, mais seulement, peut-être, de maniaques juifs qui parlèrent d'après les opinions qui régnaient alors. Suivant ces opinions, les mauvais esprits souffrent d'être sans enveloppe corporelle, parce qu'ils ne peuvent satisfaire, sans un corps, leurs désirs sensuels (1) ; donc, s'ils étaient chassés hors des hommes, ils devaient désirer d'aller dans les corps d'animaux ; et, pour un *esprit impur*, πνεῦμα ἀκάθαρτον, qu'y avait-il de plus convenable qu'un *animal impur*, ζῶον ἀκάθαρτον, tel que le pourceau (2)? Les évangélistes ne reproduiraient donc ici le fait qu'en ceci : que, d'après leur manière de voir, ils auraient attribué aux démons ce que les malades disaient par un effet de leur maladie. Or, quand, plus loin, ils rapportent que les démons entrèrent dans les pourceaux, ne racontent-ils pas une évidente impossibilité ? Paulus, et même des théologiens surnaturalistes tels que Steudel, pensent qu'ici, comme partout ailleurs, les évangélistes identifient les hommes possédés avec les démons possédants, et qu'ils attribuent à ces derniers *l'entrée dans les pourceaux*, tandis que, dans la réalité ce furent seulement

---

(1) Clem. hom. 9, 10. Comparez une semblable prière dans l'*Histoire des possédés* de Kerner, p. 116 et suiv.

(2) Fritzsche, in Matth., p. 332. D'après Eisenmenger, 2, 447 ff., l'opinion juive est que les démons se tiennent de préférence dans les lieux impurs ; et dans Jalkut Rubeni f. 10, 2 (dans Wetstein) on lit : Anima idololatrarum, quæ venit a spiritu immundo, vocatur porcus.

les premiers qui, d'après leur idée fixe, se précipitèrent sur les pourceaux (1). A la vérité, l'expression de Matthieu, prise en soi, *ils allèrent aux pourceaux*, ἀπῆλθον εἰς τοὺς χοίρους, pourrait peut-être s'entendre d'une course vers le troupeau; mais, d'une part Paulus lui-même est obligé d'avouer que le mot des deux autres synoptiques *entrants*, εἰσελθόντες, exprime une véritable entrée dans les pourceaux, et d'autre part Matthieu, avant de dire *ils allèrent*, ἀπῆλθον, dit comme les deux autres : *les démons sortant*, ἐξελθόντες οἱ δαίμονες (c'est-à-dire sortant du corps des possédés) ; ainsi les démons entrant dans les pourceaux sont distingués, avec une netteté suffisante, des hommes hors desquels ils sortirent (2). Tout récemment, Weisse a proposé une manière plus raffinée d'expliquer naturellement cette particularité; sans croire qu'il s'agisse ici de véritables démons, il trouve admissible le transport magique de la maladie sur le troupeau de pourceaux, et il invoque l'autorité de Kieser, qui reconnaît la possibilité du passage d'états démoniaques sur d'autres, et même sur des animaux (3). Une dérivation, sur des animaux, de certaines souffrances corporelles se manifeste, comme l'on sait, dans la médecine sympathique, qui, à la vérité, exige encore l'examen de la critique. Quant au transport, sur des animaux, d'états organico-psychiques, il n'y a, à ma connaissance, d'appuyée sur des témoignages sûrs, que la participation de chevaux et d'autres animaux à ce qu'on appelle la seconde vue des insulaires écossais et danois (4); ce qui est toujours passablement éloigné du récit évangélique.

Une nouvelle difficulté se trouve dans l'effet que les dé-

---

(1) L. c. S. 474, 485; Stendel, Glanbenslehre, S. 175 ; de même Winer, bibl. Realw., 1. S. 192.

(2) Voyez Fritzsche, in Matth., p. 330.

(3) Weisse, die evang. Gesch., 1, S. 497, 499 ; Kieser, System des Tellurismus, S. 72.

(4) Voyez les communications de Beude Bendsen dans différents volumes des *Archives* d'Eschenmayer *pour le magnétisme animal*.

mons produisirent sur les pourceaux : à peine y furent-ils entrés , qu'ils les excitèrent à se précipiter dans le lac , et l'on demande avec raison : que gagnèrent les démons à entrer dans les animaux , puisqu'ils les détruisirent aussitôt et se privèrent de nouveau eux-mêmes du médiocre séjour provisoire qu'ils avaient tant sollicité (1)? Dire que le dessein des démons, en anéantissant les pourceaux, fut d'irriter, par cette perte, les propriétaires contre Jésus (ce qui en effet arriva) (2), c'est une supposition tirée de trop loin. Dire d'un autre côté que les démoniaques se précipitant avec des cris sur le troupeau , et la fuite des bergers saisis de crainte effarouchèrent les animaux et les précipitèrent dans l'eau (3), cela ne suffirait pas (quand même le texte ne s'y opposerait pas, ainsi qu'on l'a vu plus haut) pour expliquer la destruction d'un troupeau de 2,000 têtes d'après Marc, ou seulement d'un grand troupeau d'après Matthieu. On ne peut pas admettre, par un faux-fuyant (4) , qu'une partie seulement du troupeau ait été noyée, car Matthieu dit expressément que *tout le troupeau*, πᾶσα ἡ ἀγέλη, se précipita dans le lac et s'y noya; et Marc place son évaluation numérique entre le membre de phrase : *le troupeau se précipita dans la mer*, ὥρμησεν ἡ ἀγέλη εἰς τὴν θάλασσαν , et le membre: *ils se noyèrent*, ἐπνίγοντο. La difficulté ne s'augmente pas peu, quand on considère, ce qui vient facilement à l'esprit , le dommage notable que la destruction du troupeau occasionna au propriétaire, et dont Jésus avait été médiatement l'auteur. Les orthodoxes, voulant justifier Jésus d'une façon quelconque, disent qu'en procurant le passage des démons dans des pourceaux , il rendit possible la guérison du possédé , et que , certainement , des animaux peuvent être tués afin que les hommes vivent (5) ; mais ils ne

<hr>

(1) Paulus, l. c., S. 475.   (4) Paulus, S. 485; Winer, l. c.
(2) Olshausen, S. 301.   (5) Olshausen l. c.
(3) Paulus, S. 474.

réfléchissent pas qu'ils bornent, de la manière la plus contradictoire avec leur propre point de vue, la puissance absolue
qu'ils accordent à Jésus sur le royaume des démons. On
essaie d'échapper à cette contradiction en disant que Jésus
voulut punir les Juifs à qui les pourceaux appartenaient, de
leur transgression cupide de la loi (1) ; qu'en tout cas il avait
agi par la toute-puissance divine, qui souvent détruit des
choses isolées pour atteindre des buts supérieurs, et qui,
par la foudre, la grêle, l'inondation, anéantit l'avoir de
beaucoup d'hommes ; en quoi il serait stupide d'accuser
Dieu d'injustice (2). Mais c'est de nouveau confondre, de la
manière la moins permise sur le terrain de l'orthodoxie,
l'état d'abaissement du Christ avec l'état de son élévation ;
c'est dépasser, dans un esprit d'exaltation mystique, les
sages paroles de Paul *né sous la loi*, γενόμενον ὑπὸ νόμον
(Gal., 4, 4), et *il s'est anéanti soi-même*, ἑαυτὸν ἐκένωσε
(Phil., 2, 7) ; c'est faire pour nous de Jésus un être tout-
à-fait étrange, en le plaçant, relativement aussi à l'appré-
ciation morale de ses actions, au-dessus de la mesure humaine. Si donc l'imputation d'une atteinte à la propriété
étrangère ne doit pas peser sur Jésus, imputation que les
adversaires du christianisme, profitant de ce récit, n'ont
pas manqué de lui faire depuis long-temps (3), il ne reste
plus, en supposant, comme le fait l'explication naturelle,
ou que les démoniaques se précipitèrent au milieu des pourceaux, ou que l'état démoniaque fut transporté sur eux ; il
ne reste plus, dis-je, qu'à admettre que ce qui s'ensuivit fut
quelque chose d'inattendu pour Jésus lui-même, et dont,
par conséquent, il n'est pas responsable (4) ; mais alors il

(1) Le même, *ibid.*

(2) Ullmann, über die Unsündlichkeit Jesu, in den theol. Studien und Krit., 1, 1, S. 51 f.; Olshausen, l. c.

(3) Par exemple Woolston, Disc., 1, 32 seq. Pythagore du moins, dans un cas semblable, se serait conduit avec plus de justice, car il paya comptant aux pêcheurs les poissons qu'ils avaient pris, et dont il obtint la mise en liberté. Jamblich. vita Pythag., n° 36 ed. Kiessling.

(4) Paulus.

faut avouer que l'on se met en contradiction avec le récit
évangélique, d'après lequel Jésus, s'il n'a pas causé positivement le résultat, l'a du moins prévu de la manière la
plus précise (1).

Avec ce tissu de difficultés que le point relatif aux pourceaux crée au milieu du récit, il n'est pas étonnant que
cette anecdote ait, de meilleure heure que la plupart des
autres anecdotes de la vie publique de Jésus, conduit à révoquer en doute la fidélité historique du récit en général,
et en particulier à rompre tout rapport entre la destruction
des pourceaux et l'expulsion des démons procurée par Jésus.
Une cause à nous inconnue, dit Neander, produit du désordre dans le troupeau, qui, se précipitant du haut du rivage escarpé, périt en partie dans le lac; cet événement
persuade au démoniaque que les mauvais esprits l'ont abandonné, qu'ils ont pris possession des pourceaux, et, par leur
rage de destruction, précipité ces animaux dans les flots (2).
Krug conjectura d'une manière plus précise que les pourceaux avaient été précipités dans le lac par l'orage qui avait
éclaté pendant la traversée de Jésus et avant son débarque-
ment; et, lorsqu'il voulut guérir le démoniaque, lui-même
ou un de sa suite persuada à cet homme que ses démons
étaient déjà entrés dans les pourceaux et s'étaient précipités
dans le lac, ce qui fut reçu et répété comme une œuvre de
Jésus (3). K. Ch. L. Schmidt pense que, lorsque Jésus dé-
barqua, les bergers vinrent au-devant de lui; que, pendant
ce temps, nombre de pourceaux abandonnés à eux-mêmes
tombèrent dans l'eau; et que, comme à ce moment Jésus
avait ordonné au démon de sortir, les assistants établirent
un rapport de causalité entre ces deux choses (4). Ces ten-

---

(1) Voyez Ullmann.
(2) L. J. Chr., S. 297 f.
(3) Mémoire sur l'explication généti-
que ou formelle des miracles, dans Henke's Museum, 1, 3, S. 410 ff. Il faut
louer ici le sentiment qu'a eu l'auteur, de
la simplicité plus grande du récit de
Matthieu, tandis que celui des deux autres évangélistes est plus orné.
(4) Exeg. Beiträge, 2, S. 109 ff.

tatives évasives d'explication ne satisferont pas ; mais il faudra, avec Weisse, poser l'alternative suivante : ou le trait le plus frappant de ce récit, c'est-à-dire la dérivation de la maladie des possédés sur le troupeau de pourceaux, est vrai en fait, ou il est une fiction. J'ai déjà exposé en quel sens on pourrait peut-être le rattacher, en tant que fait véritable, à des expériences d'ailleurs connues ; mais les analogies alléguées ne sont ni sûres ni complètes ; on est donc en droit de se demander en terminant si, au temps de la formation probable des récits évangéliques, il ne se trouvait pas des idées qui permettraient d'expliquer comment le trait relatif aux pourceaux a été imaginé dans l'histoire actuelle.

Nous avons déjà une opinion contemporaine qui s'y rapporte : à savoir, que des démons ne veulent pas être sans corps, et qu'habitant volontiers dans des lieux impurs, les corps de pourceaux devaient être ce qui leur convenait le mieux. Mais cela n'explique pas encore pourquoi il est dit que les pourceaux se précipitèrent dans l'eau. Cependant on ne manque pas, non plus, de notions explicatives sur ce point. Josèphe rapporte d'un certain Éléazar, conjurateur juif qui expulsait les démons par les formules et les moyens de Salomon, que, pour convaincre les assistants de la réalité de l'expulsion, il avait placé, dans le voisinage du possédé, un vase plein d'eau, que le démon sortant devait renverser, montrant par là aux spectateurs qu'il était hors du corps de l'homme (1). De la même façon, il est raconté d'Apollonius de Tyane, qu'à un démon qui avait pris possession d'un jeune homme, il ordonna de s'éloigner avec un signe visible, sur quoi le démon s'offrit à renverser une statue qui était dans le voisinage, laquelle tomba en effet, au

______

(1) Antiq. 8, 2, 5 : Βουλόμενος δὲ πεῖσαι καὶ παραστῆσαι τοῖς παρατυγχάνουσιν ὁ Ἐλεάζαρος, ὅτι ταύτην ἔχει ἰσχὺν, ἐτίθει μικρὸν ἔμπροσθεν ἤτοι ποτήριον πλῆρες ὕδατος ἢ ποδόνιπτρον, καὶ τῷ δαιμονίῳ προσέταττεν, ἐξιόντι τοῦ ἀνθρώπου ταῦτ' ἀνατρέψαι, καὶ παρασχεῖν ἐπιγνῶναι τοῖς ὁρῶσιν, ὅτι καταλέλοιπε τὸν ἄνθρωπον.

grand étonnement de tous les assistants dans le moment où le démon abandonna le jeune homme (1). Ainsi, mettre en mouvement un objet voisin sans contact corporel était regardé comme la preuve la plus sûre de la réalité d'une expulsion démoniaque ; cette preuve ne pouvait donc manquer à Jésus ; et, si, pour un Éléazar, l'objet n'était éloigné qu'*un peu*, μικρὸν, du conjurateur et du malade, et si, par conséquent, toute idée d'illusion n'était pas bannie, Matthieu, en ceci plus pittoresque et plus précis que les deux autres, écarte jusqu'au dernier reste d'une pareille possibilité, en ajoutant que le troupeau de pourceaux paissait *au loin*, μακράν. L'objet sur lequel se manifesta la preuve de l'expulsion est un troupeau de pourceaux ; si ce choix fut dicté par les opinions que les Juifs avaient sur les esprits impurs et sur les animaux impurs, il n'est pas sans un certain rapport avec le fait même, car ici Jésus avait guéri, non seulement de simples possédés, comme celui de la narration précédente, mais aussi des possédés qui se croyaient, comme Marie Madeleine (Luc, 8, 2), pris par plusieurs démons ; pluralité qui, appartenant, d'après toute vraisemblance, dans ce cas aussi, à une base historique, était encore mise davantage en relief par l'opposition de la pluralité des animaux qui composent un troupeau. Quant à l'effet produit par les démons chassés hors des hommes, s'il ne pouvait se manifester sur un vase plein d'eau ou sur une statue plus clairement qu'en renversant ces objets contre les lois de la pesanteur, il ne pouvait, sur les animaux, se montrer plus clairement qu'en les poussant à se noyer, contre le désir de vivre qui leur est inné. En conséquence, quelque peu de motifs que l'on ait pour révoquer en doute, comme fait constituant le fond du récit, la guérison, par Jésus, d'un ou de deux démoniaques affectés d'une forme particulièrement grave de cette maladie ;

____

(1) Philostr. vita Apollon. 4 , 20 ; dans Baur, l. c., S. 39.

cependant il y a des raisons pressantes pour contester plusieurs circonstances accessoires, et pour considérer nommément la particularité relative aux pourceaux comme une addition de la légende.

La troisième expulsion de démons, et la dernière qui soit racontée en détail, a cela de particulier, que d'abord les apôtres essayèrent vainement la guérison que Jésus accomplit avec facilité. Les synoptiques (Matth., 17, 14 seq. Marc, 9, 14 seq. Luc, 9, 37 seq.) rapportent uniformément que Jésus descendit du haut de la montagne de la Transfiguration avec ses trois disciples les plus intimes, et qu'il trouva ses autres disciples embarrassés de ne pouvoir pas guérir un enfant possédé que son père leur avait amené.

Dans ce récit aussi, se trouve une gradation depuis la plus grande simplicité chez Matthieu, jusqu'au plus grand développement de la description chez Marc, ce qui a été cause de nouveau que l'on a cru devoir accorder aux relations des deux autres une supériorité sur celle de Matthieu, que l'on a jugée être la plus éloignée du fait (1). D'après Matthieu, Jésus, descendu de la montagne, rencontre la *foule*, ὄχλος; le père de l'enfant s'approche de lui, et le supplie à genoux de guérir son fils; d'après Luc, la foule vient au-devant de lui; d'après Marc, enfin, Jésus voit les disciples entourés de beaucoup de peuple et de docteurs de la loi qui disputent avec eux; le peuple, aussitôt qu'il l'aperçoit, court auprès de lui et le salue; Jésus demande sur quoi ils disputent, et le père de l'enfant prend la parole. Nous avons ici de nouveau une gradation relativement à la conduite du peuple : la rencontre de Jésus avec le peuple, qui est fortuite chez Matthieu, est déjà devenue, chez Luc, un mouvement du peuple, qui se porte au-devant de Jésus,

____

(1) Schulz, S. 319; Neander, S. 301; Weisse, S. 550 ff.

et Marc en fait une course empressée pour saluer Jésus, à quoi il ajoute encore la singulière remarque : *ils s'étonnèrent*, ἐξεθαμβήθη. Qu'y avait-il donc de si étonnant pour le peuple de voir Jésus s'avancer avec quelques disciples ? Malgré tous les efforts d'explication que l'on a faits, cela reste tellement inexplicable, que je ne puis pas trouver aussi absurde que Fritzsche la trouve, la pensée d'Euthymius, qui prétend que Jésus, descendant de la montagne de la Transfiguration, avait conservé quelque chose de l'éclat céleste qui l'y avait entouré, comme Moïse quand il descendit du haut du Sinaï (2. Mos., 34, 29 seq.) (1). Que dans cette multitude de peuple il se soit trouvé fortuitement des docteurs de la loi qui attaquaient les disciples à cause de l'insuccès de leurs efforts, et qui les engageaient dans une controverse, il n'y a rien là qui ne soit concevable. Mais, comme cette particularité est jointe aux exagérations relatives à la conduite de la multitude, elle devient suspecte, d'autant plus que les deux autres narrateurs n'en disent rien ; et, si l'on montre de quelle manière le narrateur a pu être amené à l'ajouter d'après ses propres combinaisons, nous aurons toutes les vraisemblances en notre faveur pour la condamner. Dans un cas où il s'agissait de la capacité de Jésus à faire des miracles, il avait été dit plus haut dans Marc (8, 11), à l'occasion de la demande d'un signe céleste de la part des pharisiens : *Ils se mirent à disputer avec lui*, ἤρξαντο συζητεῖν αὐτῷ. Or, ici, où les disciples se montraient incapables de produire un miracle, l'évangéliste fit figurer les *scribes*, γραμματεῖς, qui appartenaient pour la plupart à la secte pharisienne, comme *disputant avec les disciples*, συζητοῦντας αὐτοῖς (2). Dans la description subséquente de l'état de l'enfant, on observe la même gradation relativement au développement, si ce n'est que Matthieu a en propre l'ex-

---

(1) Comp. De Wette, exeg. Handb.,　(2) Comparez De Wette, l. c.
1, 2, S. 162.

pression : *lunatique*, σεληνιάζεται, dont on n'aurait jamais
dû lui faire un reproche (1), car il n'y avait rien d'extraordinaire, du temps de Jésus, à attribuer à la lune des
maladies périodiques (2). Marc désigne l'*esprit*, πνεῦμα,
qui possède l'enfant, comme *muet*, ἄλαλον (V. 17), et
sourd, κωφὸν (V. 25); cela lui est particulier. On pouvait en effet considérer les sons inarticulés que les malades
rendent dans un accès épileptique, comme le mutisme du
démon, et l'impossibilité où ils sont de rien entendre, comme
sa surdité.

Le père ayant informé Jésus de l'objet du débat et de
l'incapacité de ses apôtres à guérir l'enfant, Jésus éclate
en ces mots : *race incrédule et perverse*, etc., γενεὰ ἄπιστος
καὶ διεστραμμένη κ. τ. λ. Si l'on compare, dans Matthieu,
la fin du récit, où Jésus, interrogé par ses apôtres pourquoi
ils n'ont pu guérir le malade, leur répond : *Par votre
incrédulité*, διὰ τὴν ἀπιστίαν ὑμῶν, et y ajoute la description du pouvoir que de la foi seulement aussi gros qu'un
grain de sénevé a de déplacer les montagnes (V. 19 seq.),
on ne peut pas douter que cette apostrophe, qui respire le mécontentement, ne regarde aussi les apôtres, dans l'incapacité
desquels à chasser le démon, Jésus trouva une preuve d'une
foi qui restait encore si défectueuse (3). Luc laisse de côté
cette explication finale de l'impuissance des disciples par leur
incrédulité; et en cela, Marc non seulement l'imite, mais
encore il intercale (V. 21-24) une scène intermédiaire, à lui
particulière, entre Jésus et le père, où il revient d'abord
sur quelques détails de l'état du malade empruntés soit à
Matthieu soit à sa propre imagination; puis le père est
sommé d'avoir de la *foi*, πίστις, et aussitôt celui-ci,

(1) Comme Schulz paraît le faire,
l. c.
(2) Voyez les passages allégués par
Paulus, exeg. Handb., 1, b, S. 569, et
par Winer, 1, S. 191 f.
    (3) C'est ce que disent Fritzsche et
De Wette, sur ce passage.

versant des larmes , exprime la faiblesse de sa croyance et
le désir qu'elle soit fortifiée. Joignant cela avec le renseignement sur les docteurs de la loi et leur dispute , on ne se
trompera pas si, chez Marc et même chez Luc, on rapporte
l'apostrophe : *ô race infidèle*, au public, sans y confondre
les apôtres , et même , d'après Marc , au père de l'enfant,
dont l'incrédulité est représentée ici comme un obstacle à la
guérison, ainsi qu'ailleurs (Matth., 9, 2) la foi des proches est
représentée comme y étant favorable. Ainsi deux évangélistes
donnent cette application aux paroles de Jésus, puisqu'ils laissent de côté, et l'explication de l'incapacité des disciples par
leur incrédulité, et la déclaration du pouvoir que la foi a de
transporter les montagnes. On demande alors si les places différentes où ils mettent cet apophthegme sur la foi, sont meilleu-
res que celle où Matthieu le relate. Or, dans Luc, la déclaration : *si vous avez de la foi gros comme un grain de sénevé*
(ni Luc ni Marc n'ont les mots *par votre incrédulité*, διὰ τὴν
ἀπιστίαν ὑμῶν) se trouve, avec la petite variation qu'au lieu
d'une montagne il est question d'un arbre, dans le Chap. 17,
5. 6; mais elle y est sans liaison ni avec ce qui suit ni avec ce qui
précède , et ce semble être un tout petit fragment de discours,
jeté loin de sa place et précédé seulement d'une introduction
qui, sans doute œuvre de l'évangéliste, comme ailleurs, 11 ,
1, et 13, 23, consiste dans quelques mots des disciples disant
à Jésus , *augmentez-nous la foi*, πρόσθες ἡμῖν πίστιν. Marc
fait, de l'apophthegme de la foi qui transporte les montagnes,
l'application de l'histoire du figuier maudit , endroit où Matthieu le répète de nouveau ; mais cet apophthegme n'y convient absolument pas, comme nous le verrons bientôt ; et, si
nous ne voulons pas complétement renoncer à savoir quelque
chose de la circonstance qui y a donné lieu, nous devons
considérer comme la véritable place celle où Matthieu le rapporte , car il convient parfaitement à une cure manquée
par les disciples. En outre, la nature de la chose permet très

bien de supposer comment Jésus fut en droit d'attribuer à
la faiblesse de la foi des disciples leur insuccès, mais non
comment il put rattacher à la foi du père la possibilité
de la guérison du fils ; et même cette dernière tournure
que donne Marc à l'affaire, ressemble à un malentendu
sur le récit original (1). Outre la scène intermédiaire avec
le père, Marc a essayé de rendre le tableau encore plus frappant, en représentant : le peuple, qui accourt en foule pendant cette scène intermédiaire ; l'enfant, qui, après l'expul-
soin du démon, devient *comme mort,* ὡσεὶ νεκρὸν, de sorte
que beaucoup disaient qu'il l'était effectivement ; et Jésus *le
prenant par la main,* κρατεῖν τῆς χειρὸς, comme il faisait
ordinairement pour les morts (Matth., 9, 25), le relevant et
le rappelant à la vie ; particularités qui pourraient provenir,
ou de l'observation même, ou de renseignements exacts.

La cure étant accomplie, Luc, en terminant, signale brièvement l'étonnement du peuple ; mais les deux premiers
synoptiques rapportent que les apôtres, lorsqu'ils furent
seuls avec Jésus, lui demandèrent pourquoi ils avaient été
incapables de chasser le démon : Jésus répond, dans Matthieu, comme il a été dit plus haut, en imputant leur
impuissance à leur incrédulité ; mais, dans Marc, il déclare
que *cette sorte de démons ne se chasse que par la prière
et par le jeûne,* τοῦτο τὸ γένος ἐν οὐδενὶ δύναται ἐξελθεῖν εἰ
μὴ ἐν προσευχῇ καὶ νηστείᾳ, phrase que Matthieu ajoute aussi
après le discours sur l'incrédulité et sur la force de la foi, y
attachant sans doute le sens que la foi doit se fortifier par la
prière et par le jeûne, pour obtenir une pareille puissance (2).
Qu'un pareil régime spirituel et corporel, observé par l'exor-
ciste ait de l'influence sur l'exorcisé, c'est ce qu'à tort on

---

(1) C'est ce que Weisse reconnaît
p. 552 ; mais il se met en contradiction
en soutenant que la relation de Marc est
primitive.

(2) Fritzsche et De Wette, sur ce
passage ; Neander, L. J. Chr., S. 304 f.

a trouvé surprenant; on a pensé avec Porphyre (1) que ce régime convenait plutôt au malade, et l'on a considéré *la prière et le jeûne* comme une prescription faite au possédé, afin de rendre la cure radicale (2). Mais c'est une évidente contradiction avec le récit; car, si le jeûne et la prière avaient été nécessaires de la part du malade pour la réussite de la cure, nous aurions une guérison graduelle et non soudaine. Or, toutes les guérisons que les évangiles rapportent de Jésus, sont soudaines; c'est aussi ce qui est désigné d'une façon claire dans Matthieu par la phrase : *Et l'enfant fut guéri à partir de cette heure,* καὶ ἐθεραπεύθη ὁ παῖς ἀπὸ τῆς ὥρας ἐκείνης, et dans Luc par le verbe *il guérit,* ἰάσατο, placé entre : *Jésus ordonna à l'esprit,* ἐπετίμησε δὲ ὁ Ἰησοῦς τῷ πνεύματι, et : *il rendit l'enfant à son père,* ἀπέδωκεν αὐτὸν τῷ πατρὶ αὐτοῦ. A la vérité, Paulus veut tourner, à son avantage, cette expression de Matthieu, et l'entendre comme si elle signifiait qu'à dater de ce moment, l'enfant revint graduellement à l'état d'une santé parfaite, grâce au régime prescrit. Mais il ne faut que considérer la même formule dans les autres passages où les évangiles la donnent comme finale des histoires de guérison, pour se convaincre de l'impossibilité de cette interprétation. Par exemple : quand l'histoire de la guérison de la femme atteinte d'une perte de sang se termine par cette remarque : *Et la femme fut sauvée à partir de cette heure,* καὶ ἐσώθη ἡ γυνὴ ἀπὸ τῆς ὥρας ἐκείνης (Matth., 9, 22), on ne voudra sans doute pas traduire : *Et, à partir de ce moment, la femme était sauvée peu à peu,* et cela ne peut que signifier : *elle fut sauvée (elle demeura sauvée) à partir de ce moment.* Une autre circonstance que Paulus invoque pour prouver que Jésus prescrivit ici un traitement qui devait être continué, c'est la phrase de Luc : *Il le rendit à son père;* ce qui, d'après lui, se-

(1) De abstinent. 2, p. 204, et 417 seq. Voyez Winer, 1, S. 191.　　(2) Paulus, exeg. Handb., 2, S. 491 f.

rait superflu, si cela ne signifiait que l'enfant fut remis pour être l'objet de soins consécutifs. Mais le verbe ἀποδίδωμι ne signifie pas immédiatement *remettre*, il signifie *rendre*, et par conséquent la phrase n'a pas d'autre sens que celui-ci : *Jésus rendit guéri l'enfant qu'il avait reçu pour le guérir*, ou bien que, l'ayant arraché à une puissance étrangère, celle du démon, il rendit aux parents cet enfant, qui était ainsi redevenu leur fils. Enfin, quel arbitraire n'y a-t-il pas de la part de Paulus à prendre, dans le V. 21, où l'efficacité du jeûne et de la prière est établie, la *sortie*, ἐκπορεύεται, dans la signification plus étroite d'une sortie parachevée, et à la distinguer ainsi de la sortie préliminaire qui s'était effectuée sur la simple parole de Jésus (V. 18) ! Il est donc vrai qu'ici aussi les évangiles nous rapportent, non une cure qui aurait duré des jours et des semaines, mais une cure accomplie, comme toujours, par un seul acte miraculeux ; et l'on ne peut entendre la prière et le jeûne comme une prescription destinée au malade.

Quant aux autres expulsions de démons racontées plus brièvement, il a déjà été, plus haut, à l'occasion de l'imputation faite à Jésus d'un pacte avec l'enfer, suffisamment question de la guérison d'un démoniaque muet et d'un démoniaque muet et aveugle, de même que de la guérison de la femme courbée en deux dans les considérations générales sur les démoniaques. La guérison de la fille possédée de la femme cananéenne (Matth., 15, 22 seq. Marc, 7, 25 seq.) n'a qu'une particularité, c'est qu'elle fut effectuée à distance par un mot de Jésus, ce dont il sera parlé plus tard.

D'après les récits évangéliques, l'expulsion du démon a réussi à Jésus dans tous ces cas. Paulus remarque que cette espèce de cure, bien qu'auprès de la multitude elle ait le plus contribué à fonder l'autorité de Jésus, a cependant été, en soi, la plus facile ; et, de son côté, De Wette admet une explication psychologique pour la guérison des démoniaques, mais seulement pour cette guérison (1). Nous ne pouvons nous empêcher de donner notre assentiment à ces observations ; car, si nous considérons, comme le fondement réel de l'état des démoniaques, une espèce d'aliénation accompagnée d'une disposition convulsive du système nerveux, nous savons que, sur les maladies psychiques et nerveuses, l'action psychique est la plus puissante de toutes, action pour laquelle Jésus, avec son autorité prépondérante comme prophète et même plus tard comme Messie, réunissait toutes les conditions. A la vérité, on trouve une gradation considérable entre ces états, suivant que l'aliénation s'est fixée plus ou moins matériellement dans les organes du corps, et que la condition morbide du système nerveux, étant devenue plus ou moins habituelle, est plus ou moins passée dans les autres systèmes. Plus le mal était borné à une simple altération du moral, sur lequel Jésus pouvait exercer une action spirituelle immédiate par sa parole, ou à une altération légère du système nerveux, sur lequel il était en état de produire une violente impression par l'intermédiaire du moral, ainsi qu'on le comprend dans la première des histoires que nous avons examinées, plus il était possible que Jésus, *par la parole*, λόγῳ (Matth. , 8 , 16), et *instantanément*, παραχρῆμα (Luc, 13, 13), mît fin à de pareils états. Au contraire, plus, comme dans les deux histoires suivantes, le mal s'était déjà fixé corporellement, plus il est difficile d'admettre que Jésus ait été en état de procurer un soulagement instantané par une voie purement psychologique. C'est ce que Weisse reconnaît aussi avec raison (2), et en conséquence il suppose en Jésus une force qui agissait corporellement, à la manière de la force magnétique , puissance dont, au reste, l'efficacité se conçoit

(1) Paulus, exeg. Handb., 1, b, S. 438. L. J. 1, a, S. 223 ; De Wette, bibl. Dogm., § 222, Anm. c.

(2) L. c., S. 354 f.

moins aisément, puisque, dans aucun des récits très déve-
loppés sur l'expulsion des démons, il n'est question d'un
contact qui ait précédé la guérison. Mais surtout ce que
l'on comprend le moins, c'est que, sans user de ce que sa
présence a d'imposant, celui qui opère des cures merveilleuses puisse agir à distance, comme on rapporte que Jésus
le fit pour la fille de la femme cananéenne. Au contraire,
l'accès de fièvre de la belle-mère de Pierre, que Jésus,
d'après Matthieu, 8, 14 seq. et passages parallèles, fit cesser en prenant la malade par la main, et suivant Luc, en
menaçant la fièvre, doit être compté parmi les conditions
morbides passagères sur lesquelles Jésus a pu agir d'une manière psychologique et magnétique.

Quoique donc on puisse admettre, d'après la nature des
choses, que Jésus ait parfois réussi à guérir psychologiquement, par la puissance supérieure de son aspect et de sa parole, et par une force analogue à la force magnétique, des
personnes atteintes de démonomanie ou d'affections nerveuses
prétendues démoniaques, cependant il n'en est pas moins
étonnant que, à nous en rapporter aux évangiles, il n'ait
jamais échoué dans une pareille cure. Aussi a-t-on déjà
conjecturé que, plus d'une fois, de pareils malades se sont
crus guéris, pourvu que l'action de Jésus eût seulement
interrompu la crise, et que les évangélistes les ont donnés
pour tels, parce qu'ils n'ont pas eu des renseignements ultérieurs sur leur compte, et qu'ils n'ont rien su de la récidive vraisemblable de la maladie (1). En outre, si nous
considérons la seconde histoire d'expulsion de démons, nous
voyons que, si le fonds n'en est pas inadmissible, cependant
il a reçu des additions qui dépassent positivement les bornes
de la possibilité, quelque loin qu'on les étende. Nous devons donc admettre que, sur ce terrain aussi, la légende n'a

(1) Natürliche Geschichte u. s. f. 2, S. 429; Kaiser, bibl. Theologie, 1, S.
196.

pas été oisive, mais que, d'une part, elle a enchéri sur les particularités historiques par des particularités non historiques, et que, d'autre part, elle a peut-être aussi confondu ce qui appartenait primitivement à des histoires distinctes, et ainsi composé les trois grands tableaux de ces sortes de guérisons qui nous ont été conservés.

Si, en terminant, nous jetons encore un regard sur l'évangile de Jean, qui ne parle pas de démoniaques et de leur guérison par Jésus, nous remarquerons qu'on a vu plus d'une fois, dans ce silence, un signe de notions épurées, et qu'on en a fait un avantage pour l'apôtre Jean, auteur présumé de cet évangile (1). Mais, dans le cas où ledit apôtre n'aurait pas cru à des possessions réelles, il avait, en qualité de rédacteur du quatrième évangile, l'occasion la plus précise de rectifier les synoptiques, s'il est vrai, comme on le soutient ordinairement, qu'il n'ait écrit que pour les compléter. Il aurait ainsi prévenu, en présentant ces guérisons sous le véritable point de vue, la propagation d'une opinion fausse suivant lui. Mais comment l'apôtre Jean aurait-il rejeté l'opinion que ces maladies avaient leur cause dans des possessions démoniaques? C'était, d'après Josèphe, l'idée juive contemporaine, de laquelle il était difficile que se délivrât un Juif palestin qui, comme Jean, n'avait voyagé qu'à un âge assez avancé en pays étranger; c'était, d'après la nature des choses et d'après le rapport des synoptiques, l'idée de Jésus lui-même, son maître adoré, idée de laquelle le disciple favori n'était, sans doute, disposé à s'écarter en rien. Or, si Jean partageait, avec ses contemporains et avec Jésus lui-même, la croyance à de véritables possessions démoniaques, et si la guérison de pareils malades formait, comme nous l'avons vu, une part principale de la faculté de miracle attribuée à

____

(1) C'est ce que disent plus ou moins Eichhorn, dans: Allg. Bibliothek, 4, S. 435; Herder, von Gottes Sohn u. s. f. S. 20; Wegscheider. Einl. in das Evang. Joh. S. 313; De Wette, bibl. Dogm. § 269.

Jésus, comment se fait-il que néanmoins il n'en ait pas parlé dans son évangile ? On dit qu'il les a omises parce que les autres évangélistes avaient recueilli un nombre suffisant de semblables histoires (1) ; mais il serait temps de cesser de tenir ce langage, puisque Jean reproduit plus d'un récit de miracles, déjà raconté par les autres ; et, si l'on répond que Jean a répété ces derniers récits parce qu'ils avaient besoin de rectification, nous avons vu, en examinant les relations des synoptiques sur les guérisons des démoniaques, qu'elles divergent sensiblement entre elles, et que, par conséquent, rien n'aurait été plus opportun qu'une rectification qui les ramenât au simple point de fait. Il ne resterait donc plus qu'à supposer que Jean, pour s'accommoder aux lumières des Grecs de l'Asie-Mineure, parmi lesquels on rapporte qu'il écrivit, omit, dans son évangile, des histoires de démoniaques qui étaient incroyables ou choquantes pour eux. Mais un apôtre, demanderons-nous, pouvait-il, devait-il même, par simple accommodement pour les oreilles délicates de ses auditeurs, retenir, par devers lui, une particularité si essentielle de l'action de Jésus ? Difficilement, si cette particularité lui était connue (2) ; par conséquent un dilemme embarrassant paraît se poser, c'est que : ou bien les synoptiques ont parlé, sans autorité historique, des expulsions de démons, ou bien le quatrième évangéliste, n'ayant aucune connaissance de ces histoires, n'est pas l'apôtre Jean. Or, nous ne pouvons, d'après ce qui a été dit jusqu'à présent, nous décider à admettre la première alternative, car les récits des synoptiques sur les guérisons de démoniaques par Jésus nous ont paru, au moins quant au fond, porter tous les caractères de la vérité. Ce point formerait donc un argument contre l'authenticité du quatrième évangile. Neander, en partant de l'idée que

(1) Olshausen. b. Comm., 1, S. 292.   (2) Voyez Weisse, l. c., S. 352.

l'auteur du quatrième évangile se faisait du diable, cherche à rendre vraisemblable que celui qui disait que le Christ était venu pour détruire les œuvres du diable (1. Joh., 3, 8), ait fait entrer, en ligne de compte, ces maladies; oui certainement, mais à condition qu'il ait su que Jésus avait guéri de pareilles affections. Aussi Neander essaie-t-il de prouver qu'il a pu le savoir en effet, et cependant n'en rien dire; mais son argumentation revient, au fond, à ce qui a été dit plus haut, à savoir que, pour concevoir les motifs qui ont dirigé l'évangéliste dans le choix de ce qu'il voulait raconter, il faut supposer existant ce qui était déjà connu par la tradition synoptique; à quoi Neander, par une remarque qui lui est propre, ajoute que, ces guérisons ayant été opérées hors de Jérusalem, cela peut expliquer pourquoi elles manquent chez Jean, qui s'occupe principalement de ce qui se passa dans la capitale. Pourtant il admet lui-même qu'il restera toujours une certaine obscurité sur les motifs de cette omission, que seulement il n'en faut rien conclure de défavorable au quatrième évangile (1). La nature de la chose veut que, sur des divergences et des lacunes semblables, chacun prononce un jugement différent; quant à moi, son silence sur les expulsions de démons me paraît appartenir aux particularités du quatrième évangile qui suscitent les plus grandes difficultés.

§ XCI.

Guérisons de paralytiques. Jésus a-t-il considéré certaines maladies comme une punition?

Les synoptiques rapportent que, en présence des messagers de Jean-Baptiste, Jésus s'appuya sur ce que, par sa puissance miraculeuse, *des boiteux marchaient*, χωλοὶ περιπατοῦσιν (Matth., 11, 5); et, une autre fois, le peuple s'é-

(1) Neander, L. J. Chr., S. 507 ff.

merveille de voir, à côté d'autres malades guéris, *des boiteux marcher*, χωλοὺς περιπατοῦντας, et *des perclus rendus
à la santé*, κυλλοὺς ὑγιεῖς (Matth., 15, 31). A la place des
boiteux, il est question ailleurs de *paralytiques*, παραλυτικοὶ
(Matth., 4, 24) ; et le fait est que, dans les histoires détail-
lées que nous avons sur cette espèce de malades, par exemple dans Matthieu, 9, 1 seq., et passages parallèles, 8, 5 seq.,
et passages parallèles, il s'agit, non de *boiteux*, mais de *paralytiques*. Le malade dont il est question dans Jean (5, 5),
appartenait sans doute aux *boiteux* dont il avait été parlé V. 3.
On trouve, dans le même endroit, des malades *dont les
membres sont desséchés*, ξηροί, et Matthieu (12, 9 seq. et
passages parallèles) raconte également la guérison d'un
homme qui avait une *main sèche*, χεὶρ ξηρά. Mais, comme
ces trois dernières guérisons d'individus atteints d'affections
aux membres se représenteront à nous sous d'autres chefs,
il ne reste plus ici qu'à étudier la guérison du paralytique
(Matth., 9, 1 seq. et passages parallèles).

Les définitions que les anciens médecins donnent de la
paralysie, παράλυσις, se rapportent toutes à une perte du
mouvement, mais sans expliquer positivement si elle est totale ou partielle (1) ; de plus, on ne peut pas attendre que
les évangélistes se soient tenus rigoureusement au langage
médical ; il faut donc, à l'aide des descriptions qu'ils donnent de ces malades, se représenter ce qu'ils entendent par
paralytiques. Or, dans notre passage, nous voyons que *le
paralytique* a été obligé de se faire porter sur un *lit*, κλίνη,
et que le mettre en état de se lever et de porter son lit fut regardé comme une merveille sans exemple ; en conséquence,
nous pouvons conclure qu'il y avait au moins impuissance
des pieds. Ici il n'est question ni de douleurs ni d'un caractère aigu de la maladie ; mais, dans une autre histoire (Matth.,

---

(1) On peut les voir dans Wetstein, N. T., 1, S. 284, et dans Wahl,
Clavis, à cet article.

8, 6), cette acuité du mal est évidemment supposée, puisque le centurion dit de son serviteur : *j'ai un de mes serviteurs malade d'une paralysie dont il est fort tourmenté*, ὁ παῖς μου βέβληται ἐν τῇ οἰκίᾳ παραλυτικὸς, δεινῶς βασανιζόμενος ; ainsi, par le mot *paralysie*, nous devrions entendre, dans les évangiles, une affection des membres qui les frappe d'impuissance, mais qui est tantôt indolente, et tantôt goutteuse et douloureuse (1).

La description de la manière dont le paralytique fut amené à Jésus (Matth., 9, 1 seq. et passages parallèles) présente une gradation sensible entre les trois récits : Matthieu dit simplement que, Jésus étant revenu à Capharnaüm après une excursion sur la rive opposée du lac, on lui amena un paralytique étendu sur un lit ; Luc décrit exactement comment Jésus, entouré d'une grande foule, et nommément de pharisiens et de docteurs de la loi, enseignait et guérissait dans une maison, et comment les porteurs du paralytique, ne pouvant arriver jusqu'à lui à cause de la multitude qui obstruait la porte, firent descendre le malade à travers le toit. Si l'on se représente la structure des maisons orientales, dont les toits sont plats et communiquent avec l'étage supérieur par une ouverture (2), et si l'on prend en

---

(1) Comparez Winer, b. Realw., 2, S. 225 ff.; et Fritzsche, in Matth. p. 194.

(2) Winer, l. c, à l'article Dach (toit). Neander pense (S. 316, Anm.) que les expressions de Josèphe (Antiq. 14, 15, 12) permettent de conclure, non que de pareilles ouvertures existaient, mais qu'en enlevant la couverture du toit, on pouvait arriver dans l'espace qui se trouvait au-dessous, et apercevoir ce qui s'y passait ; car, Hérode Ier ayant pris un village où plusieurs soldats ennemis se trouvaient, et une partie de ces soldats s'étant réfugiés sur les toits des maisons où ils furent faits prisonniers, l'historien ajoute aussitôt : *Enfonçant les toits des maisons, il vit qu'au-dessous tout était* plein de soldats, τοὺς ὀρόφους τῶν οἴκων ἀνασκάπτων, ἔμπλεα τὰ κάτω τῶν στρατιωτῶν ἑώρα x. τ. λ. Mais, quand même il y aurait eu une porte dans le toit, il était difficile que l'on pût, par cette ouverture, découvrir tout l'étage immédiatement inférieur; en outre les fugitifs l'avaient sans aucun doute barricadée; et, dans tous les cas, il était nécessaire d'enfoncer le toit pour exécuter ce que Josèphe rapporte ultérieurement; *accablant d'en haut ces soldats à coups de pierre, ils les tuèrent les uns sur les autres*, τούτους (τοὺς στρατιώτας) μὲν οὖν πέτραις ἄνωθεν βάλλοντες σωρηδὸν ἐπ' ἀλλήλοις ἀνῄρουν.

considération l'usage des rabbins, chez qui le *chemin par le toit* (דרך גגין) est opposé au *chemin par la porte* (דרך פתחים), comme n'étant pas un chemin moins ordinaire pour arriver à *l'étage supérieur*, ὑπερῷον (1), on ne peut guère, par l'expression *faire descendre par les tuiles*, καθιέναι διὰ τῶν κεράμων, entendre autre chose, si ce n'est que les porteurs, étant arrivés sur le toit plat de la maison où se trouvait Jésus, soit par un escalier qui y conduisait directement de la rue, soit par le toit de la maison voisine, firent descendre, jusqu'à Jésus, à travers l'ouverture existant déjà dans la plate-forme, et, ce semble, à l'aide de cordes, le malade avec son lit. Marc, qui concorde avec Matthieu en plaçant la scène à Capharnaüm, et avec Luc en décrivant la grande multitude, et la nécessité où elle mit les porteurs de monter sur le toit, fixe, en outre, leur nombre à quatre, et enchérit encore sur Luc en disant, sans s'inquiéter de la porte qui existait déjà, qu'ils découvrirent le toit, et descendirent le malade à travers une ouverture qu'ils firent eux-mêmes.

Dans quelle direction cette gradation a-t-elle pu se former? est-ce une progression croissante ou décroissante? La narration de Marc, qui occupe le plus haut degré de cette échelle, présente tant de difficultés, que difficilement on la considèrera comme la plus voisine de la vérité; car non seulement des adversaires ont demandé comment on avait pu percer le toit sans blesser ceux qui étaient au-dessous (2), mais encore Olshausen accorde que la destruction de la plate-forme couverte de tuiles a quelque chose d'extravagant (3). Pour échapper à cette difficulté, plusieurs interprètes admettent que Jésus enseignait en plein air, soit dans la cour intérieure (4), soit devant la maison (5), et que les porteurs

---

(1) Lightfoot, p. 601.
(2) Woolston, Disc. 4. Dans l'exemple emprunté à Josèphe un pareil danger inquiétait peu les assiégeants.
(3) 1, S. 304.

(4) Köster, Immanuel, S. 166, Anm. 66.
(5) C'est ce que Paulus paraît penser, L. J. 1, a, S. 258. Il s'exprime autrement dans exeg. Handb., 1, b, S. 505.

ont seulement brisé une portion du parapet du toit pour descendre le malade plus commodément. Mais, si la désignation de Luc : *à travers les tuiles*, rend cette explication impossible, les expressions de Marc ne la permettent pas davantage, car chez lui, ni στέγη ne peut signifier le parapet du toit, ni ἀποστεγάζω la rupture de ce parapet, et ἐξορύττω ne peut s'entendre que du travail destiné à percer un trou. Si donc la percée de la plate-forme subsiste, elle devient invraisemblable, puisqu'elle était complétement inutile, dès-lors que dans chaque toit il y avait une porte. On a essayé de parer l'objection en disant que les porteurs se servirent, il est vrai, de la porte qui était dans le toit, mais qu'elle se trouva trop étroite pour le lit du malade, et qu'ils l'agrandirent en brisant les tuiles dans le voisinage (1). Mais cela n'ôte rien aux dangers de cette opération, et les expressions de Marc signifient une ouverture faite exprès par les porteurs, et non une ouverture simplement agrandie.

Quelque périlleuse, quelque superflue que fût, en réalité, une telle entreprise, on s'expliquera facilement comment Marc, occupé à developper le récit de Luc, imagina cette particularité. Luc avait dit que l'on avait fait descendre le malade, de sorte qu'il arriva *devant Jésus*, ἔμπροσθεν τοῦ ἰησοῦ. Comment les porteurs, se demanda Marc, purent-ils, si Jésus ne se trouvait pas accidentellement sous la porte du toit, rencontrer justement cette place, autrement qu'en enfonçant le toit dans l'endroit où ils savaient qu'était Jésus (ἀπεστέγασαν τὴν στέγην ὅπου ἦν) (2)? Cette particularité

(1) C'est ce que disent Lightfoot, Kuinöl, Olshausen, sur ce passage.

(2) Voyez Fritzsche in Marc., p. 52. Cela réfute en même temps l'objection de Neander, qui dit : « S'il avait été possible d'arriver du toit dans l'appartement intérieur sans faire préalablement une ouverture dans le toit, Marc, qui connaissait sans doute la construction des maisons de l'Orient, ne se serait pas exprimé comme s'il n'y avait pas d'autre possibilité (l. c.) » Il ne s'exprime pas non plus, d'après ce qu'on vient de voir, comme si on n'avait pas pu arriver dans l'appartement intérieur sans découvrir le toit; mais il s'exprime comme si on n'avait pas pu arriver, sans cette opération, à l'endroit où se trouvait Jésus; et, dans le fait, on ne pouvait y arriver, même avec une porte dans le toit, qu'autant

fut d'autant mieux accueillie par Marc, qu'elle mettait, dans un jour plus vif, ce zèle qu'aucun labeur n'effrayait, zèle inspiré aux porteurs par leur confiance en Jésus. Or c'est aussi ce dernier intérêt qui paraît déjà avoir dicté à Luc ce qui distingue son récit de celui de Matthieu. En effet, quoique Matthieu, qui raconte que les porteurs amenèrent à Jésus le paralytique par le chemin ordinaire, ait pensé sans doute que le transport pénible de ce malade sur son lit était une preuve suffisante de leur foi, cependant les caractères auxquels Jésus est supposé avoir reconnu leur *foi*, πίστις, sont mis dans un moindre relief; or, si, dans les commencements, cette histoire était rapportée comme nous la lisons dans le premier évangile, on put être facilement tenté d'inventer, pour les porteurs, un signe de leur foi qui fût plus saillant; et, comme la scène était placée au milieu d'un grand concours de peuple, le signe le plus convenable put sembler ce chemin inaccoutumé qu'ils prirent pour porter leur malade jusqu'à Jésus (1).

Le procédé de la guérison, d'après le rapport concordant des trois synoptiques, est simplement ceci : Jésus, avec des paroles amicales et tranquillisantes, annonce d'abord au paralytique le pardon de ses péchés (ce dont je vais parler tout à-l'heure); puis, confondant les murmures des docteurs de la loi, il justifie le plein pouvoir qu'il s'attribue de pardonner des péchés, en ordonnant au paralytique de prendre son lit et de s'en retourner, ordre qui est suivi d'un résultat immédiat. On a essayé de représenter ce succès comme naturel, et l'on a dit que l'affection de ce malade n'était qu'une faiblesse nerveuse, à laquelle avait la plus grande part l'imagination du malade, qui pensait que son mal devait durer, étant une punition de ses péchés; on admit en outre

que Jésus aurait été, par cas fortuit, placé justement sous cette porte.

(1) Comp. De Wette, exeg. Handb., 1, 1, S. 90. 1, 2, S. 40.

qu'un traitement subséquent fut continué pendant quelque
temps (1); mais l'un comme l'autre est contraire au récit.
On a donc cherché, autour de soi, des analogies empruntées
au domaine des faits, qui, bien que rares et mystérieux,
appartiennent cependant à l'ordre naturel. Paulus invoque
un récit de Tite-Live qui ressemble beaucoup à un conte (2);
cela est inutile, car on ne paraît avoir aucune objection à
faire contre l'observation de la guérison, par la simple force
de la croyance d'une paralysie partielle et d'une contracture qui avaient duré plusieurs années, observation qui est
consignée dans la seconde édition du Gnomon de Bengel (3).
Des exemples semblables se représentent aussi sans cesse sur
le terrain du magnétisme animal. Si donc on admet ces deux
conditions à la fois : que, dans Jésus, il y avait une force
curative semblable à celle du magnétisme, et, dans le malade, une foi forte et susceptible d'être portée par l'allocution de Jésus jusqu'à l'émotion morale la plus vive, rien
n'empêche plus de faire entrer cette histoire de guérison
dans le cercle de celles pour lesquelles nous ne manquons
pas de points d'analogie dans les observations ordinaires, et
que, par conséquent, nous ne sommes pas en droit d'exclure,
sans plus ample informé, hors du rang des choses historiquement arrivées. A la vérité, d'un autre côté, comme ce
que les Juifs attendaient du Messie a été transporté sur Jésus, il y a une extrême facilité à faire dériver de cette attente
le récit en question. Dans le passage déjà cité d'Isaïe (35, 6),
il avait été promis pour le temps messianique que *le boiteux
sauterait comme un cerf*, τότε ἁλεῖται ὡς ἔλαφος ὁ χωλός,
et, dans le même contexte (V. 3), le prophète avait crié aux
genoux paralysés, γόνατα παραλελυμένα· *soyez pleins de
force*; ἰσχύσατε, ce qui, de même que les autres particularités qui y tiennent, a dû être plus tard entendu au propre,

<hr>

(1) Paulus, exeg. Handb., 1, b, S.
498, 501.

(2) Liv. 2, 36.
(3) Gnomon, 1, S. 245.

et espéré du Messie comme œuvre miraculeuse, puisque Jésus, ainsi que nous l'avons vu déjà, pour prouver qu'il était celui *qui devait venir*, ἐρχόμενος, s'appuya aussi de ce que les *boiteux marchaient*, χωλοὶ περιπατοῦσιν.

Il faut maintenant examiner de plus près, dans ce récit, un trait qui a déjà été touché. Jésus dit d'abord au malade : *que tes péchés te soient remis*, ἀφέωνταί σοι αἱ ἁμαρτίαι σου; et puis, en preuve qu'il a le pouvoir de pardonner ainsi les péchés, il le guérit. On ne peut méconnaître, en cela, un rapport avec l'opinion des Juifs, qui pensaient que le malheur, et en particulier la maladie des individus, étaient une preuve de leurs péchés, opinion qui, déposée avec ses traits principaux dans l'Ancien Testament (3. Mos. 26, 14 seq. ; 5. Mos., 28, 15 seq. ; 2. Paralip., 21, 15. 18 seq.), fut énoncée de la manière la plus précise par les Juifs postérieurs (1). Si donc nous n'avions que ce récit des synoptiques, nous serions obligés de croire que Jésus avait partagé, sur ce point, l'opinion de ses contemporains et compatriotes, puisqu'il démontre sa qualification à pardonner des péchés, cause de la maladie, en donnant une preuve de son pouvoir de guérir des maladies, suite du péché. Mais, dit-on, il se trouve d'autres passages où Jésus contredit directement cette idée juive, et il en résulte que, lorsqu'il tint au paralytique ce langage, ce ne fut que pour s'accommoder aux opinions du malade, afin de procurer sa guérison (2).

Le passage principal que l'on a coutume d'alléguer à cet effet, est l'introduction de l'histoire de l'aveugle de naissance (Joh., 9, 1—3), histoire qu'il faudra examiner plus tard. Là, en effet, les apôtres, voyant debout sur le chemin cet homme qu'ils connaissent comme étant aveugle de naissance, posent

____

(1) Nedarim f. 41, 1 (dans Schöttgen, 1, p. 93) : Dixit R. Chija fil. Abba : Nullus ægrotus a morbo suo sanatur, donec ipsi omnia peccata remissa sint.

(2) Hase, L. J., § 73 ; Fritzsche, in Matth., p. 335.

à Jésus la question de savoir s'il est aveugle par l'effet de ses propres péchés ou des péchés de ses parents. Ce cas était particulièrement difficile pour l'opinion juive sur l'infliction des peines. Quand il s'agit de maux qui ne frappent un homme que dans le cours de sa carrière, l'observateur qui est enclin à considérer les choses sous un certain point de vue, trouvera facilement, ou du moins supposera, des fautes quelconques qui auront été la cause de ses maux. Il en est autrement des maux de naissance. A la vérité, l'opinion du vieil hébraïsme (2. Mos., 20, 5 ; 5. Mos., 5, 9 ; 2. Sam., 3, 29) fournissait une explication, à savoir que les péchés des ancêtres sont punis sur les descendants. Mais, comme, pour le droit humain, la loi mosaïque elle-même ordonnait que chacun ne fût responsable que de ses propres infractions (5. Mos., 24, 16 ; 2. Reg., 14, 6), et comme, relativement aussi à la justice distributive de Dieu, les prophètes pressentaient une règle semblable (Jerem., 31, 30; Ezech., 18, 19 seq.), la sagacité rabbinique imagina pour les maux de naissance un subterfuge, et dit que, sans doute, ces hommes avaient péché dès le ventre de leur mère (1). C'est, sans contredit, l'opinion que les disciples supposaient quand ils firent leur question (V. 2). Jésus leur répond que ce n'est ni pour ses péchés, ni pour les péchés de ses parents, que cet homme est venu aveugle au monde, mais que c'est pour que la guérison que lui, Jésus, en sa qualité de Messie, allait accomplir, manifestât la puissance miraculeuse de Dieu. Cette réponse est généralement entendue comme si Jésus avait rejeté toute cette opinion, que la maladie et les autres maux sont essentiellement des peines pour les péchés; mais Jésus ne parle ici expressément que du cas qu'il avait devant les yeux, disant

---

(1) Sanhedr. f. 91, 2, et Bereschith Rabba f. 58, 1 (dans Lightfoot, p. 1050) : Antoninus interrogavit Rabbi (Judam): A quonam tempore incipit malus affectus prævalere in homine ? an a tempore formationis ejus (in utero), an a tempore processionis ejus (ex utero)? Dixit ei Rabbi : A tempore formationis ejus.

que ce mal particulier avait sa raison, non dans une transgression de cet individu, mais dans des vues providentielles
supérieures. On ne serait autorisé à trouver, dans ces expressions, un sens plus général, et le rejet de toute l'opinion juive,
qu'autant que l'on en rapprocherait d'autres déclarations
d'un sens plus précis. Or, il se trouve, on vient de le voir, dans
les évangiles synoptiques, un récit qui, entendu simplement,
renferme une adhésion de Jésus à l'idée dominante ; par conséquent, on peut se demander s'il est plus facile de considérer cette déclaration de Jésus chez les synoptiques, comme
un accommodement à la croyance populaire, ou sa déclaration chez Jean, comme ne se rapportant qu'au cas qui était
placé devant lui. Cette question sera décidée en faveur de
la dernière alternative, par quiconque connaît les difficultés
de l'hypothèse de l'accommodement dans son application aux
déclarations de Jésus chez les évangélistes, et voit clairement
que, dans le passage en question du quatrième évangile,
rien n'indique une signification plus générale de la réponse
de Jésus.

Sans doute, d'après de justes principes d'exégèse, un
évangéliste ne doit pas être expliqué immédiatement par
un autre évangéliste ; et, dans notre cas, il resterait fort
possible que, tandis que les synoptiques attribuent à Jésus
cette opinion qui fut celle de son temps, l'auteur plus éclairé
du quatrième évangile la lui fît rejeter. Cela n'est pas cependant, car il n'a rattaché qu'à ce cas particulier, la réprobation exprimée par Jésus sur l'idée contemporaine, et on
en acquiert la preuve dans d'autres paroles qu'il met en la
bouche de Jésus. En effet, Jésus parlant à celui qui est malade depuis trente-huit ans (Joh., 5), et lui disant, après
son rétablissement, sous forme d'avis : *ne pèche plus, afin
qu'il ne t'arrive rien de plus*, μηκέτι ἁμάρτανε, ἵνα μὴ χεῖρόν τί σοι γένηται (V. 14), c'est la même chose que lorsqu'il
crie à un malade qui attend sa guérison : *que tes péchés te*

soient remis, ἀφέωνταί σοι αἱ ἁμαρτίαι σου. Dans les deux cas, la maladie est considérée comme la punition du péché, et, en cette qualité, guérie chez l'un, présentée comme une menace chez l'autre. Cependant, ici aussi, les interprètes qui n'aiment pas à trouver en Jésus une opinion qu'ils rejettent, savent échapper au sens naturel. D'après eux, Jésus reconnut que le mal particulier de cet homme était une suite naturelle de certains excès, et il l'avertit de ne pas y retomber, parce que cela pourrait amener une récidive dangereuse (1). Mais, pour la manière de penser du siècle de Jésus, il était bien plus difficile de rattacher certains excès à certaines maladies, suites de ces excès, que de rattacher, au péché en général, la maladie, comme la punition du péché. Il faudrait donc, si nous voulions attribuer aux paroles de Jésus la première signification, qu'elle fût très précisément énoncée dans le passage ; or, nulle part, dans tout le récit, il n'est question de quelque excès commis par cet homme. Quand Jésus lui dit *ne pèche plus*, μηκέτι ἁμάρτανε, cela désigne seulement le péché en général ; et supposer entre Jésus et le malade une conversation où le premier aurait instruit le second sur la connexion de son mal avec un péché particulier (2), c'est faire une fiction qui n'est point du tout dans l'esprit de la conduite ordinaire de Jésus. Quel mode d'explication, quand, pour échapper à un résultat dogmatiquement désagréable, on donne à un passage (Joh., 9) une généralité qu'il ne comporte pas ; quand on élude l'autre (Matth., 9) par l'hypothèse de l'accommodement ; quand on impose violemment au troisième (Joh., 5) une idée moderne ; tandis que, si l'on ne fait pas dire au passage plus qu'il ne dit réellement, on n'a aucun besoin de toucher le moins du monde aux deux autres dans leur signification immédiate!

(1) Paulus, Comm. 4, S. 264; Lücke, 2, p. 22; Neander incline aussi de ce côté, S. 319.

(2) C'est ce que fait Tholuck, sur ce passage.

Mais on rapporte encore un autre passage, et celui-là est pris aux synoptiques, pour prouver que Jésus était élevé, sur ce point, au-dessus de l'opinion populaire. On lui fit un jour un récit sur des Galiléens que Pilate avait fait massacrer pendant le sacrifice, et sur d'autres qui avaient péri par la chute d'une tour (Luc, 13, 1 seq.). Ceux qui lui racontèrent cet événement, donnèrent, il faut le croire, à entendre qu'ils regardaient ces accidents comme des punitions divines de la perversité particulière de ces gens. Jésus répondit qu'il ne fallait pas croire que ces gens eussent été pires que d'autres; que les narrateurs eux-mêmes ne valaient pas mieux, et que, s'ils ne se convertissaient pas, une pareille ruine les attendait. Certes, il n'est pas facile de voir comment, dans cette expression de Jésus, on peut trouver une réprobation de l'opinion populaire. Si Jésus voulait la condamner, il devait dire, de deux choses l'une; ou bien : Vous êtes d'aussi grands pécheurs, bien que, corporellement vous ne périssiez pas de la même manière; ou bien : Croyez-vous que ces gens aient péri à cause de leurs péchés? Non, on peut s'en convaincre en vous voyant, vous qui, malgré votre perversité, n'êtes cependant pas frappés de mort. Au contraire, la déclaration de Jésus, telle qu'elle est rapportée dans Luc, ne peut signifier que ceci : Le malheur qui vient de frapper ces gens ne prouve pas leur perversité particulière, pas plus que l'exemption, dont vous avez joui jusqu'à présent, de pareils accidents, ne prouve que vous valiez mieux qu'eux; loin de là, des punitions semblables vous frapperont tôt ou tard, et manifesteront votre égale méchanceté; ce qui confirmerait au lieu de renverser la loi de la connexion entre le péché et le malheur de chaque individu. Cette opinion sur la maladie et sur le mal, opinion vulgaire parmi les Hébreux, est en contradiction avec la doctrine ésotérique, à moitié essénienne et ébionite, que nous avons trouvée dans l'exorde du discours de la montagne, dans la parabole de l'homme riche, et ailleurs, et d'après laquelle les souffrants, les pauvres, les malades, sont bien plutôt les justes en ce siècle. Mais, pour une exégèse sans préjugés, les deux opinions se manifestent positivement dans les expressions de Jésus, et la contradiction que nous trouvons entre l'une et l'autre ne nous autorise pas à donner une signification forcée à l'une des catégories de ces déclarations. Il faudrait plutôt contester l'authenticité de l'une ou de l'autre de ces catégories ; mais nous ne pouvons pas savoir si Jésus n'avait pas concilié, d'une façon quelconque, en son esprit, la contradiction des deux différentes opinions sur les choses du monde qu'il trouva chez les Juifs d'alors, et qui étaient le produit de leur culture intellectuelle.

§ XCII.

Guérisons de lépreux.

Parmi les malades que Jésus guérit, les lépreux jouent un rôle principal, comme cela devait être dans le climat de la Palestine, qui engendre facilement des maladies de peau. Quand Jésus, suivant le récit des synoptiques, renvoie les messagers de Jean-Baptiste aux faits qui prouvent sa messianité (Matth., 11, 5), il cite au nombre de ces faits la *purification des lépreux*, λεπροὶ καθαρίζονται. Quand, lors de la première mission de ses apôtres, il leur donne plein pouvoir de faire toutes sortes de miracles, il met au premier rang la guérison des lépreux (Matth., 10, 8) ; et les détails de deux cas de pareilles cures nous sont rapportés.

L'un de ces cas est commun à tous les synoptiques, bien qu'ils le placent dans des connexions différentes. Jésus, suivant Matthieu en descendant de la montagne où il tint le discours connu sous ce nom (8, 1 seq.), suivant les autres dans une position qui n'est pas déterminée, au commence-

ment de son ministère en Galilée (Marc 1, 40 seq. Luc 5,
12 seq.), rencontre un lépreux qui lui demande à genoux de
le guérir, et qui obtient sa guérison par un simple contact.
Jésus l'invite aussitôt à se présenter aux prêtres, conformément à la loi (3. Mos. 14, 2 seq.), afin d'être déclaré pur.
Matthieu et Marc désignent simplement l'état de cet homme
par le mot *lépreux*, λεπρὸς, Luc se sert d'une expression
plus forte, et dit *plein de lèpre*, πλήρης λέπρας. D'après
Paulus, il est vrai, cette abondance de l'éruption est un
symptôme de sa curabilité, attendu que la sortie et la
desquamation sur toute la peau indiquent la crise par laquelle
l'économie se nettoie. En conséquence, ce commentateur se
représente, de la façon suivante, la marche des choses : le
lépreux sollicite de Jésus, en sa qualité de Messie, un avis
sur son état, et le prie, suivant le résultat de l'examen, de
lui accorder une déclaration de pureté (εἰ θέλεις, δύνασαί με
καθαρίσαι), déclaration qui, ou bien lui épargnera la peine
d'aller trouver le prêtre, ou bien servira à lui inspirer un
espoir consolateur en y allant. Jésus, se déclarant prêt à l'examiner (θέλω), étend la main pour le palper, sans cependant
que le malade, qui avait peut-être encore des propriétés
contagieuses, s'approchât trop près de lui, et, après un
examen exact, il se déclare convaincu que la maladie n'est
plus contagieuse (καθαρίσθητι) ; bientôt après, et sans peine
(εὐθέως), la lèpre disparut en effet complétement (1).

Avant toute chose, remarquons qu'il y a ici une assertion
étrangère au texte : c'est que le lépreux ait été justement à
l'époque de la crise de sa maladie ; car, dans les deux premiers évangiles, il est question simplement de lèpre, tandis
que l'expression du troisième, *plein de lèpre*, πλήρης
λέπρας, ne peut signifier autre chose que l'expression de
l'Ancien Testament *perfusus leprâ* מצרע כשלג (2. Mos. 4,

____

(1) Exeg. Handb., 1, b, S. 698 ff.

6; 4. Mos. 12, 10; 2. Reg. 5, 27), ce qui, d'après le contexte, signifie, dans chacun de ces cas, le plus haut degré de l'éruption. Que le mot *purifier*, καθαρίζειν, ait été employé dans l'usage de la langue hébraïque et de l'hellénistique, pour signifier simplement *déclarer pur*, c'est ce qu'on ne peut contester; mais il faudrait que ce verbe conservât cette signification dans tout le paragraphe. Or, après qu'il est dit que Jésus a prononcé le mot *sois purifié*, καθαρίσθητι, Matthieu ajoute : *et il fut aussitôt purifié*, etc., καὶ εὐθέως ἐκαθαρίσθη κ. τ. λ.; entendre cette addition de Matthieu dans le sens que le malade fut réellement déclaré pur par Jésus, ce serait lui imputer une absurde tautologie, qui est si peu concevable, qu'il faut prendre καθαρίζεσθαι dans le sens d'une purification réelle ou guérison. Mais, si ce verbe a ici cette signification, il l'a aussi dans tout le reste du paragraphe. Il suffit de rappeler l'expression *les lépreux sont purifiés*, λεπροὶ καθαρίζονται (Matth. 11, 5), et *purifiez les lépreux*, λεπροὺς καθαρίζετε (Matth. 10, 8), où ce mot ne peut du moins désigner ni une simple déclaration de pureté, ni rien autre chose que ce qu'il désigne dans le récit actuel. Mais le point contre lequel l'explication naturelle de l'anecdote échoue de la manière la plus positive, c'est la séparation de *je veux*, θέλω, d'avec *sois purifié*, καθαρίσθητι. Qui pourra se persuader que ces deux mots, réunis immédiatement dans les trois récits, aient été séparés par une pause notable, que le mot *je veux*, ait été prononcé pendant ou, à proprement parler, avant le palper; mais que le mot *sois purifié* ne l'ait été qu'après cette opération, quand les trois évangélistes font prononcer à Jésus les deux mots sans séparation pendant l'acte du palper? Certes, si le sens allégué avait été le sens primitif, un des évangélistes du moins, au lieu de mettre *Jésus le toucha disant : je le veux, sois purifié*, ἥψατο αὐτοῦ ὁ Ἰησοῦς λέγων· θέλω, καθαρίσθητι, aurait mis : *Jésus répondit : je le veux, et l'ayant touché, dit : Sois purifié,* ὁ Ἰησοῦς ἀπεκρίνατο· θέλω, καὶ ἀψάμενος αὐτοῦ εἶπε· καθαρίσθητι. Mais le mot *sois purifié,* καθαρίσθητι, est prononcé d'un seul trait avec *je le veux,* θέλω, de sorte que Jésus, par le simple effet de sa volonté, et sans examen intercurrent, produit la *purification,* καθαρίζεσθαι. Ainsi il est impossible que ce mot signifie une déclaration de pureté, laquelle exigeait un examen préalable, et il doit signifier une vraie purification ou guérison. D'après le contexte aussi, le mot *toucher,* ἅπτεσθαι, doit s'entendre, non d'un contact explorateur, mais, comme ailleurs dans de pareils récits, d'un contact curatif.

Pour son explication naturelle, Paulus invoque la règle que, dans tout récit, le cours ordinaire des choses doit être supposé partout où le contraire n'est pas énoncé expressément (1), règle qui est affectée de l'équivoque inhérente à toute explication rationaliste, puisqu'elle ne distingue pas ce qui est ordinaire et régulier pour nous, et ce qui l'était pour les écrivains que l'on veut expliquer. Certes, quand j'ai sous les yeux un historien tel que Gibbon, je dois, dans ses récits, ne supposer, à moins qu'il ne marque expressément le contraire, que des causes et des procédés naturels, parce que, dans l'école où a été élevé cet écrivain, le surnaturel ne se conçoit au plus que comme l'exception la plus rare. Il en est déjà autrement d'un Hérodote, pour qui l'intervention de puissances supérieures n'était ni extraordinaire, ni irrégulière; et, quand il s'agit d'une série d'anecdotes nées sur le sol juif, anecdotes dont le but est de représenter un personnage comme un prophète suprême, comme un homme intimement uni à Dieu, le surnaturel se suppose tellement de soi-même, que la règle des rationalistes doit être retournée: là où un intérêt est attaché à des événements qui, considérés

____

(1) L. c., S. 705 u. sonst.

comme naturels, n'auraient aucune importance, les causes surnaturelles devraient être expressément exclues pour qu'on ne supposàt pas que l'opinion du narrateur est qu'elles ont été mises en jeu. Au reste, dans l'histoire qui nous occupe en ce moment, le caractère extraordinaire de toute la chose est suffisamment indiqué, quand on lit que, sur la parole de Jésus, la lèpre quitta aussitôt le malade. A la vérité, Paulus, comme il a déjà été dit, a l'adresse de transformer cette déclaration en une guérison successive et naturelle, attendu que le mot εὐθέως, par lequel les évangélistes en déterminent la durée, signifie, d'après la différence des contextes, tantôt *immédiatement*, tantôt seulement *bientôt et sans obstacle*. Cela accordé, les expressions qui, chez Marc, suivent immédiatement *il le chassa aussitôt*, εὐθέως ἐξέβαλεν αὐτὸν (V. 43), signifieront-elles que Jésus chassa *bientôt et sans obstacle* le malade guéri, ou faudra-t-il donner au mot εὐθέως un sens différent dans deux versets qui se suivent?

Ainsi, dans l'intention des narrateurs évangéliques, il s'agit de la disparition instantanée de la lèpre, à la parole et au contact de Jésus. Mais, pour concevoir une chose pareille, la difficulté est bien autre que pour concevoir la guérison instantanée d'un homme en proie à une idée fixe, ou l'effet durable et fortifiant d'une impression sur un malade atteint d'une affection nerveuse. La lèpre, en raison de la profonde altération des sucs, est la plus opiniâtre et la plus maligne des éruptions. Or, rendre instantanément, par une parole et un attouchement, à la peau que le mal ronge, son intégrité et sa netteté, cela est absolument inconcevable, attendu que c'est représenter comme un effet immédiat ce qui a besoin, pour s'effectuer, d'une longue série d'opérations intermédiaires (1). Aussi, quiconque est placé en dehors de

____

(1) Comparez Hase, L. J. § 86; Weisse, l. c., S. 478.

certains préjugés (et c'est toujours la position du critique),
songe involontairement, en lisant ce récit, au domaine de la
fable. Et, en effet, dans le domaine fabuleux de la légende
orientale, et plus précisément de la légende juive, nous
trouvons des apparitions et des disparitions instantanées
de la lèpre. Lorsque Jéhovah donna à Moïse, pour la
qualification de sa mission en Égypte, le pouvoir de faire
toutes sortes de signes, il lui ordonna entre autres de
mettre sa main dans son sein, et, lorsque Moïse la retira, elle
était couverte de lèpre; il la remit encore une fois dans son
sein, et, lorsqu'il la retira, elle était de nouveau nettoyée (2.
Mos., 4, 6. 7). Plus tard, à cause d'une tentative de ré-
volte contre Moïse, sa sœur Miriam fut soudainement frap-
pée de lèpre, mais l'intercession de Moïse lui procura la guérison (4. Mos., 12, 10 seq.). Mais c'est surtout parmi les
miracles du prophète Élisée que la guérison d'un lépreux
dont Jésus fait aussi mention (Luc, 4, 27), joue un rôle
considérable. Le général syrien Naaman, qui était affecté de
lèpre, demanda du secours au prophète israélite; celui-ci
lui prescrivit de se baigner sept fois dans le Jourdain. Cela
fit en effet disparaître une lèpre que, au reste, le prophète
eut plus tard occasion de transporter sur Giesi, son serviteur infidèle (2. Reg., 5). Ces précédents de l'Ancien Testament paraissent fournir complétement la source du récit
évangélique. Ce que le premier Goël avait pu faire au
nom de Jéhovah, le second, comme il a déjà été dit, devait
aussi être en état de le faire, et d'ailleurs le plus grand
des prophètes ne pouvait pas rester en arrière d'un autre
prophète. Si donc de pareilles guérisons étaient com-
prises sans aucun doute dans le type juif du Messie, les
chrétiens, qui croyaient que le Messie était réellement
apparu en Jésus, avaient des raisons encore plus positives
pour embellir son histoire par ces traits empruntés à la légende de Moïse et des prophètes. Seulement ils laissèrent de

côté, conformément à l'esprit plus doux de la nouvelle
alliance (Luc, 9, 55 seq.), la part de vengeance et de punition que renfermaient ces anciens miracles.

L'explication rationaliste est un peu plus spécieuse quand
elle prétend que, dans le récit des dix lépreux, qui est particulier à Luc (17, 12 seq.), il n'est pas dit expressément
qu'il s'agisse d'une guérison miraculeuse de la lèpre. Ici, en
effet, les malades ne sollicitent pas positivement la guérison,
ils crient seulement, *ayez pitié de nous*, ἐλέησον ἡμᾶς ;
Jésus, non plus, ne prononce pas un mot tout-puissant qui
se rattache à leur affection . il se contente de leur prescrire
de se montrer aux prêtres. Aussi les rationalistes n'hésitent-
ils pas à dire que Jésus, ayant pris connaissance de leur état,
les encouragea à se soumettre à la visite sacerdotale, qu'à la
suite de cette visite ils furent en effet déclarés purs, et que le
Samaritain revint pour remercier Jésus de l'encouragement
qu'il leur avait donné (1). Mais, dans l'effusion de sa reconnaissance, le Samaritain *se jette la face contre terre*, ἔπεσεν
ἐπὶ πρόσωπον, et ce n'est pas ainsi que l'on remercie pour un
simple conseil ; encore moins Jésus pouvait-il exiger que, à
cause du succès de cet avis, tous les dix revinssent, et revinssent pour remercier Dieu, de quoi ? de ce qu'il avait mis Jésus
en état de leur donner un aussi bon conseil ? Non, sans doute ;
en effet, il s'agit ici d'un service plus réel, et c'est ce que
dit la narration aussi bien quand elle attribue le retour du
Samaritain à ce qu'*il vit qu'il était guéri*, ἰδὼν ὅτι ἰάθη,
que quand, expliquant pourquoi Jésus avait attendu un
remerciement de tous, elle met dans sa bouche la question :
les dix n'ont-ils pas été purifiés, οὐχὶ οἱ δέκα ἐκαθαρίσθησαν ? On interprète ces deux particularités de la manière la plus forcée lorsqu'on dit que . ayant vu que Jésus
avait eu raison de les déclarer purs, l'un revint réellement

____

(1) Paulus, L. J., 1, b. S. 68.

pour le remercier, et que les autres auraient dû revenir. Mais la phrase avec laquelle l'explication naturelle est en opposition directe, est celle-ci : *en s'en allant ils furent purifiés*, ἐν τῷ ὑπάγειν αὐτοὺς ἐκαθαρίσθησαν. Si, conformément à l'explication rationaliste, le rédacteur voulait seulement dire que les malades, étant arrivés auprès du prêtre et s'étant montrés à lui, furent déclarés purs, il devait au moins mettre : *ayant fait le trajet, ils furent purifiés*. πορευθέντες ἐκαθαρίσθησαν. Mais le choix fait à dessein de l'expression *en allant*, ἐν τῷ ὑπάγειν, montre incontestablement qu'il s'agit d'une purification opérée pendant le trajet. Nous avons donc ici encore une guérison miraculeuse de la lèpre, guérison qui est soumise aux mêmes difficultés que la précédente, mais dont l'origine paraît explicable de la même manière.

Cependant ce récit renferme quelque chose de particulier qui le distingue de l'autre : ce n'est pas une simple guérison, et même la guérison n'est pas la chose principale ; l'objet essentiel gît dans la conduite différente des individus guéris ; et la question de Jésus : *les dix n'ont-ils pas été purifiés*, etc. ? οὐχὶ οἱ δέκα ἐκαθαρίσθησαν κ. τ. λ.; (V. 17 seq.), forme tout l'intérêt de la narration, qui, en conséquence, a une conclusion purement morale, et ne paraît être racontée que pour servir d'enseignement (1). C'est un Samaritain qui revient, c'est lui qui est le modèle de la reconnaissance ; cette particularité doit frapper chez un évangéliste auquel appartient aussi en propre le discours doctrinal sur le Samaritain miséricordieux. De même que, dans ce dernier récit, deux Juifs, un prêtre et un lévite, se montrent inhumains, tandis qu'un Samaritain manifeste une miséricorde exemplaire, de même ici neuf Juifs ingrats sont placés en regard d'un Samaritain qui, seul, est reconnaissant. Puisque donc la guérison instantanée de ces malades ne peut pas être his-

---

(1) Schleiermacher, über den Lukas, S. 215.

torique, pourquoi n'aurions-nous pas ici, comme là, une parabole proposée par Jésus, qui aurait été destinée à représenter, par l'exemple d'un Samaritain, la reconnaissance, comme la première avait représenté la miséricorde, mais qui seulement aurait été entendue historiquement? Ce serait donner, de cette narration, une explication semblable à celle que quelques uns ont donnée de l'histoire de la tentation. Mais, relativement à cette dernière. nous avons vu que Jésus ne put jamais se représenter comme figurant dans une parabole, et pourquoi il ne le pouvait pas; or, c'est ce qu'il aurait fait, s'il avait placé, dans une parabole, la guérison de dix lépreux opérée par lui. Si donc nous ne voulons pas renoncer à l'idée qu'il y a ici quelques traces d'une parabole primitive, il faut nous représenter la chose ainsi qu'il suit : d'une part, à l'aide de la légende sur des guérisous effectuées par Jésus dans la personne de lépreux, et, d'autre part. à l'aide de paraboles où Jésus posait, comme dans celle du Samaritain miséricordieux, des individus de ce peuple haï en exemples de différentes vertus, la tradition chrétienne primitive forma le tissu de ce récit, qui, en conséquence, est moitié récit de miracles, moitié parabole.

Il est dit que les malades furent guéris, non immédiatement en la présence de Jésus, mais après qu'ils se furent éloignés de lui; et cela pourrait conduire encore à une autre explication. A la vérité, l'évangéliste ne songe évidemment qu'à un petit éloignement, qui ne fut peut-être même pas de quelques heures de marche (1). Mais on pourrait se représenter cela comme une abréviation non historique, et conjecturer que ce ne fut qu'après un intervalle assez long, que ces individus auraient été débarrassés de leur mal par l'effet de l'influence curative de Jésus ; et cette explication, on pourrait aussi la transporter sur l'histoire du lépreux

____

(1) Comparez Neander, S. 357.

unique. Une action curative semblable à l'action magnétique, telle que celle que nous devons admettre en Jésus,
peut-elle s'exercer sur des humeurs altérées comme elle
s'exerce sur des affections nerveuses? C'est une question que,
sans doute, nous devons laisser indécise; dans tous les cas,
il serait nécessaire d'intercaler un espace de temps pour
rendre concevable le succès qui est rapporté.

§ XCIII.

Guérisons d'aveugles.

Une des premières places parmi les malades guéris par
Jésus, est occupée, conformément toujours à la nature du
pays (1), par les aveugles; et pour eux aussi, il n'est pas
question seulement de leur guérison dans les descriptions
générales que les évangélistes (Matth. 15, 30 seq. Luc 7,
21) ou Jésus lui-même (Matth. 11, 5) fait de sa puissance
messianique, mais encore quelques cas particuliers sont
racontés en détail. Il y en a même plus que de guérisons de
la maladie précédente, peut-être parce que la cécité, étant
une affection de l'organe le plus délicat et le plus compliqué, admettait un plus grand nombre de modes différents
de traitement. Une de ces guérisons d'aveugles est commune
à tous les synoptiques, les autres (nous ne comptons plus
ici le démoniaque aveugle-muet de Matthieu) appartiennent
au premier, au second et au quatrième évangélistes, qui en
ont chacun une.

Les trois évangiles synoptiques rapportent que Jésus,
lors de son dernier voyage à Jérusalem, opéra une guérison
d'aveugle à Jéricho (Matth. 20, 29 et parallèles); mais des
divergences considérables existent, aussi bien relativement

(1) Voyez Winer, Realw. d. A. Blinde.

au sujet de la guérison, Matthieu ayant deux aveugles, et les deux autres n'en ayant qu'un, que relativement à la localité, Luc la plaçant à l'entrée dans Jéricho, Matthieu et Marc à la sortie de cette ville; en outre, le second et le troisième évangélistes ne parlent pas de l'attouchement à l'aide duquel, d'après le premier, Jésus guérit les aveugles. De ces divergences, on pourra peut-être concilier la dernière en remarquant que Marc et Luc, s'ils se taisent sur l'attouchement, ne le nient pas pour cela; mais la divergence relative au nombre des guéris offre plus de difficultés. On a pris pour base du récit tantôt Matthieu et tantôt les deux autres; quand on a pris Matthieu, on a dit que, peut-être, l'un des deux aveugles s'était particulièrement distingué, de sorte que, dans la première tradition, il ne fut question que de lui; mais que Matthieu, qui avait été témoin oculaire, compléta le récit et ajouta le second aveugle; que Luc et Marc ne contredisent pas Matthieu, puisqu'ils ne nient nulle part qu'il y ait eu plus d'aveugles que celui dont ils parlent; que Matthieu ne contredit pas, non plus, les deux autres, puisque, là où il y a deux, il y a aussi un (1). Mais, si le narrateur parle d'un seul individu (Marc en donne même le nom) auquel quelque chose d'extraordinaire est arrivé, c'est une contradiction, tacite mais évidente, avec le récit où il est dit que cet événement extraordinaire se passa sur deux individus, contradiction qu'il n'avait aucune raison pour énoncer expressément. Si on se tourne de l'autre côté, et si, adoptant pour point de départ le nombre donné par Marc et par Luc, on soupçonne que Matthieu, qui sans doute cesse, dans cette hypothèse, d'être témoin oculaire, fut induit en erreur par celui qui lui rapporta les faits et qui prit peut-être le conducteur de l'aveugle pour un second aveugle (2), c'est accorder déjà une véritable contradic-

(1) Gratz, Comm. z. Matth., 2, S. 323.   (2) Paulus, exeg. Handb., 3, a, S. 4.

tion, seulement c'est imaginer, sans nécessité, une cause extrêmement invraisemblable de cette contradiction. La troisième divergence est relative au lieu : suivant Matthieu et Marc, *c'est en sortant de Jéricho*, ἐκπορευομένων ἀπὸ, et suivant Luc, *en s'approchant de Jéricho*, ἐν τῷ ἐγγίζειν εἰς Ἱεριχώ. Cette divergence est inconciliable. Celui que les paroles ne persuadent pas, s'en convaincra en lisant les tentatives forcées de conciliation qui ont été faites depuis Grotius jusqu'à Paulus.

En conséquence, les anciens harmonistes (1) ont mieux fait (et aussi des critiques modernes se sont-ils joints à eux (2)), quand, prenant en considération la dernière divergence, ils ont distingué deux événements, et admis que Jésus avait d'abord guéri un aveugle en entrant à Jéricho, d'après Luc, ensuite qu'il en avait guéri un second en sortant de cette ville, d'après Matthieu et d'après Marc. Quant à la seconde divergence, qui est relative au nombre, ces harmonistes croient s'en débarrasser en supposant que Matthieu avait confondu les deux aveugles guéris, l'un en avant, l'autre en arrière de Jéricho, et placé la guérison des deux en arrière de cette ville. Mais, si l'on attache assez d'importance au dire de Matthieu relatif à la localité pour admettre, conformément à ce dire corroboré par celui de Marc, deux guérisons, l'une en avant, l'autre en arrière de la ville, je ne vois pas pourquoi la différence en fait de nombre qui lui est particulière, n'aurait pas autant d'autorité; et Storr me paraît procéder avec plus de conséquence, quand, attachant le même poids aux deux divergences, il admet que Jésus guérit d'abord en entrant à Jéricho un aveugle (Luc), et qu'en en sortant il guérit deux aveugles (Matthieu) (3). Si, de cette façon, les droits de Matthieu sont pleinement reconnus,

(1) Schultz, Anmerkungen zu Michaelis, 2, S. 105.
(2) Sieffert, l. c., S. 104.

(3) Ueber den Zweck der evang. Geschichte und der Briefe Joh., S. 345.

ceux de Marc sont au contraire sacrifiés ; car, tandis que ce dernier est réuni à Matthieu à cause de la localité qu'il indique, on fait violence au nombre qu'il fixe, nombre qui devrait plutôt le rapprocher de Luc; de sorte que, si l'on ne veut endommager aucun des renseignements donnés par lui (et on ne le doit pas dans cette manière de procéder), il faut le séparer également des deux. Ainsi nous aurions trois différentes guérisons d'aveugles auprès de Jéricho : 1° la guérison d'un aveugle lors de l'entrée ; 2° la guérison d'un aveugle à la sortie ; 3° la guérison de deux aveugles à la sortie, en tout quatre aveugles. Maintenant, il est sans doute difficile de tenir séparés le second et le troisième cas ; car, si Jésus ne peut pas être sorti à la fois par deux portes différentes, on n'imaginera pas davantage que lui, qui ne faisait que traverser la ville, y soit rentré après en être sorti, et puis en soit sorti encore. Mais surtout on se prête peu à faire coïncider ici trois événements aussi complétement semblables. Si la seule accumulation de ces guérisons d'aveugles doit surprendre, la conduite des compagnons de Jésus est particulièrement inconcevable : ils avaient vu, en entrant dans la ville, qu'ils n'avaient pas agi conformément aux intentions de Jésus, en *commandant à l'aveugle de se taire*, ἐπιτιμᾶν τῷ τυφλῷ ἵνα σιωπήσῃ, puisque Jésus appela cet homme auprès de lui. Or, s'il en avait été ainsi, comment, à la sortie, auraient-ils répété, et répété deux fois cette injonction à l'aveugle ? A la vérité, cette répétition n'empêche pas Storr d'admettre au moins deux cas différents ; car, dit-il, personne ne sait si ceux qui commandèrent le silence à l'aveugle au-delà de Jéricho, n'étaient pas autres que ceux qui l'avaient fait en avant de la ville ; et, quand ils auraient été les mêmes, ajoute-t-il, une pareille répétition condamnée par l'action de Jésus aurait été inconvenante sans doute, mais non pas impossible, puisque les disciples qui avaient assisté à la première multiplication des pains, n'en demandèrent pas moins avant la

seconde où prendre du pain pour tant de gens. Mais c'est argumenter d'une chose impossible à la réalité d'une autre
chose impossible, comme nous le verrons bientôt en examinant la double multiplication miraculeuse des pains. Ce
n'est pas seulement la conduite des compagnons de Jésus,
ce seraient encore presque toutes les particularités de l'aventure qui se seraient répétées de la manière la plus incompréhensible. Dans un cas comme dans l'autre, les aveugles
crient : *Ayez pitié de nous* ou *de moi, Fils de David !* ἐλέησον ἡμᾶς ou με, υἱὲ Δαυίδ. Les compagnons de Jésus leur imposent silence ; il ordonne qu'on les lui amène ; il demande ce
qu'ils lui veulent ; ils répondent qu'ils veulent voir ; il leur
accorde l'accomplissement de leurs vœux, et ils le suivent
en le remerciant. Que tout cela se soit répété trois fois ou
même deux fois, c'est d'une invraisemblance qui va jusqu'à
l'impossibilité ; et il faudrait, d'après l'hypothèse que Sieffert emploie dans des cas pareils, admettre une assimilation
légendaire de faits différents ou une variation traditionnelle
sur un fait unique. Pour décider la question, on peut se dire :
une fois que l'on suppose l'intervention de la légende, laquelle des deux alternatives est la plus facile à concevoir,
savoir que la même histoire ait été racontée tantôt avec
un seul aveugle, tantôt avec plusieurs, tantôt à l'entrée,
tantôt à la sortie de Jéricho, ou qu'il y ait eu réellement
plusieurs guérisons d'aveugles ? On n'a pas besoin de discuter la seconde alternative, car la première l'emporte tellement en vraisemblance, que l'on ne peut hésiter un seul
moment à la supposer véritable. Mais, du moment que l'on
ramène les faits qui semblent multiples, à un moindre nombre, on ne doit pas du moins se borner, avec Sieffert, à
les réduire à deux ; car, avec ce moyen terme, non seulement les difficultés subsistent relativement à la répétition des mêmes détails de l'évènement, mais encore, pour
être conséquent, il faut, si l'on abandonne comme peu

essentielle une divergence (celle du nombre), traiter de même l'autre (celle qui est relative au lieu). Supposé qu'il ne s'agisse ici que d'une seule histoire, on demandera lequel des différents récits est le récit original. La désignation du lieu ne servira pas à décider la question ; car un aveugle a pu s'approcher de Jésus aussi bien en avant qu'en arrière de Jéricho. Le nombre fournira plutôt un argument, et cet argument sera favorable à Luc et à Marc, qui ne parlent que d'un seul aveugle ; non pas qu'il faille dire, avec Schleiermacher, que Marc, en donnant le nom de l'aveugle, témoigne une connaissance plus exacte des particularités de l'histoire (1), parce qu'il se complaît trop souvent à ajouter, de son chef, des particularités spécifiques pour qu'on se fie beaucoup aux noms qu'il est le seul à donner, mais parce qu'une autre circonstance rend suspect le récit de Matthieu.

Cet évangéliste semble, en effet, avoir doublé l'aveugle à cause du souvenir qu'il eut de la guérison antérieure de deux aveugles (9 , 27 seq.) dont le récit lui est propre. Ici aussi c'est dans un passage de Jésus, c'est-à-dire quand il revenait du lieu où il avait ressuscité la fille du *chef*, ἄρχων, que deux aveugles se mettent à le suivre (ceux de Jéricho sont assis) ; ils supplient semblablement d'avoir pitié d'eux le fils de David, qui les guérit aussitôt par l'imposition des mains, comme, suivant Matthieu, il guérit ceux de Jéricho. A côté de ces ressemblances, il se trouve, il est vrai, des divergences qui ne sont pas petites ; il n'est pas question de l'injonction de se taire faite aux aveugles par les compagnons de Jésus ; et, tandis qu'à Jéricho Jésus appelle immédiatement auprès de lui les aveugles, dans l'autre histoire ils ne viennent auprès de lui que lorsqu'il est rentré dans sa maison. En outre, à Jéricho, il leur demande ce qu'ils lui veulent ; ici, il leur demande s'ils ont la confiance qu'il puisse les guérir. Enfin ce n'est qu'ici qu'il leur recommande

(1) L. c., S. 237.

de n'en rien dire à qui que ce soit. Dans ces dissemblances et ces ressemblances de deux récits, il se pourrait qu'il y eût eu une assimilation, de telle sorte que Matthieu aurait transporté les deux aveugles et l'imposition des mains de la première anecdote dans la seconde, et la forme de l'invocation des malades de la seconde dans la première (1).

Les deux histoires, telles qu'elles sont rapportées, offrent peu de prise pour une explication naturelle. Cependant les rationalistes ont voulu en édifier une : quand Jésus, dans le premier cas, demande aux aveugles s'ils ont confiance en lui, c'est, dit-on, parce qu'il a voulu se convaincre s'ils se fieraient à lui pour l'opération, et s'ils suivraient ponctuellement ses prescriptions ultérieures (2). On ajoute que, rentré chez lui afin de n'être pas dérangé, il examina leur maladie; que, l'ayant reconnue pour curable (d'après Venturini (3), c'était une ophthalmie occasionnée par la fine poussière de ce pays), il leur assura que la mesure de leur confiance serait la mesure du bien qu'ils ressentiraient. Arrivé là, Paulus se contente de dire brièvement que Jésus écarta l'obstacle qui les empêchait de voir; cependant il faut qu'il s'imagine quelque chose de semblable à ce qu'on lit dans Venturini, suivant lequel Jésus frotta les yeux des malades avec une eau active préparée par lui d'avance, les débarrassa de la poussière irritante, et leur rendit ainsi la vue en peu de temps. Mais cette explication naturelle n'a pas la moindre racine dans le texte ; car, d'une part, la *foi*, $\pi i \sigma \tau \iota \varsigma$, exigée des malades ne peut signifier autre chose que ce qu'elle signifie dans des cas semblables, c'est-à-dire la confiance en la puissance miraculeuse de Jésus; et, d'autre part, le mot *il toucha*, $\mathring{\eta} \psi \alpha \tau o$, indique non une opération chirurgicale, mais simplement cet attouchement qui se ren-

(1) Comp. De Wette, exeg. Handb., 1, 1, S. 171 ; Weisse, die ev. Geschichte, 1, S. 571.

(2) Paulus, L. J., 1, a, S. 249.
(3) Natürliche Geschichte des Propheten von Naz., 2, S. 216.

contre dans tant de guérisons miraculeuses rapportées par les évangiles, soit comme signe, soit comme conducteur de la force curative de Jésus. En outre, on ne voit aucune trace de prescriptions à suivre ultérieurement pour le parachèvement de la cure. Il n'en est pas autrement de la guérison des aveugles de Jéricho, pour lesquels, du reste, les deux évangélistes intermédiaires ne parlent pas même d'un attouchement.

Ainsi, les narrateurs ont entendu que, sur la simple parole, sur le simple attouchement de Jésus, les aveugles ont recouvré instantanément la vue, et cela suscite les mêmes difficultés que le cas des lépreux. Un mal d'yeux, quelque léger qu'on le suppose, n'étant pas né sans une série d'opérations multiples, pourra encore moins disparaître immédiatement par une parole ou par un contact ; il exige un traitement très compliqué, soit chirurgical, soit médical, et la cécité, dans les cas où elle est de nature curable, n'est pas parmi ces affections la moins difficile à traiter. Comment faudrait-il nous représenter la soudaine efficacité curative d'une parole et d'une main sur un œil frappé de cécité ? Nous la représenterons-nous d'une façon purement miraculeuse et magique ? mais ce serait renoncer à l'usage de la pensée sur cet objet ; d'une façon magnétique ? mais il est sans exemple que le magnétisme ait exercé quelque influence sur des affections pareilles ; ou enfin d'une façon psychologique ? mais la cécité est quelque chose de si indépendant de la vie de l'âme, de si organique, qu'il n'y a pas à songer à une guérison, et à une guérison instantanée, par l'action du principe spirituel. Nous devons, en conséquence, reconnaître qu'il est extraordinairement difficile de concevoir historiquement ces récits ; et, tant que nous ne posséderons pas des analogies plus complètes empruntées au domaine des guérisons magnétiques et psychologiques, il doit être permis de chercher à s'expliquer, par la voie de la légende, la formation de ces récits.

J'ai déjà cité le passage où, d'après le premier et le troisième évangiles, Jésus, répondant aux envoyés de Jean-Baptiste, qui étaient chargés de lui demander s'il était celui *qui doit venir*, ἐρχόμενος, invoque ses œuvres, et avant tout s'appuie sur la *vue rendue aux aveugles*, τυφλοὶ ἀναβλέπουσι, ce qui prouve manifestement que ces miracles opérés sur des aveugles étaient attendus du Messie. Ces paroles sont, en effet, empruntées à une prophétie d'Isaïe (35, 5) qui était interprétée messianiquement ; et, dans un passage rabbinique cité plus haut, parmi les miracles que Jéhovah opérera dans le temps messianique, il est dit qu'*il ouvrira les yeux des aveugles*, *ce qu'il a déjà fait par Élisée* (1). Or, Élisée n'a pas guéri, à proprement parler, une cécité, mais il a seulement une fois ouvert à son serviteur les yeux pour une perception qui venait du monde supra-sensible ; et, ailleurs, il a fait cesser un aveuglement infligé à ses ennemis par l'effet de sa prière (2. Reg., 17-20). On conçut, sans aucun doute en se référant au passage d'Isaïe, ces actions d'Élisée, comme s'il s'agissait réellement de l'ouverture d'yeux frappés de cécité ; nous le voyons par ce passage rabbinique ; et, de la sorte, des guérisons d'aveugles furent attendues du Messie (2). La première communauté chrétienne, qui provenait des

______

(1) Voyez, t. 1, p. 100 et suiv., notes.

(2) Nous trouvons aussi ailleurs que, à cette époque, on attribuait à des hommes qui passaient pour des favoris de la Divinité, le pouvoir d'opérer des cures merveilleuses, et, en particulier, de guérir la cécité. Ainsi Tacite, Hist. 4, 81, et Suétone, Vespas. 7, rapportent que, dans Alexandrie, Vespasien, depuis peu empereur, fut abordé par un aveugle, qui, prétendant en avoir reçu l'injonction du dieu Sérapis, le supplia de le guérir en lui humectant les yeux avec sa salive, ce que fit Vespasien, et, instantanément, l'aveugle recouvre la vue. Comme Tacite garantit d'une façon toute particulière l'authenticité de ce récit, Paulus pourrait bien avoir raison en regardant toute l'aventure comme une affaire arrangée par des prêtres flatteurs qui voulaient, à l'aide de malades simulés et subornés, donner à l'empereur la réputation d'un faiseur de miracles, et par là, lui recommander leur dieu, dont le conseil avait été la cause de l'événement (Exeg. Handb., 2, S. 56 f.). Quoi qu'il en soit, nous voyons ce que, à cette époque, on attendait, même en dehors de la Palestine, d'un homme qui, comme Tacite le dit ici de Vespasien, jouissait de la *faveur du ciel*, favor è cœlis, et de l'*inclination des divinités*, inclinatio numinum.

uifs, prenant Jésus pour le Messie, devait avoir de la tendance à lui conférer tous les attributs messianiques, et entre autres celui dont il est ici question.

Le récit particulier à Marc d'une guérison d'aveugle auprès de Bethsaïda (8, 22 seq.) est, avec la guérison d'un ourd parlant difficilement, que l'on ne trouve également que chez lui (7, 32 seq.), et que par cette raison nous comprenons ici dans notre examen le récit favori de tous les interprètes rationalistes. Si du moins, s'écrient-ils, les circonstances accessoires et explicatives nous avaient été conservées dans les autres récits de guérisons, comme elles nous l'ont été ici, on prouverait historiquement que Jésus n'a pas guéri par de simples paroles toutes-puissantes, et une recherche plus profonde révélerait les moyens naturels qu'il employait dans ses guérisons (1). C'est à cause de ces récits, auxquels d'ailleurs se rattachent des traits isolés provenant d'autres parties du second évangile, que Marc a été représenté, dans ces derniers temps, comme le patron de l'explication naturelle, même par ceux qui généralement n'ont guère de goût pour ce mode d'interprétation (2).

Quant à nos deux guérisons, c'est déjà de bon augure pour les interprètes rationalistes, que Jésus sépare les deux malades du reste du peuple, sans autre motif, pensent-ils, que dans le but d'examiner médicalement leur état, et de voir s'il était susceptible de guérison. Ces interprètes trouvent une indication de cet examen chez l'évangéliste même, puisque, d'après lui, Jésus mit les doigts dans l'oreille du sourd, reconnut que la surdité était guérissable et produite peut-être par du cérumen endurci, et enleva, avec les doigts, l'obstacle qui empêchait l'audition. On avait en-

(1) C'est à peu près ce que dit Paulus, exeg. Handb., 2, S. 312, 391.

(2) De Wette, Essai pour servir à caractériser l'évangéliste Marc, dans : Ullmann's und Umbreit's Studien, 1, 4, 789 ff. Comparez Köster, Immanuel, S. 72. Pour l'opinion contraire, voyez De Wette, exeg. Handb., 1, 2, S. 148 f.

tendu d'une opération chirurgicale les mots : *il mit les doigts dans les oreilles*, ἔϐαλε τοὺς δακτύλους εἰς τὰ ὦτα, on entendit de même les mots *il toucha la langue*, ἥψατο τῆς γλώσσης, et l'on dit que Jésus avait coupé le frein jusqu'au degré convenable, et rendu la souplesse à l'organe qui avait perdu la faculté de se mouvoir. De même encore, dans le cas de l'aveugle, l'expression *ayant placé les mains sur lui*, ἐπιθεὶς τὰς χεῖρας αὐτῷ, est expliquée comme si Jésus avait, par la pression sur les yeux, déplacé le cristallin devenu opaque. Une autre circonstance vient au secours de ce mode d'explication, c'est que Jésus employa la salive deux fois, l'une sur la langue de celui qui parlait difficilement, l'autre sur les yeux de l'aveugle. La salive, en soi (c'était du moins l'opinion d'anciens médecins (1)), a une vertu favorable aux yeux ; mais, comme, dans aucun cas, elle n'agit assez rapidement pour enlever instantanément une cécité et un vice des organes de la parole, on a conjecturé, pour l'un et l'autre cas, que Jésus n'avait employé la salive qu'afin d'humecter un médicament, et vraisemblablement une poudre caustique ; que l'aveugle n'entendit que le crachement, mais ne vit pas la mixtion des médicaments ; que le sourd, d'après l'esprit du temps, fit peu d'attention aux moyens naturels, ou que la légende n'en conserva pas le souvenir. Tandis que, dans le récit relatif au sourd, la guérison est racontée simplement, celle de l'aveugle offre cette circonstance particulière, que la restauration de la vue est décrite en détail comme étant successive. Jésus, après avoir traité les yeux du malade de la manière qui a été décrite, lui demanda *s'il y voyait,* εἴ τι βλέπει. Ce n'est pas là, remarque Paulus, la conduite d'un faiseur de miracles qui est sûr du résultat, mais c'est celle d'un médecin, qui, l'opération terminée, fait essayer au patient si elle lui a été

---

(1) Plin. H. N. 28, 7, et d'autres passages dans Wetstein.

utile. Le malade répond qu'il y voit, mais d'une façon indistincte, de sorte que les hommes lui paraissent comme des arbres. Ici, l'interprète rationaliste peut, ce semble, triompher et dire à l'orthodoxe : Si Jésus disposait de la puissance divine pour opérer des guérisons, pourquoi n'a-t-il pas aussitôt rendu complétement la vue à l'aveugle? Puisque la maladie lui a opposé une résistance qu'il n'a pas pu vaincre dès la première tentative, n'en résulte-t-il pas clairement que sa puissance était une puissance finie et semblable à celle dont les hommes jouissent ordinairement? Après cette épreuve, Jésus remit la main aux yeux du malade pour compléter la première opération, et seulement alors la guérison fut achevée (1).

Il ne faut qu'une simple remarque pour troubler la joie que causent aux interprètes rationalistes les récits de Marc, c'est que, ici aussi, les circonstances qui rendent possible l'explication naturelle, sont, non pas données par l'évangéliste lui-même, mais supposées par les interprètes. En effet, dans les deux guérisons, Marc ne fournit que la salive; c'est Paulus et Venturini qui y mêlent la poudre efficace; ce sont eux qui, de l'introduction des doigts dans les oreilles, font une recherche médicale et puis une opération; ce sont eux encore qui, contrairement à l'usage de la langue grecque, traduisent ἐπιτιθέναι τὰς χεῖρας ἐπὶ τοὺς ὀφθαλμοὺς, non par *imposer les mains sur les yeux*, mais par *pratiquer une opération chirurgicale* sur ces organes. De plus, si Jésus prend à part les malades, cela s'explique, d'après le contexte (7, 36; 8, 26), par le dessein qu'il eut de tenir secret le résultat miraculeux, et non par le désir de procéder, sans être troublé, à l'application de moyens naturels. Ainsi l'explication rationaliste perd tous ses appuis, et celle des

___

(1) Paulus, l. c., S. 312 f. 392 ff.; Natürliche Geschichte, 3, S. 31 ff. 216 f., Köster, Immanuel, S. 188 ff.

orthodoxes peut de nouveau se mesurer avec elle. Ceux-ci entendent le contact et la salive, soit comme une condescendance pour les malades, qui, par là, devaient immédiatement sentir à quelle puissance ils allaient être redevables de leur guérison, soit comme un milieu conducteur de la force spirituelle du Christ, qui cependant n'était pas tenu de s'en servir (1). Quant au progrès successif de la guérison, on essaie de s'en rendre compte, ou en disant que Jésus, par la demi-guérison, voulut d'abord raviver la foi de l'aveugle, et que, lorsque cette foi se fut augmentée, il rendit complétement la vue à ce malade, qui, dès lors, était devenu digne d'un aussi grand bienfait (2), ou en conjecturant qu'une guérison subite aurait peut-être été nuisible à l'aveugle, qui l'était depuis long-temps (3).

Mais, par ces tentatives d'interpréter le récit évangélique, et particulièrement la dernière particularité de ce récit, les théologiens surnaturalistes qui s'y sont laissés aller, se trouvent sur le même terrain que les rationalistes, puisqu'ils introduisent, comme eux, dans le texte, des circonstances auxquelles il n'est pas fait allusion, même de loin ; car où est, dans le procédé curatif de Jésus, une trace quelconque qui montre qu'il n'ait eu d'abord pour objet que de sonder et de fortifier la foi du malade ? S'il en était ainsi, au lieu de lui *demander* (ce qui ne concernait que son état extérieur) *s'il y voyait*, ἐπηρώτα αὐτὸν εἴ τι βλέπει, nous devrions lire comme nous lisons dans Matthieu, 9, 28 : *Crois-tu que je puisse faire cela ?* πιστεύεις ὅτι δύναμαι τοῦτο ποιῆσαι ; Mais que dire de la conjecture qu'une guérison soudaine aurait pu être nuisible ? L'acte curatif d'un faiseur de miracles est (justement d'après l'opinion d'Olshausen) non pas un acte

---

(1) Hess admet la première explication, Geschichte Jesu, 1, S. 390 f. ; Olshausen la seconde, b. Comm., 1, S. 500 f.

(2) Dans Kuinöl, in Marc., p. 110.
(3) Olshausen, l. c.

purement négatif qui consiste à enlever un mal, mais en même temps un acte positif qui communique une nouvelle vie et de nouvelles forces à l'organe souffrant. Par conséquent, il ne peut être question des effets nuisibles d'une guérison miraculeuse instantanée. Ainsi il est impossible d'imaginer aucun motif qui ait déterminé Jésus à suspendre volontairement l'effet soudain de sa puissance miraculeuse ; il faudrait donc admettre que cette suspension a été, contre son gré, le résultat de la force d'un mal invétéré. Mais cela est contradictoire à toutes les idées des évangiles, qui représentent la puissance miraculeuse de Jésus comme supérieure à la mort même ; il s'ensuit que telle n'a pas été l'intention de notre évangéliste. Si nous prenons en considération ce qu'a de caractéristique sa manière d'écrire, nous verrons qu'il n'a pas eu d'autre but que de rendre la scène dramatique. Tout ce qui est soudain est difficilement l'objet d'une représentation. Celui qui veut rendre manifeste à un autre un mouvement rapide, l'exécute d'abord lentement devant lui, et un prompt résultat n'est saisi complétement par l'imagination que lorsque le narrateur l'a fait passer par ses degrés principaux. En conséquence, un écrivain à qui il importe de venir, dans son récit, autant que possible en aide à ses lecteurs, aura de la tendance à créer, partout où cela sera possible, des degrés intermédiaires entre leur imagination et l'effet immédiat qu'il veut décrire, et à ménager, dans un résultat soudain, une certaine succession qui en fasse mieux sentir la grandeur (1). C'est ainsi que Marc, ou celui de qui il reçut ses renseignements, crut faire beaucoup pour le dramatique du tableau en intercalant, entre la cécité du malade et la complète restauration de la vue, une demi-guérison où il voyait les hommes comme des arbres ; et le sentiment particulier de chacun dira que ce but

____

(1) Comparez De Wette, Kritik der mosaischen Geschichte, S. 36 f.

est complétement atteint. Mais il faut si peu voir en cela, ainsi que d'autres l'ont dejà remarqué (1), une inclination de Marc à concevoir naturellement de pareils miracles, que, au contraire, il s'efforce non rarement de grossir les miracles : c'est ce que nous avons déjà vu dans l'histoire du Gadaréen, et ce que nous verrons encore dans d'autres circonstances.

Il ne faut pas appliquer absolument le même jugement à une autre particularité de Marc ; cet évangéliste parle plus que les autres de l'emploi de moyens extérieurs et de manipulations, dans ces récits, qui lui sont propres, et ailleurs aussi, par exemple 6, 13, où il remarque que les apôtres ont pratiqué des onctions huileuses sur les malades. Ces moyens, et en particulier la salive, ne passaient pas, dans l'opinion populaire d'alors, pour des moyens dont l'action fût naturelle ; on le voit par le récit, rapporté plus haut, relatif à Vespasien ; on le voit encore dans des passages d'auteurs juifs et latins d'après lesquels la salive était regardée comme un moyen magique, surtout contre les affections des yeux (2). Ainsi Olshausen est complétement fidèle à cette opinion antique, quand il déclare que le contact, la salive, etc., sont les conducteurs de la force supérieure qui réside dans le faiseur de miracles ; et, si nous ne pouvons nous empêcher de rapprocher l'efficacité miraculeuse de Jésus, en tant qu'on doit s'en faire une idée historique, de l'action du magnétisme animal, qui s'exerce, non pas seulement par le contact immédiat, mais par de pareils conducteurs, nous pourrions être enclins à considérer ces particularités des descriptions de Marc comme des traits spécialement authentiques et lumineux. A la vérité, elles sont liées à d'autres qui sont presque toutes suspectes : par exemple, quand il rapporte que Jésus prit à part les mala-

---

(1) Fritzsche, Comm. in Marc. p. XLIII.

(2) Voyez les passages dans Wetstein, et dans Lightfoot sur Jean. 9, 6.

des, quand il décrit d'une manière exagérée l'étonnement du peuple (ὑπερπερισσῶς ἐξεπλήσσοντο ἄπαντες, 7, 37), et quand il ajoute qu'il fut sévèrement défendu de rien dire à personne de ces guérisons. Cette obligation du secret donnait à la chose une apparence mystérieuse, qui, d'après d'autres passages, paraît avoir eu de l'attrait pour Marc. C'est encore par désir d'augmenter le mystère que Marc, lors de la guérison du sourd, rapporte le mot tout-puissant par lequel Jésus ouvrit les oreilles de ce malade, dans sa forme primitive, c'est-à-dire en langue syrienne : ἐφφαθά ; de même, lors de la résurrection de la fille de Jaïrus, notre évangéliste est le seul qui dise en syrien : *Lève-toi, jeune fille*, ταλιθὰ κοῦμι. On dit à la vérité que ces mots ne sont rien moins que des formules magiques (1) ; mais, puisque Marc se complaît à rapporter ces paroles puissantes dans la langue originale, étrangère à ses lecteurs, à qui il est même obligé de les expliquer, cela prouve qu'il a dû attacher à cette forme originale une signification particulière qui, d'après le contexte, ne peut avoir été qu'une signification magique (2). Maintenant portons en arrière le regard sur ce que nous avons déjà vu, et nous pourrons croire que c'est cette même tendance au merveilleux qui lui a fait mettre, dans son livre, l'emploi de ces moyens extérieurs qui ne sont pas en rapport avec le résultat ; car le mystérieux consiste justement dans l'union d'une force infinie avec une force finie, de l'énergie la plus puissante avec un moyen inefficace en apparence.

Si nous avons trouvé historiquement douteux le simple récit de tous les synoptiques sur une guérison d'aveugles auprès de Jéricho, ce doute est encore plus autorisé pour la description mystérieuse que le seul Marc donne de la guérison d'un aveugle auprès de Bethsaïda. Il nous est difficile

(1) Hess, Gesch. Jesu, 1, S. 391, Anm. 1. (2) Comp. De Wette, exeg. Handb., 1, 2, S. 148 f. und 156.

d'y voir autre chose qu'un produit de la légende plus ou moins embelli par le narrateur évangélique. Il en est de même de la guérison du *sourd parlant difficilement*, κωφὸς μογιλάλος, qu'il rapporte avec des circonstances semblables ; car, pour cette dernière histoire, outre que son authenticité historique est attaquée par les motifs négatifs déjà énoncés, nous ne manquons pas de raisons positives qui aient pu en occasionner la formation mythique, puisqu'il y avait, pour les temps messianiques, une prédiction où il était dit : *Alors... les oreilles des sourds entendront... la langue des muets articulera*, τότε ὦτα κωφῶν ἀκούσονται... τρανὴ δὲ ἔσται γλῶσσα μογιλάλων (Isaïe, 35, 5. 6), et qu'elle était entendue au propre, d'après Matthieu, 11, 5.

Autant, au premier aspect, les récits de Marc qui viennent d'être examinés parurent favorables à l'explication naturelle, autant un récit de Jean (cap. ix) dut, ce semble, lui être funeste et mortel, puisqu'il s'y agit, non d'un aveugle dont le mal accidentel pouvait être plus facile à guérir, mais d'un aveugle de naissance. Néanmoins les interprètes qui appartiennent à cette école, sont sagaces et ne perdent pas promptement courage ; aussi ont-ils su découvrir, même dans cette circonstance, bien des choses qui leur viennent en aide. Avant tout, disent-ils, l'état du malade, bien que l'expression *aveugle de naissance*, τυφλὸς ἐκ γενετῆς, paraisse précise, n'est désigné que d'une manière inexacte. Paulus s'abstient, quoique à regret, et quoique, à vrai dire, il ne s'en abstienne qu'à demi, de détruire la fixation de temps que cette expression renferme ; mais il ne s'en donne que davantage carrière contre l'état pathologique du malade : τυφλὸς, dit-il, ne signifie pas une cécité totale ; et, puisque Jésus prescrit au malade de se rendre à l'étang de Siloe, et non de s'y faire conduire, il faut que celui-ci ait au moins conservé la vue pour pouvoir trouver lui-même son chemin. Les interprètes rationalistes découvrent de plus amples secours dans le procédé curatif de Jésus : dès le début (V. 4), Jésus dit qu'il faut agir *tant qu'il est jour*, ἕως ἡμέρα ἐστίν, qu'il n'y a rien à faire pendant la nuit, ce qui prouve qu'il n'a pas eu l'intention de guérir l'aveugle d'un seul mot que la nuit ne l'aurait pas empêché de prononcer ; qu'il a voulu entreprendre une opération de l'art médical à laquelle la lumière du jour était nécessaire. La *boue*, πηλὸς, que Jésus fait à l'aide de sa salive, et qu'il applique sur les yeux de l'a-veugle, est encore plus favorable à l'explication naturelle que, dans le cas précédent, la simple expression *ayant cra-ché*, πτύσας ; aussi leur suggère-t-elle une abondante mois-son de questions et de conjectures. D'où Jean a-t-il su, di-sent-ils, que Jésus n'employa, pour oindre les yeux, que de la salive et de la terre ? Y était-il présent lui-même, ou ne l'a-t-il su que par le récit de l'aveugle guéri? Mais celui-ci, à la faible lumière qui le guidait encore, n'a pu voir exac-tement ce que faisait Jésus ; peut-être même, si Jésus, compo-sant un onguent avec d'autres ingrédients, cracha par ha-sard, s'est-il imaginé que la salive avait servi à faire cet onguent; il y a plus, Jésus, pendant qu'il oignit les yeux ou avant qu'il ne les oignît, n'avait-il pas enlevé, par friction ou par extraction, quelque chose de ces organes, ou, en gé-néral, n'y avait-il pas opéré quelque changement que l'a-veugle lui-même et les assistants purent aisément considérer comme un accessoire? Enfin il fut enjoint au malade de se baigner dans l'étang ; peut-être ces bains durèrent plusieurs jours et formèrent un traitement prolongé, et l'expression *il vint voyant*, ἦλθε βλέπων, dit qu'il revint voyant, non après le premier bain, mais au temps opportun, lorsque la cure fut achevée (1).

Mais, pour commencer par le commencement, on donne ici aux mots *jour* et *nuit*, ἡμέρα, νὺξ, une signification

____

(1) Paulus, Comm. 4, S. 472 ff.

qu'un Venturini lui-même a dédaignée (1), et qui, dans le contexte, est en contradiction avec le verset 5, lequel exige que ces mots se rapportent à la fin prochaine de Jésus (2). Quant aux conjectures sur la composition de la *boue*, πηλὸς, avec des ingrédients médicinaux, elles sont d'autant plus dénuées d'appui, que l'on ne peut dire ici, comme dans le cas précédent, que l'évangéliste ne rapporte que ce qu'il put percevoir par l'ouïe ou à l'aide d'un faible rayon de lumière, car cette fois Jésus traita le malade, non pas en secret, mais en présence de ses apôtres. Relativement à l'hypothèse d'opérations chirurgicales antécédentes qui, de la friction et de la lotion, seules mentionnées dans le texte, ne font plus qu'un objet accessoire, il n'y a rien à dire, si ce n'est que, par cet exemple, on voit à quelle licence se porte l'explication naturelle, une fois qu'on la laisse entrer, et comment, à l'aide de ses propres combinaisons, elle expulse les expressions les plus claires de l'original. De ce que Jésus enjoignit à l'aveugle de se rendre à l'étang, on conclut que celui-ci devait encore avoir conservé quelque peu la vue ; mais il faut remarquer que Jésus lui indiqua seulement le lieu où il devait *se rendre*, ὑπάγειν, lui laissant le soin de décider comment il y irait, seul ou conduit par un guide. Enfin, disjoindre les mots si étroitement unis de la phrase : *il y alla donc, il se baigna et il revint voyant*, ἀπῆλθεν οὖν καὶ ἐνίψατο καὶ ἦλθε βλέπων (V. 7, comparez V. 11), et en faire un traitement par les bains qui dura plusieurs semaines, c'est justement comme si l'on voulait traduire la célèbre phrase de César *veni, vidi, vici*, de la façon suivante : *Après mon arrivée, j'ai fait des reconnaissances pendant plusieurs jours, j'ai livré, dans des intervalles de temps convenables, un certain nombre de batailles, et, finalement, je suis demeuré vainqueur.*

(1) Natürliche Geschichte, 3, S. 215.   (2) Voyez Tholuck et Lücke sur ce passage.

L'explication naturelle nous laisse donc ici aussi dans l'embarras, et nous gardons un aveugle de naissance guéri miraculeusement par Jésus. Il est tout simple que nos doutes précédents contre la réalité des guérisons d'aveugles reviennent avec une nouvelle force dans ce cas, où il s'agit d'une cécité congénitale, d'autant plus que des motifs particuliers excitent les soupçons de la critique. Aucun des trois premiers évangélistes ne parle de cette guérison. Or, si un jugement quelconque a présidé à la formation de la tradition apostolique et au choix qui fut fait entre les miracles à raconter, ce choix a dû se diriger d'après deux points de vue : d'abord choisir les plus grands miracles de préférence à ceux qui paraissaient moins considérables, et secondement choisir ceux auxquels se rattachaient des explications édifiantes, de préférence à ceux dans lesquels ces explications manquaient. Par la première raison, il est évident que la guérison d'un aveugle de naissance, étant infiniment plus difficile que celle de tout autre aveugle, devait être préférée ; et, s'il est vrai que Jésus ait rendu la vue à un aveugle de naissance, on ne comprend pas pourquoi ce fait n'a pas passé dans la tradition évangélique, et par conséquent dans les évangiles synoptiques. La considération de la grandeur du miracle put sans doute entrer plus d'une fois en collision avec l'autre considération, celle du caractère édifiant des discours qui y étaient rattachés ; et, de la sorte, un miracle moins frappant, mais plus fructueux en raison des entretiens qu'il suscita, put être préféré à un miracle plus frappant qui manquait de cette dernière condition. Mais la guérison de l'aveugle de naissance, chez Jean, est accompagnée des conversations, d'abord de Jésus avec les apôtres, puis de l'homme guéri avec le magistrat, enfin de Jésus avec l'homme guéri ; or il ne se trouve aucune trace de conversations aussi remarquables dans les guérisons d'aveugles que rapportent les synoptiques ; et, si la forme dialo-

guée ne convenait pas aussi bien à la narration des trois premiers évangiles, cette histoire renferme des apophthegmes
précieux (V. 4. 5. 39) dont ils auraient dû s'emparer. Il
leur aurait donc été impossible de ne pas recueillir, au lieu
des guérisons d'aveugles moins remarquables et moins édifiantes qu'ils ont recueillies, la guérison de l'aveugle de naissance, si cette dernière avait existé dans la tradition évangélique à laquelle ils puisèrent. Peut-être serait-elle restée
inconnue à la tradition générale, si elle s'était opérée dans
un lieu et dans des circonstances peu favorables à sa propagation, par exemple dans un coin du pays et sans témoins ;
loin de là, Jésus l'opère à Jérusalem, au milieu de ses apôtres ; elle excite une extrême sensation dans la ville, une
extrême animadversion chez les magistrats ; elle devait donc
être connue si elle était réelle, et, comme nous ne la trouvons
pas dans la tradition évangélique ordinaire, nous soupçon-
nons qu'elle pourrait bien être une fiction.

Mais, dit-on, celui qui en garantit la vérité est l'apôtre
Jean. L'est-il en effet? Outre le caractère incroyable de la
narration, que, par conséquent, on attribuera difficilement
à un témoin oculaire, il est encore une autre raison d'en
douter. En effet, l'écrivain explique le nom de l'étang Σιλωὰμ
par le mot grec ἀπεσταλμένος, *envoyé* (V. 7). par allusion,
soit à Jésus envoyé de Dieu, soit, plus vraisemblablement, à
l'aveugle envoyé par Jésus vers l'étang. C'est, dans tous les
cas, une explication fautive, car un envoyé se dit en hébreu
שלוח ; au contraire, שלח, d'après l'explication la plus vraisemblable, signifie un jet d'eau (1). Mais l'évangéliste choisit la première signification, parce qu'il cherchait un rapport
significatif entre le nom de l'étang et l'injonction de Jésus,
qui y envoya l'aveugle ; et il paraît s'être imaginé que, par
une destination spéciale, l'étang avait reçu le nom de *l'en-*

(1) Voyez Paulus et Lücke sur ce passage.

voyé, parce qu'un jour le Messie, pour manifester sa gloire, devait y envoyer un aveugle (1). Lücke s'irrite beaucoup contre une pareille allégorie, qui, dit-il, frise la folie ; par conséquent il ne veut pas admettre qu'elle soit de Jean, et il la considère comme une glose. Mais, comme tous les documents critiques, excepté un seul d'une importance secondaire, offrent ce passage, le dire de Lücke est une pure allégation, et l'on n'a plus que le choix ou de s'édifier avec Olshausen sur ce trait, comme provenant d'un apôtre (2), ou de le compter, avec l'auteur des *Probabilia*, au nombre des caractères qui montrent que le quatrième évangile n'a pas une origine apostolique (3). Le fait est qu'un apôtre, pourvu qu'on ne le suppose pas inspiré, a pu donner une explication grammaticale fausse, et un homme né même en Palestine, se tromper sur l'étymologie de mots hébreux, comme on le voit dans l'Ancien-Testament lui-même, dans Justin Martyr et autres. Cependant il est vrai jeu qu'un pareil sur les mots ressemble plus au travail d'un homme éloigné des évènements, qu'à celui d'un témoin oculaire. On est disposé à croire qu'un témoin oculaire aurait trouvé un intérêt suffisant dans le miracle qu'il avait vu, et dans les discours qu'il avait entendus ; un homme placé loin de l'évènement put seul se laisser aller à de telles minuties, et essayer d'arracher une signification forcée, même aux plus petites circonstances accessoires.

Ce qui vient d'être dit indique déjà quels furent les motifs qui ne permirent pas au rédacteur du quatrième évangile ou à la tradition à laquelle il puisa, de se contenter des guérisons d'aveugles rapportées par les synoptiques, et qui l'excitèrent à composer la narration dont il s'agit. D'autres ont déjà fait la remarque que le quatrième évangile raconte

(1) C'est ce que disent Euthymius et Paulus, sur ce passage.

(2) B. Comm. 2, S. 230, où cependant il rapporte le ἀπεσταλμένος au torrent spirituel que Dieu déverse.

(3) S. 93.

de Jésus moins de miracles, à la vérité, mais des miracles d'autant plus forts (1). Ainsi, tandis que les autres évangiles ont simplement des paralytiques que Jésus guérit, le quatrième évangile en a un qui était paralysé depuis trente-huit ans. Tandis que, dans ceux-là, Jésus ressuscite des individus morts tout récemment, dans celui-ci il rappelle à la vie un homme qui était déposé depuis quatre jours dans le tombeau, et chez lequel on pouvait supposer déjà que la putréfaction avait commencé. Par conséquent, ici, c'est en parfaite conformité avec la tendance apologétique et dogmatique de cet évangile, que nous trouvons, au lieu de simples guérisons d'aveugles, la guérison d'un aveugle de naissance, ce qui est un renchérissement sur le miracle. Rien de plus facile que de montrer par quelle voie le redacteur de l'évangile ou la tradition particulière qu'il a suivie, a pu être conduite aux particularités de la narration. L'acte de *cracher*, πτύειν, était ordinaire dans le traitement magique des maux d'yeux ; la *boue*, πηλὸς, était facile à imaginer pour remplacer une pommade ophthalmique, et on l'employait aussi dans les sortiléges (2). L'ordre de se baigner dans l'étang de Siloe peut avoir été suggéré par l'injonction qu'Elisée fit à Naaman devenu lépreux de se baigner sept fois dans le Jourdain. Les conversations qui se rattachent à la guérison proviennent d'une double source : d'une part, elles dérivent de la tendance, déjà remarquée par Storr, qu'a le quatrième évangile d'attester et de rendre authentiques autant que possible la cécité congénitale et la guérison de l'homme, c'est ce qui donne lieu aux interrogatoires répétés de l'aveugle guéri et même de ses parents ; d'autre part, elles roulent sur l'interprétation symbolique des expressions *aveugle* et *voyant*, *jour* et *nuit*, τυφλὸς, βλέπων ἡμέρα, νὺξ, interprétation qui, sans être étrangère aux synoptiques, ap-

---

(1) Kôster, Immanuel, S. 79 ; Bret-
chneider, Probab., S. 122.

(2) Wetstein, sur ce passage.

partient plus spécialement au cercle des métaphores familières à Jean (1).

§ XCIV.

Guérisons involontaires.

Quelquefois, dans leurs renseignements généraux sur l'efficacité curative de Jésus, les synoptiques remarquent que des malades de toute nature ont essayé seulement de toucher Jésus, ou de saisir le bord de son vêtement, afin d'être guéris, guérison qui résulta, en effet, du contact (Matth., 14, 36; Marc, 3 10; 6, 56; Luc, 6, 19). Ainsi Jésus opéra dans ces circonstances, non, comme nous l'avons vu jusqu'à présent, en dirigeant positivement son action sur des malade isolés, mais sur des masses entières et sans pouvoir prendre une connaissance particulière de chacun. Sa faculté de guérir paraît ici attachée, non, comme ailleurs, à sa volonté, mais à son corps et à ses vêtements; ce n'est pas lui qui, par son action propre, distribue des forces, mais, involontairement, il se les laisse arracher.

De cette espèce de guérisons miraculeuses, un exemple détaillé nous a été conservé dans l'histoire de la femme qui avait une perte de sang : les trois synoptiques la reproduisent, et, l'entrelaçant d'une façon particulière avec l'histoire de la résurrection de la fille de Jaïrus, ils rapportent que Jésus guérit la femme en se rendant à la maison de ce dernier (Matth., 9, 20, seq.; Marc, 5, 25, seq.; Luc, 8, 43, seq.). Comparant la narration chez les différents évangélistes, nous pourrions cette fois être tentés de considérer celle de Luc comme originale, attendu qu'elle permet peut-être

(1) Weisse conjecture que le récit de Jean est une transformation du récit des synoptiques sur la guérison d'aveugles à Jéricho (S. 572).

d'expliquer comment furent naturellement réunies les deux histoires dont il s'agit. De même que les trois évangélistes fixent
à douze ans la durée de la maladie de cette femme, de même
Luc, suivi en cela par Marc, donne douze ans pour l'âge de
la fille de Jaïrus. Ces nombres égaux ont bien pu amener,
dans la tradition évangélique, le rapprochement des deux
histoires; mais cette raison est beaucoup trop isolée pour
motiver, à elle seule, une décision qui ne peut résulter que
d'une comparaison complète des trois récits dans leurs détails. Matthieu désigne simplement la malade comme *une
femme qui perdait du sang depuis douze ans*, γυνὴ
αἱμοῤῥοοῦσα δώδεκα ἔτη; il est probable qu'une perte aussi
prolongée se manifestait sous la forme d'une menstruation
exagérée. Luc, le prétendu médecin, ne se montre pas ici
favorable à ses confrères, car il ajoute que cette femme avait
dépensé tout son avoir avec les médecins, sans que ceux-ci
l'eussent soulagée. Marc, encore plus défavorable, dit que
les nombreux médecins qui l'avaient soignée, l'avaient beaucoup fait souffrir, et que, loin d'améliorer son état, ils l'a-
vaient empiré. Ceux qui entourent Jésus au moment où la
femme s'approche de lui, sont, d'après Matthieu, ses disciples, d'après Marc et Luc, une foule qui se presse. Après
que les narrateurs ont rapporté tous trois comment la femme,
aussi pleine de timidité que de confiance, s'avança par derrière et toucha le bord du vêtement de Jésus, Marc et Luc
disent qu'elle fut instantanément guérie, mais que Jésus,
sentant qu'une force sortait de lui, demanda qui l'avait
touché. Les apôtres étonnés lui répondent, en lui demandant
comment, au milieu de la foule du peuple qui le presse de
toutes parts, il a pu distinguer un contact isolé. D'après
Luc, il persiste dans son dire; d'après Marc, il promène
autour de lui les yeux pour découvrir qui l'a touché. Alors,
d'après ces deux évangélistes, la femme s'approche toute
tremblante, se jette à ses genoux et confesse tout, sur quoi

il lui donne l'assurance tranquillisante que la foi qu'elle a eue lui a été utile. Matthieu n'a point ce long détail de circonstances : il rapporte seulement que, après le contact, Jésus regarda autour de lui, découvrit la femme, et lui annonça la guérison que sa foi lui avait méritée.

Cette divergence est assez considérable pour qu'on ne doive pas s'étonner beaucoup que Storr veuille admettre deux guérisons différentes de femmes affectées d'hémorrhagie (1). Si ce théologien y fut encore déterminé davantage par les différences plus considérables qui se trouvent dans le récit de la résurrection de la fille de Jaïrus, récit entrelacé avec l'histoire de la guérison qui nous occupe ici, cet entrelacement empêche absolument de concevoir que Jésus ait guéri une femme attaquée depuis douze ans d'une perte de sang deux fois, et les deux fois en allant ressusciter la fille d'un *chef* juif, ἄρχων. En raison de ces difficultés, la critique, depuis long-temps, s'est décidée pour l'unité du fait qui sert de base à nos deux récits, et en même temps elle a donné la préférence à ceux de Marc et de Luc, en raison du caractère plus dramatique qu'ils présentent (2). Mais, pour commencer par le commencement, quand Marc ajoute : *mais allant de mal en pis*, ἀλλὰ μᾶλλον εἰς τὸ χεῖρον ἐλθοῦσα, chacun voit qu'il ne fait qu'enchérir par là sur Luc, qui dit: *aucun n'avait pu la guérir*, οὐκ ἴσχυσεν ὑπ' οὐδενὸς θεραπευθῆναι ; et, à son tour, Luc paraît avoir complété, par une conclusion qui lui est propre, la phrase que Matthieu reproduit sans aucune addition, et dans laquelle il est dit que *l'hémorrhagie durait depuis douze ans*, αἱμοῤῥοοῦσα δώδεκα ἔτη : puisque la femme, pensa-t-on, était malade depuis si long-temps, elle aura consulté beaucoup de médecins, et comme, en opposition avec ceux-ci qui n'avaient produit aucun soulagement, la puissance miraculeuse de

(1) Ueber den Zweck der evang. Geschichte und der Briefe Joh. S. 351 f.　(2) Schulz, l. c., S. 317; Olshausen, 1, S. 315 f.

Jésus, dont l'effet fut instantané, se montrait sous un jour
plus brillant, ces additions se formèrent dans la propagation
orale du récit. Or, ne se pourrait-il pas qu'il en fût de même
des autres divergences ? Si la femme, comme le raconte
Matthieu, ne toucha Jésus que par derrière, c'est qu'elle
désirait et espérait rester cachée; si Jésus la chercha des
yeux aussitôt, c'est qu'il avait senti son attouchement. Cet
espoir de la femme devenait d'autant plus explicable, et cette
sensation de Jésus d'autant plus merveilleuse, qu'il était entouré et pressé d'une plus grande foule ; de là vient que son
cortége, qui, dans Matthieu, n'est formé que de ses *disciples*,
μαθηταὶ, devient, chez les deux autres, une *foule*, ὄχλοι, qui
l'*étouffait*, συνθλίϐεσθαι. Matthieu ayant dit que Jésus pro-
mena ses regards autour de lui après l'attouchement, on
put croire que cela renfermait implicitement la supposition
qu'il avait senti cet attouchement d'une façon particulière ;
de là encore vient la description où l'on représenta comment
Jésus, bien que pressé de toutes parts, sentit néanmoins cet
attouchement isolé, à cause de la force qu'il lui dérobait ;
et de la sorte, les simples expressions de Matthieu *s'étant
tourné et l'ayant vue*, ἐπιστραφεὶς καὶ ἰδὼν αὐτὴν, devinrent
un mouvement interrogateur de Jésus, qui chercha autour
de lui celle qui l'avait touché, mouvement qui fut suivi de
l'aveu de la femme. Enfin on jugea par comparaison avec
14, 36, que ce qu'il y avait de particulier dans cette histoire de guérison, même d'après la forme qu'elle a chez le
premier évangéliste, c'était que le contact de l'habit de
Jésus avait suffi pour guérir. On s'efforça donc de plus en
plus, à mesure qu'on se raconta l'histoire de bouche en
bouche, de placer le résultat immédiatement après le contact, et de laisser, même après la guérison, Jésus pendant
quelque temps dans l'incertitude sur celle qui l'avait touché,
dernière circonstance qui est en contradiction avec la supposition ordinaire d'une connaissance supérieure en Jésus.

Ainsi, de tous les côtés, on reconnaît le récit du premier évangile comme antérieur et plus simple, et celui des deux autres comme postérieur et plus orné (1).

Quant au fond commun de ces narrations, les théologiens, aussi bien orthodoxes que rationalistes, ont été choqués, dans ces derniers temps, de ce que l'action curative de Jésus ait été involontaire. C'est trop, disent ici Paulus et Olshausen d'un commun accord (2), c'est trop faire descendre l'action de Jésus dans le domaine de la nature physique : Jésus ressemble à un magnétiseur, qui, par l'attouchement curatif de personnes nerveuses, éprouve une perte de sa force, comme une batterie électrique chargée, qu'un contact suffit pour décharger. Une pareille idée du Christ, dit Olshausen, répugne à la conscience chrétienne, qui se trouve bien plutôt obligée de se représenter la plénitude de force résidant en Jésus comme dominée absolument par sa volonté, et cette volonté dirigée à son tour par la connaissance qu'il avait de l'état moral des personnes à guérir. En conséquence, on suppose que Jésus avait bien reconnu la femme, même sans la voir, et que, considérant qu'elle pouvait être gagnée, spirituellement aussi, par ce secours corporel, il avait sciemment dirigé sur elle un flot de sa force curative, mais que, pour vaincre sa fausse honte et la contraindre à une confession patente, il avait feint de ne pas savoir qui l'avait touché. Mais la conscience chrétienne, n'étant, dans des cas pareils, rien autre chose que le développement religieux de notre temps, qui, en raison de ses progrès, ne veut plus accepter les idées antiques de la Bible, la conscience chrétienne, dis-je, doit se taire là où il s'agit, non de s'approprier dogmatiquement les idées bibliques, mais de les découvrir par une voie purement exégétique. Le

---

(1) Comp. De Wette, exeg. Handb., 1, 1, S. 94.
(2) Exeg. Handb,, 1, b, S. 524 f.; b. Comm. 1, S. 318 f; comparez Köster, Immanuel, S. 201 ff.

fait est que c'est de l'intervention de cette conscience prétendue chrétienne que proviennent la plupart des erreurs de
l'exégèse ; et, ici encore, pour cette raison, l'interprète dont
il s'agit s'est écarté du sens évident de son texte. En effet,
d'une part, dans les deux récits plus détaillés de Luc et de
Marc, la question de Jésus : *Qui m'a touché?* τίς ὁ ἁψάμενός
μου ? question qui, dans Luc, est répétée, et qui, dans Marc,
est fortifiée d'un regard inquisitif promené à l'entour, a
un sens tout-à-fait sérieux , d'autant plus que ces deux
évangélistes ont pour but principal dans cette narration, de
mettre en saillie ce qu'avait de merveilleux la force curative de Jésus, de qui on pouvait obtenir une guérison en
touchant simplement avec foi son vêtement, sans être connu
de lui et sans qu'il eût besoin de prononcer une seule parole.
D'un autre côté, le récit plus bref de Matthieu, par les
expressions *s'étant avancée par derrière* , *elle le toucha*,
προσελθοῦσα ὄπισθεν ἥψατο, et *s'étant tourné et l'ayant vue*,
ἐπιστραφεὶς καὶ ἰδὼν αὐτὴν , n'indique pas moins clairement
que ce ne fut qu'après avoir été touché par la femme que
Jésus la connut. Si donc on ne peut démontrer que Jésus
ait connu la femme avant de la guérir , et qu'il ait eu une
volonté spéciale de la soulager , il ne resterait plus pour
ceux qui ne veulent pas admettre une manifestation involontaire de sa force curative, qu'à supposer en lui une volonté de guérir constante et générale, avec laquelle il suffisait que la foi du malade concourût pour qu'il en résultât
une guérison réelle. Mais , sans aucun doute, l'idée des
évangélistes n'est pas que, malgré l'absence d'une direction
particulière de la volonté de Jésus vers la guérison de cette
femme, elle aurait pu recouvrer la santé par sa seule foi et
sans aucunement toucher son habit ; loin de là , dans leur
manière de voir, l'attouchement opéré par la malade remplace
un acte particulier de la volonté de Jésus ; c'est cet attouchement qui, au lieu de la volonté, produit une manifestation de

la force résidant en Jésus ; et l'on n'évite pas , par cette
voie , ce qu'a de matériel l'idée des évangélistes.

Il faut que l'explication rationaliste fasse un pas de plus ,
elle , qui trouve incroyable , non pas seulement comme le
surnaturalisme moderne , une émission de force curative à
l'insu de Jésus , mais en général toute émission de pareille
force , et qui cependant prétend que ce que les évangélistes
rapportent est historiquement vrai. Voici, d'après les rationalistes, comment la chose se passa : Jésus fut déterminé à
demander qui l'avait touché , uniquement parce que, en
avançant, il s'était senti arrêter. Si deux des évangélistes
attribuent sa question à la sensation d'une *force qui sortait*,
δύναμις ἐξελθοῦσα, c'est une simple conclusion de leur part.
L'un d'eux même , Marc , n'en fait qu'une remarque qui
lui est propre , et Luc est le seul qui incorpore cette circonstance dans la question de Jésus (1). La guérison de la femme
fut opérée par sa confiance exaltée , en vertu de laquelle
le simple contact du bord de l'habit de Jésus provoqua un
frissonnement général dans tous ses nerfs ; il en résulta peut-
être un resserrement soudain des vaisseaux sanguins dilatés ;
en tout cas , elle ne put dans le moment que supposer qu'elle
était guérie , mais elle ne put en être certaine , et ce n'est

(1) Neander (S. 423) concorde en cela avec les rationalistes. Dire que le Christ ait réellement senti une force qui s'échappait de lui, c'est, d'après Neander, le mettre en contradiction avec les paroles qu'il prononce un peu plus loin, et où il attribue la guérison à la foi de cette femme; comme si la foi qui la détermina à toucher le bas de l'habit de Jésus, ne pouvait pas être considérée comme ce qui sollicita l'émission de cette force. Ici Neander place une double alternative : « Cette histoire, dit-il, ne permet pas de décider si le Christ a guéri volontairement cette femme, ou... (on attend : s'il s'est laissé soutirer involontairement une force; point du tout; Neander continue) ou si ce fut un effet de la volonté divine opéré indépendamment de lui. » Ici l'auteur sent qu'il a trop perdu de vue le rôle spécial que le contact de Jésus joue dans la guérison, et il ajoute : « Cet effet a pu s'opérer d'une façon qui correspondît aux lois générales de la nature. » Mais , de-rechef, cette manière de voir lui semble trop conforme à celle des rationalistes, et il la modifie en disant : « Toutefois il s'opéra, afin que fût exaucée cette femme pleine de foi. » Je demande au lecteur si, de ces propositions qui se détruisent l'une l'autre, il lui est resté quelque chose de précis dans l'esprit.

que peu à peu, et peut-être par l'effet de médicaments prescrits par Jésus, que le mal aura disparu complétement (1). Mais, qui se représentera jamais l'attouchement timide d'une femme malade qui voulait demeurer cachée, et qui avait assez de foi pour être sûre de sa guérison par le plus léger contact, comme une appréhension au corps capable d'arrêter dans sa marche Jésus, qu'une foule de peuple, d'après Marc et Luc, pressait de toutes parts? D'ailleurs, quel fonds ne faut-il pas faire sur la puissance de la confiance, pour admettre que, sans le concours d'une force réelle partie de Jésus, une perte qui durait depuis douze ans, ait été guérie ou seulement diminuée? Enfin, s'il faut supposer que les évangélistes ont mis, dans la bouche de Jésus, une conclusion qui est de leur fait, à savoir qu'une force était sortie de lui, et qu'ils ont décrit une guérison successive comme instantanée, on perd, en perdant ces particularités, la garantie de la vérité historique de toute la narration, et par conséquent il n'y a plus de raison pour se donner la peine inutile d'en chercher une explication naturelle.

Une décision dans ce sens pourrait, dans le fait, nous être suggérée par la comparaison de cette narration avec des anecdotes analogues. De même qu'il est dit de Jésus, ici et dans d'autres endroits cités plus haut, que des malades ont été guéris par le simple contact de son vêtement; de même les Actes des apôtres rapportent que l'application des *mouchoirs*, σουδάρια, et les *linges*, σιμικίνθια, de Paul (19, 11 seq.), et l'ombre même de Pierre, projetée sur un individu (5, 15), rendirent la santé à des malades de toute espèce; et des évangiles apocryphes rapportent une masse de guérisons procurées par les langes de l'enfant Jésus et par l'eau qui servait à le laver (2). Pour ces dernières histoires, de même

(1) Paulus, exeg. Handb. 1, b, S. 524 f.; 530, L. J. 1, a, S. 244 f.; Venturini, 2, S. 204 ff.; Köster, l. c.

(2) Voyez l'Evangelium infantiæ arabicum dans Fabricius et dans Thilo.

que pour les légendes de l'église catholique relatives à des guérisons, chacun sait en les lisant qu'il se trouve sur le domaine
de la légende et de la fiction; mais on peut demander comment
distinguer, de ces cures opérées par les langes de Jésus ou
par les os d'un saint, celles que produisaient les mouchoirs
de Paul, si ce n'est que celles-là proviennent d'un enfant,
celles-ci d'un adulte, les unes d'un corps vivant, les autres
d'un corps mort. Entre ces guérisons effectuées par les linges, et celles qui furent le résultat du contact du bord de
l'habit, il ne se trouve non plus, ce semble, aucune différence essentielle; dans les deux cas, il s'agit d'un contact
d'objets qui ne sont que dans un rapport extérieur avec le
faiseur de miracles; seulement ce rapport est interrompu
pour les mouchoirs qui viennent d'être quittés, il dure encore pour le vêtement qui est porté.

Si, par ce parallèle, le critique se trouve enclin à étendre,
d'une classe de récits à l'autre, le jugement qui ôte à la première classe le caractère historique, il a cependant, des deux
côtés, de grandes précautions à prendre. D'abord, du côté de
la légende catholique, c'est certainement procéder avec trop
de promptitude, que de rejeter, parce que les neuf dixièmes
de ces légendes sont des fables, le dernier dixième comme
également fabuleux; car plusieurs de ces histoires de guérisons trouvent, soit une analogie dans des faits récents dignes
de croyance, soit la possibilité d'une explication dans le
concours de la foi du malade avec une force peut-être ana--
logue au magnétisme chez le faiseur de miracles. Quant aux
récits de cette espèce qu'on lit dans le Nouveau-Testament,
et en particulier dans les Évangiles, il arrive ici de nouveau
que le critique, qui, en raison des motifs allégués, en conteste la vérité historique, se surprend engagé, à son insu,
dans une doctrine qui appartient au surnaturalisme; car
ce n'est pas parce qu'une sortie, purement physique, de
forces curatives, lui paraît impossible, qu'il la révoque en

doute, attendu qu'il accorde expressément la réalité de ce phénomène sur le terrain du magnétisme; mais c'est uniquement parce que cela lui paraît indigne de Jésus. Or, d'où une pareille idée lui peut-elle provenir, si ce n'est d'une supposition empruntée au surnaturalisme, à savoir, que les miracles de Jésus ne doivent être considérés que comme des actes purement spirituels, purement libres de sa volonté, d'accord avec la volonté divine? Déposons ce préjugé surnaturaliste, et d'un autre côté rendons-nous bien compte qu'il ne peut entrer dans notre intention de nier, avec les rationalistes, ces forces secrètes de la nature humaine qui se manifestent dans le magnétisme animal, dans l'exaltation religieuse et dans d'autres états d'enthousiasme Alors, tout en sachant que la légende, dès le Nouveau-Testament, a pu imaginer toutes sortes de fictions de ce genre en vertu de la préférence du peuple pour une manifestation aussi matérielle de la force et de la dignité divines de Jésus (matérielle dans l'opinion d'alors), rien ne nous empêchera de reconnaître, comme historiquement concevable, que l'ombre de Pierre, par l'intermédiaire de l'imagination croyante des malades, que le contact de l'habit de Jésus, outre une force curative résidant en son corps et en ses vêtements, et comparable à la force magnétique, aient produit plusieurs de ces effets dont parlent les Évangiles et les Actes des apôtres (1).

§ XCV.

Guérisons à distance.

Les guérisons produites à distance sont, à proprement parler, l'opposé de ces guérisons involontaires. Si ces dernières s'effectuent par un simple contact corporel et sans un

(1) Comparez, à ce sujet, les remarques de Weisse, die evang. Geschichte, 1, S. 301 f.

acte particulier de la volonté, les premiers s'effectuent par la simple direction de la volonté, sans contact corporel ou même sans voisinage dans l'espace. Mais en même temps il faut dire : si la puissance curative de Jésus était assez matérielle pour se décharger involontairement par le simple contact corporel, elle ne peut pas avoir été assez spirituelle pour être transportée par la seule volonté à des distances considérables ; ou, si elle était assez spirituelle pour s'exercer, même sans la présence corporelle, elle ne peut pas avoir été assez matérielle pour se décharger sans la volonté.

Comme preuve d'une pareille force curative de Jésus agissant à distance, Matthieu et Luc nous rapportent la guérison du serviteur malade d'un capitaine à Capharnaüm, Jean celle du fils malade d'un *seigneur de la cour*, βασιλικὸς, qui résidait aussi dans cette ville (Matth., 8, 5 seq. Luc, 7, 1 seq. Joh., 4, 46 seq.). L'opinion ordinaire sur ces récits est que Matthieu et Luc, à la vérité, racontent le même fait, mais que celui de Jean est différent. Son récit diverge, en effet, de celui des deux autres dans les circonstances suivantes : 1° le lieu d'où Jésus opère la guérison est, d'après les synoptiques, celui de la résidence du malade, Capharnaüm ; d'après Jean un lieu différent, Cana ; 2° le temps où les synoptiques placent cette anecdote est immédiatement après le retour de Jésus de la montagne où il avait prononcé le discours qui porte ce nom ; d'après le quatrième évangile, c'est en revenant de la première pâque et de la Samarie, où il avait prêché, que Jésus opéra ce miracle ; 3° le malade est, d'après les deux synoptiques, l'esclave ; d'après Jean, le fils du suppliant ; 4° c'est au sujet du suppliant lui-même que se trouvent les plus grandes divergences : dans le premier et le troisième évangile, il est un militaire (*centenier*, ἑκατόνταρχος), dans le quatrième, un *seigneur de la cour*, βασιλικός ; d'après les deux premiers, un païen (voyez V. 10 et seq. dans Matth.); d'après le dernier, sans aucun doute un Juif. D'après les synoptiques, il est loué par Jésus comme le modèle de la confiance la plus humble et la plus sentie, attendu que, persuadé que Jésus pouvait guérir, même à distance, il l'empêcha d'aller jusqu'à sa maison ; d'après Jean, au contraire, il regardait comme nécessaire à la guérison la présence de Jésus dans sa maison, et il fut blâmé à cause de sa faible foi qui avait besoin de *signes*, σημεῖα, et de *prodiges*, τέρατα (1).

Ces divergences sont assez considérables pour que, à un certain point de vue, on insiste sur la différence du fait qui sert de base au récit des synoptiques et à celui de Jean ; mais il ne faudrait pas, si de ce côté on examine la chose d'aussi près, s'aveugler sur les divergences qui existent aussi entre les deux synoptiques. Ils ne concordent pas absolument, même dans la désignation du patient : d'après Luc, c'est un *serviteur chéri* du centenier, δοῦλος ἔντιμος ; chez Matthieu, celui-ci le nomme ὁ παῖς μου, ce qui peut signifier également un fils et un serviteur ; et, comme le centenier, dans le verset 9 où il parle de son esclave, emploie l'expression δοῦλος, tandis que la personne guérie est de nouveau désignée, verset 13, comme ὁ παῖς αὐτοῦ, il est probable qu'il faut prendre ici παῖς dans la signification de fils. Quant à la maladie, Matthieu dit que cet homme était un *paralytique cruellement tourmenté*, παραλυτικὸς δεινῶς βασανιζόμενος ; Luc non seulement se tait sur cette forme de maladie, mais encore, après avoir dit d'une façon tout-à-fait indéterminée : *étant dans un mauvais état*, κακῶς ἔχων, il ajoute : *il était sur le point de succomber*, ἤμελλε τελευτᾶν, ce qui a paru à plusieurs indiquer une autre maladie que la paralysie, qui, d'ordinaire, ne cause pas rapidement la mort (2). Mais la différence la plus considérable, c'est celle qui règne dans tout le récit, à sa-

<hr>

(1) Voyez les explications de Paulus, de Lücke, de Tholuck et d'Olshausen sur ce passage.

(2) Schleiermacher, über den Lukas, S. 92.

voir, que tout ce qui est fait par le centurion lui-même, est fait dans Luc par l'intermédiaire de messagers. Ainsi d'a-bord, au lieu de demander personnellement, comme dans Matthieu, la guérison à Jésus, il la demande par les *anciens des Juifs*, πρεσβυτέρους τῶν Ἰουδαίων ; en second lieu, ce n'est pas lui qui l'empêche d'entrer dans sa maison, mais il charge quelques amis de l'en détourner. Pour concilier cette divergence, on a coutume d'invoquer la règle : *quod quis per alium facit*, etc. (1). Au point de vue des interprètes qui se décident pour cette explication, il est impossible de ne pas dire que Matthieu avait fort bien su que toute chose s'était passée entre le capitaine et Jésus par des in-termédiaires, mais que, pour abréger, il les avait fait parler directement l'un avec l'autre, à la faveur de la figure de rhé-torique plus haut alléguée. Or, quand on en est là, Storr a pleinement raison d'objecter que, difficilement, un historien quelconque emploierait cette métonymie avec autant d'o-piniâtreté durant tout le cours d'un récit, d'autant plus que, d'un côté, cette figure ne se trahit ici nulle part d'elle-même, comme cela arrive quand, par exemple, on attribue à un général ce que ses soldats font, et que, d'autre côté, la circonstance de savoir si la personne a agi par elle-même ou par des intermédiaires, n'est pas sans quelque impor-tance pour la connaissance de son caractère (2). Il faut donc louer l'esprit de conséquence avec lequel Storr, admettant, en raison des différences considérables, que le récit du qua-trième évangile se rapporte à un autre fait que celui du premier et du troisième, admet également, en raison aussi des différences qu'il trouve entre ces deux derniers, qu'ils ont pour bases deux faits différents. Si l'on s'étonne que, à trois reprises diverses, un cas aussi complétement semblable

---

(1) Augustin., de consens. evang.   (2) Ueber den Zweck u. s. f. S. 351.
1, 20; Paulus, exeg. Handb., 1, b, S.
709; Köster, Immanuel, S. 63.

de guérison ait eu lieu dans le même endroit (car, d'après
Jean aussi, le malade résidait et guérit à Capharnaüm),
Storr s'étonne, de son côté, que l'on voie la moindre invraisemblance à supposer que, dans la ville de Capharnaüm,
en des temps différents, deux capitaines aient eu un serviteur malade, et que, une autre fois, derechef, un seigneur
de la cour ait eu un fils malade ; que le second capitaine (celui de Luc), ayant entendu parler de l'histoire du premier,
se soit adressé pareillement à Jésus et ait essayé de surpasser
en humilité l'exemple donné par son collègue ; que de même,
le premier capitaine (Matthieu), ayant connu l'histoire antérieure du seigneur de la cour (Jean), ait voulu surpasser la
faible confiance qu'avait montrée ce dernier, et qu'enfin
Jésus ait guéri les trois malades de la même façon, à distance.
Mais examinons, en soi, le fait tel que Jean le rapporte : un
employé supérieur de Capharnaüm sollicite de Jésus la guérison d'une personne qui lui appartient par les liens du sang ;
Jésus, à distance, exerce sur elle une action telle, que, au
moment où il prononce la parole curative, le malade se
trouve guéri dans sa maison ; tout cela forme un ensemble
si particulier de circonstances, qu'il est impossible d'en admettre une triple répétition ; une répétition double aurait
même des difficultés ; en conséquence il faut essayer si les
trois récits ne peuvent pas être ramenés à un seul fait primitif.

Or, ici, le récit du quatrième évangéliste, que l'on regarde comme présentant les différences les plus générales,
non seulement est analogue, dans ses traits essentiels, au récit
des synoptiques ; mais encore, dans plusieurs particularités
dignes de remarque, l'un ou l'autre des deux narrateurs synoptiques concorde plus exactement avec Jean qu'avec l'autre
synoptique. Ainsi, tandis que la désignation de παῖς, donnée
au malade dans Matthieu, peut, pour le moins, aussi bien être
mise en concordance avec la désignation que donne Jean υἱός,

qu'avec celle que donne Luc, δοῦλος, Matthieu et Jean ont une concordance décisive quand ils rapportent tous deux que l'employé de Capharnaüm s'adressa par lui-même à Jésus, et non, comme dit Luc, par des intermédiaires. Au contraire, le récit de Jean s'accorde avec celui de Luc contre Matthieu dans la description de l'état où le patient se trouvait ; ni l'un ni l'autre ne parlent de la *paralysie*, παράλυσις, dont Matthieu parle, mais ils représentent le malade comme voisin de la mort, Luc disant : *il allait passer*, ἤμελλε τελευτᾶν, Jean disant : *il allait mourir*, ἤμελλεν ἀποθνήσκειν. Le dernier ajoute même (V. 52) que la maladie était accompagnée d'une *fièvre*, πυρετός. En représentant comment Jésus opéra la cure du malade, et comment la guérison s'effectua, Jean est de nouveau du côté de Matthieu contre Luc ; tandis que ce dernier ne rapporte pas une déclaration expresse de Jésus sur la guérison du serviteur, les deux autres racontent d'un commun accord qu'il dit à l'employé, d'après l'un : *va*, *et qu'il te soit fait comme tu as cru*, ὕπαγε, καὶ ὡς ἐπί-στευσας γενηθήτω σοι, d'après l'autre, *va*, *ton fils vit*, πορεύου, ὁ υἱός σου ζῇ. Matthieu termine le récit par ces mots : *et son serviteur fut guéri à cette heure même*, καὶ ἰάθη ὁ παῖς αὐτοῦ ἐν τῇ ὥρᾳ ἐκείνῃ ; Jean finit le sien en disant que le père, s'étant informé subséquemment, trouva que son fils avait recouvré la santé *à l'heure même*, ἐν ἐκείνῃ τῇ ὥρᾳ, où Jésus avait prononcé les paroles qui viennent d'être rapportées ; et, à tout prendre, ce dire de Matthieu concorde plus avec celui de Jean qu'il ne concorde avec celui de Luc, qui raconte que les messagers, étant retournés, trouvèrent rendu à la santé le serviteur malade. Dans un autre point de cette conclusion, l'accord de Jean avec Matthieu cesse, pour revenir du côté de Luc. Chez Jean et Luc, en effet, il est question d'une espèce de message qui, en dernier lieu, part de la maison de l'employé : d'après Luc c'est une foule d'amis du capitaine qui détournent Jésus de se donner la peine d'entrer; chez Jean ce sont des serviteurs qui, transportés de joie, vont au-devant de leur maître, et lui apportent la nouvelle de la guérison de son fils. Certes, quand trois récits sont aussi entrelacés que ceux-ci, on ne doit pas se borner à en déclarer deux identiques, et à admettre la différence d'un récit à l'égard des deux autres; mais il faut, ou les tenir tous trois séparés, ou les confondre en un seul, comme Semler l'a fait d'après quelques précédents (1), et comme Tholuck a déclaré que cela était du moins possible; seulement, ces commentateurs cherchent à expliquer les divergences des trois récits de manière qu'aucun des évangélistes n'ait dit une fausseté. Ainsi, l'on cherche à faire du *seigneur de la cour*, βασιλικὸς (Jean), un employé militaire dont les deux autres ne font que désigner avec plus de précision la position, en l'appelant *centenier*, ἑκατόνταρχος. Quant au point capital, c'est-à-dire la conduite du suppliant, on pense que les différents narrateurs pourraient avoir mis en saillie différentes phases de l'anecdote: Jean n'en aurait reproduit que le commencement, c'est-à-dire les reproches de Jésus sur le peu de foi que le suppliant montra au début, et les synoptiques n'en auraient reproduit que la fin, c'est-à-dire les éloges que Jésus donne à sa foi promptement accrue. J'ai déjà indiqué comment on a cru concilier, avec encore plus de facilité, la différence principale qui existe entre les deux récits des synoptiques, et qui est relative à la demande faite par le suppliant lui-même ou par des intermédiaires. Cet effort pour concilier à l'amiable les contradictions des trois récits est vain; ce qui reste, c'est que les synoptiques se sont représenté le suppliant comme un centurion, et le quatrième évangéliste comme un seigneur de la cour; les premiers, comme ayant une foi forte, le second, comme ayant encore

____

(1) Voyez dans Lücke, 1, p. 552; comparez au l. De Wette, exeg. Handb., 1, 5, S.64.

besoin d'être fortifié dans sa foi ; que Jean et Matthieu ont cru qu'il s'était adressé immédiatement à Jésus, et Luc, que par modestie il avait employé des intermédiaires (1).

Maintenant quel est celui qui rapporte la chose avec exactitude, quel est celui qui la rapporte d'une manière erronée ? Si d'abord nous prenons les deux premiers synoptiques, nous voyons que, à l'exception de De Wette, il n'y a qu'une voix parmi les commentateurs sur la supériorité du récit de Luc. Tout d'abord, on trouve invraisemblable que le malade ait été un paralytique ainsi que le dit Matthieu ; car, cette affection n'étant pas dangereuse, le modeste capitaine se serait difficilement décidé à réclamer l'assistance de Jésus dès son entrée dans la ville (2) ; comme si une affection très douloureuse, telle qu'elle est décrite par Matthieu, ne rendait pas désirable un secours aussi prompt que possible, et comme s'il y eût eu trop d'exigence à prier Jésus de prononcer une parole curative avant qu'il ne se rendît dans son logis. Au contraire, on sera tenté de renverser le rapport que ces commentateurs établissent entre Matthieu et Luc, si l'on remarque que le miracle, et par conséquent aussi la maladie de la personne guérie miraculeusement, loin de s'amoindrir dans la tradition, ont dû toujours aller en grossissant ; aussi le paralytique cruellement tourmenté a dû plutôt être transformé, par progression croissante, en malade *près de mourir*, μέλλων τελευτᾷν, qu'un malade près de mourir être transformé, par progression décroissante, en une personne simplement souffrante. C'est surtout le double message rapporté par Luc, qui, d'après Schleiermacher, est une circonstance qu'un narrateur ne peut guère imaginer. Mais que dirions-nous, si, justement,

(1) Fritzsche in Matth., p. 310 : Discrepat autem Lucas ita a Matthæi narratione, ut centurionem non ipsum venisse ad Jesum, sed per legatos cum eo egisse tradat ; quibus dissidentibus pacem obtrudere, boni nego interpretis esse.

(2) Schleiermacher, l. c. S. 92 f.

cette circonstance se faisait reconnaître, à des signes très manifestes, comme due à l'imagination de l'écrivain? Tandis que, dans Matthieu, Jésus s'offrant à aller avec le capitaine, celui-ci cherche à l'arrêter en disant : *Seigneur, je ne suis pas digne que vous entriez sous mon toit*, Κύριε, οὐκ εἰμὶ ἱκανὸς ἵνα μου ὑπὸ τὴν στέγην εἰσέλθῃς, il fait ajouter, d'après Luc, par ses amis qu'il envoie en message, ces mots : *c'est pour cela que moi-même je n'ai pas cru convenable de venir vers vous*, διὸ οὐδὲ ἐμαυτὸν ἠξίωσα πρός σε ἐλθεῖν, ce qui montre clairement par quelle sorte d'argument ce message a été suggéré. Si cet homme s'est, dit-on, déclaré lui-même indigne que Jésus vînt sous son toit, certainement il ne se sera pas, non plus, regardé comme digne de venir auprès de Jésus; progression d'humilité, qui indique que le récit de Luc est un récit de seconde main. La première suggestion de ce message paraît au reste avoir été fournie par un autre intérêt : il s'agissait de motiver, par une recommandation préalable de ce païen, la bonne volonté que montre Jésus à entrer dans sa maison. C'est en effet la première chose que disent les *anciens des Juifs*, πρεσβύτεροι τῶν Ἰουδαίων ; car, après avoir raconté à Jésus la maladie, ils ajoutent : *il est digne qu'on lui rende ce service, car il aime notre peuple*, etc., ὅτι ἄξιός ἐστιν ᾧ παρέξει τοῦτο· ἀγαπᾷ γὰρ τὸ ἔθνος ἡμῶν κ. τ. λ. De la même façon, dans les Actes des apôtres (10, 22), les messagers de Cornelius, pour décider Pierre à se rendre chez lui, lui exposent que c'est un *homme juste et craignant Dieu, et à qui tous les Juifs rendent bon témoignage*, ἀνὴρ δίκαιος καὶ φοβούμενος τὸν Θεὸν, μαρτυρούμενός τε ὑπὸ ὅλου τοῦ ἔθνους τῶν Ἰουδαίων. Mais ce qui fait voir le plus clairement que le double message ne peut appartenir au fait primitif, c'est que cela rend le récit de Luc complètement décousu. Dans Matthieu, tout s'enchaîne bien : le capitaine se borne d'abord à indiquer à Jésus l'état du malade; puis, soit qu'il laisse à Jésus la liberté de faire ce qu'il voudra, soit que Jésus, en offrant de se rendre chez lui, le prévienne, il refuse, dans les termes que l'on connaît, l'honneur que Jésus veut lui faire. Comment au contraire comprendre sa conduite, si, comme Luc le rapporte, le capitaine fait d'abord dire à Jésus par les anciens des Juifs qu'il veuille bien venir (ἐλθὼν) et guérir son serviteur, puis, si, au moment où Jésus arrive, il se repent de lui avoir fait cette invitation, et se contente de lui demander une parole qui fasse le miracle? On a prétendu que la première demande venait des anciens et non du capitaine (1). Mais cet expédient est en contradiction avec les termes précis de l'évangéliste, qui, en disant : *il envoya... les anciens.... pour lui demander,* ἀπέστειλε.... πρεσβυτέρους.... ἐρωτῶν αὐτὸν, exprime que la demande provenait du capitaine lui-même. On a, d'un autre côté, dit que, par le mot *venant,* ἐλθὼν, le capitaine avait simplement entendu que Jésus voulût bien se rendre dans le voisinage de sa maison, et que, lorsqu'il le vit prêt à entrer dans la maison même, il refusa cet honneur. Mais ce serait mettre sur le compte d'un homme d'ailleurs judicieux, une idée trop absurde. On peut encore moins, pour la même raison, le supposer aussi mobile dans ses déterminations que le texte de Luc le représente. Toutes les difficultés auraient été évitées si Luc avait attribué à la première ambassade, comme Matthieu au capitaine lui-même, d'abord seulement la prière directe ou indirecte de la guérison, et puis, toujours à la même première ambassade, le refus modeste de la peine que Jésus voulait prendre en s'offrant à aller dans la maison du malade. Mais l'évangéliste crut devoir motiver la résolution que manifesta Jésus de s'y rendre, par une prière qui la lui suggérât; et, comme la tradition lui avait transmis un refus d'accepter

(1) Kuinœl, in Matth., p. 22 et seq.

cette peine que Jésus voulait prendre lui-même, il se sentit
incapable d'attribuer aux mêmes personnes la demande et
le refus, et il fut obligé d'arranger une seconde ambassade.
Cela ne faisait que masquer la contradiction, puisque les
deux ambassades avaient été envoyées par un seul et même
centurion. Peut-être aussi, en écrivant que le capitaine ne voulut pas que Jésus prît la peine d'entrer dans sa maison, Luc
se souvint du message qui empêcha Jaïrus de donner à Jésus
la peine d'entrer dans sa maison. Car, de même que, d'après
lui et d'après Marc, le messager dit à Jaïrus : *n'importunez
pas le maître*, μὴ σκύλλε τὸν διδάσκαλον (Luc, 8, 49), de même
ici, où, également, il y avait eu une invitation préalable de
venir dans la maison, il fait dire à la seconde ambassade :
maître, *n'importunez pas*, κύριε, μὴ σκύλλου. Mais le
motif d'un pareil contre-ordre n'existait que chez Jaïrus,
dans la maison duquel, depuis la première invitation, la
situation des choses avait été changée par la mort de la fille ;
il n'existait pas chez le centurion, dont le serviteur se trouvait encore dans le même état (1).

Ce qui a détourné principalement les interprètes modernes d'identifier les trois récits, c'est la crainte de présenter
par là Jean comme un écrivain qui n'aurait pas bien saisi la
scène, et qui même en aurait omis le trait essentiel (2). Il
faudrait donc, s'ils voulaient à tout prix tenter une conciliation, s'attacher à montrer que le quatrième évangile est
celui dont le récit se rapproche le plus du fait primitif.
C'est cette supposition que nous allons immédiatement examiner, en considérant les récits en eux-mêmes. Si, dans le
quatrième évangile, celui qui fait la demande est un *seigneur de la cour*, βασιλικὸς, et non un *centenier*, ἑκατόν-

<hr>

(1) Comp. De Wette, exeg. Handb,
I, 1, S. 83 ; Neander, qui suit Luc dans
cette circonstance aussi, cherche à rendre concevable le changement de volonté
du capitaine (S. 528) ; on peut voir dans
son livre si c'est avec succès.

(2) Tholuck, sur ce passage ; Hase,
§ 68, Num. 2.

τχρχος, comme dans les autres évangiles, c'est une particularité qui est indifférente, et dont on ne peut rien conclure,
ni pour l'une ni pour l'autre partie. Il en est de même relativement à la divergence touchant la position du malade à
l'égard de celui qui fit la demande. Cependant, si, au sujet
de ce dernier point, on se demande laquelle des trois désignations est la plus propre à avoir donné naissance aux autres, on admettra difficilement que le υἱὸς (*filius*) de Jean
soit devenu en progression décroissante, d'abord, d'une
manière indécise, un παῖς (*puer*), puis un δοῦλος (*servus*);
et même une progression inverse et croissante est ici moins
vraisemblable qu'un terme moyen, à savoir que, du mot indécis, παῖς (= נער), que nous lisons dans le premier évangile,
on fit, dans deux directions, un esclave comme chez Luc, un
fils comme chez Jean. La désignation de l'état où se trouvait
le patient, est, ainsi que nous l'avons déjà remarqué, chez
Jean comme chez Luc, un renchérissement sur celle de
Matthieu, et par conséquent elle est postérieure. La diffé-
férence relative à la localité, au point de vue actuel de la
critique comparative, serait, sans aucun doute, jugée de
la manière suivante : on dirait que, dans la tradition où les
synoptiques puisèrent, le lieu d'où Jésus opéra le miracle
se confondit avec celui où gisait le malade ; que Cana, moins
connu, fut absorbé par Capharnaüm plus célèbre, et
que Jean, qui avait été témoin oculaire, conserva une
notion plus exacte des lieux. Mais cela ne paraît être ainsi
qu'autant que l'on suppose dès l'abord que le quatrième
évangéliste a été témoin oculaire. Si, comme on le doit, on
cherche uniquement, dans la nature des récits, un motif
de décision, on trouve un tout autre résultat. Il s'agit ici
d'une guérison à distance, dans laquelle le miracle paraît
d'autant plus grand, que l'intervalle entre le guéri et la
guérison est plus considérable ; or, la tradition orale, en
propageant la narration, aura-t-elle eu de la tendance à di-

minuer la distance, et par conséquent le miracle? et faudra-
t-il voir le récit original dans celui de Jean, qui rapporte
que la guérison fut opérée par Jésus d'un lieu d'où le seigneur de la cour n'arrive que le lendemain auprès de la personne guérie, tandis que le récit transformé par la tradition sera
celui des synoptiques, qui rapportent que Jésus se trouvait
dans la même ville que le serviteur malade? Il n'y a de conforme à l'esprit légendaire que la proposition inverse, et ici encore le récit de Jean porte la marque d'un récit de seconde
main. Ce qui a particulièrement le caractère de la fiction,
c'est la ponctualité avec laquelle, dans le quatrième évangile,
l'heure de la guérison est déterminée. Les simples paroles
de Matthieu qui se trouvent d'ordinaire à la fin des histoires
de guérison, *il fut guéri à l'heure même*, ἰάθη ἐν τῇ ὥρᾳ
ἐκείνῃ, sont devenues une question du père, qui s'informe
à quelle *heure il y a eu du mieux*, ὥρα ἐν ᾗ κομψότερον ἔσχε,
une réponse des serviteurs qui disent que *la fièvre l'a quitté
la veille à la septième heure*, ὅτι χθὲς, ὥραν ἑβδόμην, ἀφῆκεν
αὐτὸν ὁ πυρετὸς, et enfin la constatation que le malade a été
réellement guéri *à l'heure où Jésus dit : Votre fils vit*, ἐν
ἐκείνῃ τῇ ὥρᾳ ἐν ᾗ εἶπεν αὐτῷ ὁ Ἰησοῦς· ὁ υἱός σου ζῇ. Parler ainsi,
c'est se laisser aller à une exactitude inquiète, c'est se tourmenter avec des calculs qui paraissent trahir bien plus l'effort
du narrateur qui veut certifier le miracle, que porter le caractère d'un récit tracé d'après l'événement. En faisant traiter le
seigneur de la cour, βασιλικὸς, personnellement avec Jésus,
l'auteur du quatrième évangile a conservé, plus que celui du
troisième, la simplicité primitive du récit. Cependant il offre,
ainsi que cela a été remarqué, dans les esclaves qui vont au-
devant de Jésus, quelque chose d'analogue à la seconde ambassade de Luc. Mais, quant à la différence principale, c'est-à-
dire celle qui est relative au caractère moral du suppliant, on
pourrait, en employant notre propre règle, donner la préférence à Jean sur les deux autres narrateurs ; car, si le récit

le plus légendaire est celui qui montre une tendance à grossir ou à embellir, on pourrait dire que le suppliant qui, d'après Jean, est passablement faible de foi, est devenu un modèle de foi chez les synoptiques. Mais la légende ou un narrateur qui travaille en poëte, ne tend à embellir les récits que dans ce qui se rapporte à son but principal, lequel, dans les évangiles, est la glorification de Jésus; et, pour cette raison, on trouvera que l'embellissement est, à deux égards, du côté du quatrième évangile. D'abord, comme il importait surtout de relever la supériorité de Jésus par le contraste de ceux qui avaient affaire à lui, l'évangéliste a pu avoir intérêt à représenter le suppliant plutôt faible que fort de foi; cependant, la réponse qu'il met dans la bouche de Jésus, *si vous ne voyez pas des signes et des prodiges, vous ne croirez donc pas*, ἐὰν μὴ σημεῖα καὶ τέρατα ἴδητε, οὐ μὴ πιστεύσητε, a pris trop de rudesse, car elle a mis dans l'embarras la plupart des interprètes. En second lieu, il pouvait paraître messéant que Jésus, ayant d'abord résolu d'entrer dans la maison du malade, s'en laissât détourner ensuite, et parût ainsi obéir à une influence étrangère; on pouvait croire plus convenable de dire que la guérison à distance avait été son dessein primitif, et qu'elle n'était pas, chez lui, l'effet de la suggestion d'autrui; et si, comme le disait la tradition, le suppliant avait encore prononcé quelques paroles, elles devaient prendre une direction opposée à celle qu'elles ont dans les synoptiques, c'est-à-dire inviter Jésus à entrer dans la maison.

Si l'on demande maintenant comment cet événement fut possible et comment il s'opéra, l'explication naturelle croit se tirer le plus facilement du récit du quatrième évangile. Ici, remarque-t-on, Jésus ne dit rien qui indique qu'il veuille procurer la guérison du malade; il assure seulement au père que la vie de son fils est hors de danger (ὁ υἱός σου ζῇ), et le père, trouvant que l'amélioration de l'état de son fils a coïncidé avec le temps où il avait parlé avec Jésus, ne conclut pas non plus que Jésus ait opéré la guérison à distance. Cette histoire prouve uniquement, que Jésus, à l'aide de connaissances approfondies dans la séméiotique, était capable, l'état d'un malade lui étant décrit, de porter un juste pronostic sur le cours de la maladie. Si l'évangéliste n'a pas rapporté cette description, il ne s'ensuit pas que Jésus ne se la soit pas fait donner; cette preuve de savoir est appelée un *signe*, σημεῖον (V. 54), attendu qu'elle était un indice d'une habileté de Jésus que Jean n'avait point encore signalée, à savoir, le talent de prédire la guérison d'un homme dangereusement malade (1). Mais, indépendamment de cette fausse interprétation du mot *signe*, σημεῖον, et de cette introduction, en contrebande, d'un dialogue dont le texte ne dit rien, cette manière de considérer la chose place le caractère et même le jugement de Jésus dans le jour le plus douteux. Puisque nous regarderions comme imprudent le médecin qui, ayant examiné lui-même un fébricitant que l'on tiendrait pour moribond dans le moment même, en garantirait la guérison, et hasarderait par là sa réputation, avec combien plus de raison ne trouverions-nous pas que Jésus aurait agi avec témérité, si, sur la seule description d'un homme qui n'était pas médecin, il eût assuré que le malade ne courait aucun danger! Nous ne pouvons admettre en lui une pareille conduite, non sans doute à cause d'idées orthodoxes, mais parce qu'elle serait en contradiction avec sa manière d'être et avec l'impression que son caractère laissa parmi les contemporains. Si donc Jésus n'a fait que prédire la guérison du fébricitant sans l'effectuer, il a dû en être assuré d'une manière plus positive que par des conjectures naturelles, il a dû en avoir connaissance par voie

____

(1) Paulus, Comm. 4, S. 253 f.; Venturini, 2, S. 140 ff. Comparez Hase, § 68.

surnaturelle. C'est la tournure qu'un des plus récents interprètes de Jean a essayé de donner à ce récit : il pose la
question de savoir si nous avons ici un miracle de la science
ou de la puissance, et, comme il n'y est nulle part question
de l'action immédiate de la parole de Jésus, comme, d'ailleurs, le quatrième évangile se plaît particulièrement à relever le savoir supérieur de Jésus, Lücke se décide à penser
que Jésus, par le moyen de sa nature supérieure, a simplement su que, au moment où il parlait, la nature triomphait
de la maladie (1). Mais, si notre évangile s'attache souvent
à relever le savoir supérieur de Jésus, cela ne prouve rien
ici, car il appelle non moins souvent l'attention sur sa puissance supérieure. De plus, quand il s'agit du savoir surnaturel de Jésus, cela est d'ordinaire clairement indiqué
(*voy.* 1, 49; 2, 25; 6, 64); et Jean, s'il avait entendu
parler d'une connaissance surnaturelle de la guérison du
malade déjà effectuée, aurait fait tenir à Jésus un langage analogue à celui qu'il tint à Nathanaël, par exemple Jésus aurait
dit au père qu'il voyait son fils sur son lit et dans un état
déjà meilleur. Non seulement il n'est pas question de savoir
supérieur, mais encore une action miraculeuse est indiquée
avec une clarté suffisante. En effet, si l'on rapporte la guérison soudaine d'un homme *près de mourir*, μέλλων ἀποθνήσκειν, on veut tout d'abord savoir la cause qui a amené
ce changement inattendu ; et, quand un narrateur qui, ailleurs, rapporte des miracles opérés par la parole de celui dont
il raconte les actes, dit que ce dernier donna l'assurance que
le malade vivait, rien ne peut empêcher de reconnaître que
ce narrateur a voulu attribuer la cause du changement favorable à la parole prononcée, si ce n'est un désir erroné
de diminuer le merveilleux de la narration (2).

---

(1) Lücke, 1, p. 550 seq.   (2) Comparez De Wette, sur ce passage.

Dans le récit des synoptiques, on ne peut pas s'en tirer avec un simple pronostic, car le père y demande une action curative (Matth., V. 8), et Jésus aceède à sa prière (V. 13). Cela, joint à l'éloignement qui rendait impossible toute action physique et psychique de Jésus sur le malade, semblait couper court à l'explication naturelle, si une particularité de la narration n'avait offert une ressource inattendue : c'est la comparaison que le centurion établit entre lui-même et Jésus. Lui, n'a qu'à prononcer une parole pour voir les ordres exécutés par ses soldats et ses serviteurs, de même il n'en coûterait qu'un mot à Jésus pour rendre la santé à son esclave malade. On a torturé cette comparaison de manière à y trouver, tant du côté du centurion que du côté de Jésus, l'intermédiaire de personnes humaines. En conséquence, d'après ces auteurs, le centurion a voulu seulement représenter à Jésus qu'il n'avait qu'à dire un mot à un de ses apôtres pour que celui-ci l'accompagnât et guérît son esclave, ce qui fut réellement fait aussitôt (1). Mais, comme ce serait la première fois que Jésus aurait fait opérer des guérisons par ses apôtres, et la seule fois qu'il leur aurait donné directement la mission de guérir tel malade, comment cette circonstance spéciale pourrait-elle être tacitement supposée dans le récit de Luc ordinairement si détaillé? Pourquoi cet écrivain, qui n'est pas avare de développements dans le reste du discours des messagers, épargne-t-il une couple de paroles qui auraient tout expliqué, si aux mots *dites une parole*, εἰπὲ λόγῳ, il avait ajouté *à un de vos disciples*, ou quelque chose de semblable? Mais c'est surtout à la fin de la narration où le résultat est annoncé, que l'explication naturelle tombe dans le plus grand embarras, non seulement par le silence des narrateurs, mais encore par une particularité positive que Luc raconte. Luc, en effet, termine en

____

(1) **Paulus, exeg. Handb.,** 1, b, S. 710 f.; Natürliche Geschichte, 2, S. 285 ff.

disant que les amis du centurion, revenus chez lui, trouvèrent son serviteur déjà guéri ; or, si, comme le veut cette explication, Jésus le guérit en envoyant avec les messagers un
ou plusieurs de ses apôtres, le malade ne put commencer à
se rétablir que du moment où les messagers furent entrés
dans la maison avec les apôtres, mais ils ne purent pas le
trouver rétabli dès leur arrivée. Paulus, à la vérité, suppose
que les messagers s'arrêtèrent encore quelque temps à écou-
ter les discours de Jésus, et qu'ainsi les apôtres arrivèrent
avant eux. Mais il s'abstient d'expliquer comment les messagers se sont arrêtés avec si peu de nécessité, et comment
l'évangéliste a tu, non seulement la mission des apôtres, mais
encore le retard des messagers. Maintenant, pour ce qui répond du côté de Jésus aux soldats du centurion, que l'on
suppose des démons auteurs de maladie (1), ou des anges
serviables (2), ou simplement la parole et les forces curatives de Jésus (3), dans tous les cas il nous reste une action
miraculeuse à distance.

Un second exemple d'une guérison à distance est commun
au premier et au second évangiles (Matth., 15, 22 seq.
Marc, 7, 25 seq.) Sur la frontière de Phénicie, une femme
païenne pria Jésus de secourir sa fille possédée ; il objecta
d'abord sa vocation exclusive pour le peuple d'Israël, mais,
la mère persistant à l'implorer humblement, il accorda à la
force de sa foi l'accomplissement de son désir, accomplissement qui se manifesta aussitôt par la guérison de la fille.
Ce récit a déjà été examiné pour un premier point, c'est-à-
dire le refus préliminaire de Jésus, dans les recherches consacrées au plan messianique de Jésus (4). Il vient d'en
être question pour un second point, c'est-à-dire l'état de

____

(1) C'est ce qu'ont dit jadis les Ho-
mélies clémentines, 9, 21, et ce que répète Fritzsche, in Matth., 343.

(2) Wetstein, N. T. 1, p. 349. Comparez Olshausen sur ce passage.
(3) Köster, Immanuel, S. 195, Anm.
(4) T. 1, § 66.

possession de la malade (1); enfin, quant au troisième point, c'est-à-dire la guérison à distance par la simple parole et par la volonté de Jésus, il faut la rapprocher de l'histoire du serviteur malade ou du fils malade de l'employé de Capharnaüm.

D'après l'aveu des interprètes mêmes qui, d'ordinaire, ne redoutent pas le merveilleux, ce mode d'opérer de Jésus a cela de particulièrement difficile, que, Jésus n'étant pas présent, et l'influence salutaire qu'il exerçait sur le malade faisant défaut, toute possibilité nous est ôtée de concevoir cette guérison par une analogie prise dans la nature (2). D'après Olshausen, cette action à distance a, il est vrai, ses analogies, à savoir, dans le magnétisme animal (3). Je ne veux pas contester absolument cette assertion; seulement j'appellerai l'attention sur les limites qui, autant que je sache, circonscrivent toujours ce phénomène en tant que magnétique. D'après les expériences connues jusqu'ici, l'action à distance ne peut être exercée sur la personne en somnambulisme que par le magnétiseur ou par un autre individu qui est en rapport magnétique avec le somnambule; par conséquent, l'action à distance a dû toujours être précédée d'un contact immédiat; et dans nos récits il n'est pas dit que rien de pareil se fût passé entre Jésus et le malade. Ou bien, un pareil pouvoir, si tant est que les faits soient véritables, n'est possédé que par les somnambules eux-mêmes, ou par d'autres personnes à système nerveux dérangé, ce qui ne peut en aucune façon s'appliquer à Jésus. Une pareille guérison de personnes éloignées, telle qu'elle est attribuée à Jésus dans nos narrations, dépasse de beaucoup les limites les plus extrêmes de l'action naturelle du magnétisme et d'autres phénomènes analogues, et brise tout fil qui

____

(1) T. 2, § 89 et suivants.   (3) Bibl. Comm., 1, S. 264.

(2) Lücke, 1, p. 550; Weisse, l. c., S. 526 f.

pourrait y conduire ; et ces récits, en tant qu'ils prétendent à une valeur historique, font de Jésus un être surnaturel ; mais, avant de nous représenter un tel être comme réel, nous devons, au point de vue critique où nous sommes placés, prendre la peine de rechercher préalablement si ces récits n'ont pas pu se former, même sans fondement historique. Nous y sommes d'autant plus autorisés, qu'ils contiennent des éléments légendaires, ce que l'on reconnaît, au moins pour le premier de ces récits, par les différentes formes qu'il a reçues dans les trois évangiles. Et d'abord, on comprend sans peine que la guérison merveilleuse que Jésus opérait en touchant le malade, et dont nous avons un exemple chez le lépreux (Matth. 8, 3), et chez les aveugles (Matth. 9, 29), a pu, par une progression croissante qui se présentait naturellement, devenir une guérison de personnes présentes à l'aide de la simple parole, comme on le voit chez les lépreux (Luc 17, 14) et chez d'autres malades, puis devenir enfin la guérison de personnes même éloignées, à l'aide d'une simple parole. L'Ancien Testament offrait d'avance l'analogue de ce genre de miracle. Le général syrien Naaman (2. Reg. 5, 9 seq.) se présente devant la demeure du prophète Elisée pour se faire guérir de la lèpre ; celui-ci ne sortit pas pour l'aller trouver ; il se contenta de lui envoyer un messager, et de lui prescrire de se baigner sept fois dans le Jourdain. Cette conduite mécontenta tellement le Syrien, que, sans donner aucune attention à l'injonction du prophète, il voulait s'en retourner, déclarant qu'il avait espéré que le prophète s'approcherait de lui, et passerait, en invoquant le nom de Dieu, la main sur l'endroit malade ; mais que, puisque le prophète, sans rien opérer sur lui, l'envoyait au Jourdain, il perdait courage ; que, s'il ne fallait que de l'eau, il en pourrait avoir plus commodément chez lui qu'ici. Le traitement régulier (cela se voit par ce passage de l'Ancien Testament) qu'on attendait d'un prophète, c'était que, présent, il guérît par un contact corporel, mais on ne supposait pas également qu'il pût guérir à distance et sans contact. Cependant ce fut de cette dernière façon qu'Elisée opéra la cure du général lépreux : car, pas plus que chez Jean, Ch. 9, l'ablution n'eut d'importance pour le malade ; la guérison fut uniquement le résultat de la puissance miraculeuse du prophète, qui trouva bon d'en rattacher l'efficacité à cet acte extérieur, et qui, en guérissant à distance, montra qu'il était un prophète doué de dons particuliers. Or, était-il possible que, sur ce point aussi, le Messie lui cédât quelque chose ? On voit donc que nos récits du Nouveau Testament sont des contre-épreuves nécessaires de ceux de l'Ancien. De même que, dans l'Ancien Testament, le malade ne veut pas croire à la possibilité de son rétablissement si le prophète ne sort pas de sa maison pour s'approcher de lui, de même ici, d'après l'une des relations de la première histoire, celui qui prie pour le malade, doute de la possibilité de la cure, si Jésus n'entre pas dans la maison ; d'après l'autre relation, au contraire, il est, même sans cela, persuadé de l'efficacité de la force curative de Jésus ; et les deux fois, Jésus, dans les évangiles comme le prophète dans l'Ancien Testament, réussit à accomplir ce miracle particulièrement difficile (1).

§ XCVI.

Guérisons pendant les jours de sabbat.

Jésus, d'après les évangiles, excita un grand scandale, en opérant non rarement ses miracles de guérison le jour du sabbat. Un exemple en est commun aux trois synoptiques, deux appartiennent en propre à Luc, et deux à Jean.

(1) **Weisse**, ici comme ailleurs, aime mieux faire dériver le récit non historique des miracles, d'une parabole de Jésus mal comprise (S. 526 f.) ; mais il ne nous donne pas une idée nette de cette parabole.

Dans le récit commun aux trois premiers évangélistes,
deux cas de profanation prétendue du sabbat sont réunis :
la récolte d'épis faite par les apôtres (Matth. 12, 1 et passages parallèles), et la guérison de l'homme qui avait la
main desséchée, opérée par Jésus (V. 9 seq. et passages
parallèles). Après avoir raconté ce qui s'était passé en plein
champ au sujet de la récolte des épis, les deux premiers
évangélistes continuent, comme si Jésus, immédiatement
après cette scène, s'était rendu dans la synagogue du même
lieu qui n'est pas désigné précisément, et, à l'occasion de
la guérison de l'homme à la main desséchée, y avait eu de
nouveau une controverse sur la sanctification du sabbat.
Mais, évidemment, ces deux histoires ne furent rapprochées
dans l'origine qu'à cause de la similitude de l'objet auquel
elles sont relatives ; aussi faut-il louer Luc d'avoir rompu
expressément toute connexion chronologique entre les deux,
en ajoutant les mots *dans un autre sabbat,* ἐν ἑτέρῳ σαββάτῳ (1). Il n'est pas besoin de beaucoup s'étendre pour
décider lequel des évangélistes a conservé le plus fidèlement
le récit primitif; une seule remarque suffit : si la question prêtée par Matthieu aux Pharisiens qui demandent s'il
est permis de guérir un jour de Sabbat, est désignée par des
théologiens comme un morceau d'un dialogue fait à plaisir (2), ce reproche peut être, à aussi juste titre, adressé
à la même question que les deux évangélistes intermédiaires
prêtent à Jésus, et de plus on peut les accuser d'avoir imaginé les détails dramatiques de la description tant louée (3)
où ils représentent Jésus faisant avancer le malade au
milieu de l'enceinte, et promenant ensuite autour de lui
un regard réprobateur.

L'affection du malade était, d'après les récits concor-

---

(1) Schleiermacher, über den Lukas,
S. 80 f.

(2) Schneckenburger, über den Ursprung u. s. f. S. 50.

(3) Schleiermacher, l. c.

dants, une *main sèche*, χεὶρ ξηρὰ, ou *desséchée*, ἐξηραμ-μένη. Quelque indécise que soit cette désignation, cependant l'explication naturelle se met trop à l'aise quand elle entend par ces mots, ou, avec Paulus, une main seulement endommagée par la chaleur (1), ou même, d'après l'expression de Venturini, une main démise (2). Si, pour préciser la signification du terme employé dans le Nouveau Testament, nous nous reportons, comme cela doit être, à l'Ancien, nous trouvons (1. Reg. 13, 4) qu'une main qui, dans l'acte de l'extension, *se dessèche*, ἐξηράνθη (ותיבש), est représentée comme incapable d'être ramenée auprès du corps, de sorte qu'il faut entendre ici une paralysie, une rigidité de la main, et en même temps une dessiccation et un amaigrissement du membre, comme on le voit en comparant l'expression *se sécher*, ξηραίνεσθαι, appliquée à un épileptique (Marc, 9, 18) (3). Ceux qui prétendent que Jésus traita cette affection et d'autres par des moyens naturels, trouvent un argument très spécieux dans le récit que nous examinons ici. On ne défendait, disent-ils, le jour du sabbat, qu'un traitement qui exigeait une occupation quelconque ; par conséquent les Pharisiens, s'ils pensaient comme cela est dit ici, que Jésus transgressa les lois du sabbat par une cure, ont dû savoir qu'il guérissait habituellement, non pas par de simples paroles, mais par des médicaments et des opérations chirurgicales (4). Cependant il faut remarquer, comme Paulus lui-même le dit ailleurs, que, le jour du sabbat, la guérison, même par une conjuration d'ailleurs licite, était défendue (5); il faut remarquer encore que, entre les écoles de Hillel et de Schammai, on controversait la question de savoir s'il était permis, même de consoler seulement les malades le jour du sab-

(1) Exeg. Handb., 2. S. 48 ff.
(2) Natürliche Geschichte, 2, S. 421.
(3) Winer, bibl. Realw. , 1, S. 796.
(4) Paulus, l. c., S. 49, 54; Köster, Immanuel, S. 185 f.
(5) L. c., S. 83, ex Tract. Schabbat.

bat (1); il faut enfin remarquer que, d'après l'observation même de Paulus, les anciens rabbins étaient, sur le point du sabbat, plus rigoureux que ceux de qui proviennent les écrits que nous possédons sur cet objet (2). Tout cela conduit à penser que les guérisons de Jésus, procurées même sans l'intervention de moyens naturels, ont pu être placées par des Pharisiens chicaneurs dans la catégorie des infractions au sabbat. Quant à l'objection principale que l'on fait contre l'explication rationaliste, à savoir que les évangiles ne parlent pas de moyens naturels, Paulus croit y répondre dans ce cas particulier en disant que, à la vérité, aucun de ces moyens ne fut employé dans la synagogue ; que Jésus se fit montrer la main pour voir comment les remèdes prescrits jusqu'alors par lui (les rationalistes en imaginent donc) avaient agi; qu'il trouva, examen fait, le membre déjà rendu à l'état de santé ; et que le mot dont se servent tous les évangélistes, ἀποκατεστάθη, signifie une guérison opérée antérieurement, et non une guérison qui s'opéra à l'instant même. Mais ici l'aoriste ne peut que signifier : la main *fut guérie* (au moment même), à savoir par la parole de Jésus que les évangélistes rapportent, et non par des moyens naturels que les commentateurs sont les seuls à imaginer (3).

La *main sèche*, χεὶρ ξηρὰ, appartient donc aux paralysies, sur lesquelles le contact d'un homme doué de vertus magnétiques (ce dont au reste il n'est rien dit), et peut-être même une simple exaltation de foi chez le malade, peuvent agir d'une façon salutaire, comme nous l'avons déjà remarqué. Ainsi on pourrait ici essayer d'arranger une explication naturelle d'une espèce plus raffinée ; cependant il faut se demander si l'analogie de la narration déjà citée de l'Ancien Testament

----

(1) Schabbat, f. 12, 1, dans Schöttgen, 1, p. 123.

(2) Dans le passage cité en dernier lieu.

(3) Fritzsche, in Matth., p. 427; in Marc, p. 79; De Wette, exeg. Handb., 1, 1, S. 115.

(1. Reg. 13, 1 seq.) ne rend pas plus vraisemblable l'origine mythique de l'anecdote évangélique. Lorsqu'un prophète de Juda menaça Jéroboam, qui sacrifiait aux idoles, d'anéantir son autel et son culte, et lorsque le roi, étendant la main, ordonna de saisir le prophète de malheur, cette main se dessécha soudainement, de sorte que le prince impie ne put plus la retirer, et l'autel s'écroula. Mais, sur la demande du roi, le prophète pria Jehovah de rendre à la main son état primitif; le roi put la ramener vers lui, elle fut comme elle était auparavant (1). Paulus aussi tient compte de cette narration, mais seulement pour y appliquer son mode d'explication naturelle, en remarquant que la colère de Jéroboam avait pu facilement produire, dans la main étendue avec vivacité, une impuissance spasmodique et momentanée des muscles. Mais, qui ne voit que nous avons ici une légende destinée à glorifier les prophètes prédicateurs du monothéisme, et à stigmatiser le culte juif des idoles dans la personne de son auteur, Jéroboam? L'homme de Dieu prédit à l'autel de l'idole une ruine prompte et miraculeuse; le roi idolâtre étend une main coupable contre l'homme de Dieu; la main s'engourdit; l'autel s'écroule dans la poussière, et l'intercession du prophète est seule capable de rendre au roi la santé. Qui peut, ici où l'on a sous les yeux un mythe évident, discuter sur la manière miraculeuse ou naturelle dont les choses se sont passées? Il est dès lors loisible de conjecturer que l'imitation du récit de l'Ancien Testament s'est étendue à notre récit évangélique, avec cette dif-

---

(1) 1. Reg. 13, 4, LXX : Et voilà que sa main se dessécha... Καὶ ἰδοὺ ἐξηράνθη ἡ χείρ αὐτοῦ...

6 : Et il ramena la main du roi vers lui, et elle fut comme elle était auparavant. Καὶ ἐπέστρεψε τὴν χεῖρα τοῦ βασιλέως πρὸς αὐτὸν, καὶ ἐγένετο καθὼς τὸ πρότερον.

Matth. 12, 10 : Et il s'y trouva un homme qui avait une main sèche. Καὶ ἰδοὺ ἄνθρωπος ἦν τὴν χεῖρα ἔχων ξηρὰν (Marc. ἐξηραμμένην).

13 : Alors il dit à cet homme : « Étendez votre main; » il l'étendit, et elle devint aussi saine que l'autre. Τότε λέγει τῷ ἀνθρώπῳ· ἔκτεινον τὴν χεῖρά σου· καὶ ἐξέτεινε· καὶ ἀποκατεστάθη ὑγιὴς ὡς ἡ ἄλλη.

férence toutefois, que, conformément à l'esprit du christianisme, le desséchement de la main n'y apparaît pas comme
un miracle vengeur, mais y est représenté comme une maladie naturelle dont la guérison seulement, et non la production, est attribuée à Jésus. De même encore, tandis
que l'extension de la main figure dans l'Ancien Testament
comme la cause criminelle de la maladie, et comme une punition permanente, et que, par conséquent, l'adduction est
présentée comme le signe de la guérison, dans l'évangile la
main qui, jusque là, avait été dans un état d'adduction
morbide, peut être de nouveau étendue après la guérison
accomplie. A cette époque, dans l'Orient, on attribuait aux
favoris des dieux le pouvoir d'opérer de pareilles guérisons;
nous le voyons dans un récit déjà cité, où l'histoire rapporte que Vespasien, outre la guérison d'un aveugle,
opéra aussi la guérison d'une main malade (1).

Au reste, ce n'est pas pour le miracle en lui-même que les
évangélistes rapportent cette histoire : l'objet principal, c'est
que la cure a été faite un jour de sabbat; et tout le trait de
l'anecdote est dans les mots par lesquels Jésus justifie contre
les Pharisiens l'exercice de sa puissance curative pendant le
sabbat. Chez Luc et chez Marc, il répond en demandant ce
qui convient le mieux pour un jour de sabbat, de faire du
bien ou du mal, de conserver ou de détruire une vie. Chez
Matthieu, outre une portion de ce discours, il allègue le
dicton sur la brebis qui tombe dans une fosse et que l'on en
retire un jour de sabbat. Luc, qui n'a pas ici cet apophthegme,
le met dans la bouche de Jésus à l'occasion de la guérison d'un
hydropique, ὑδρωπικὸς (14, 5), avec cette différence, qu'au
lieu d'une *brebis*, πρόβατον, il s'agit d'un *âne ou d'un
bœuf*, ὄνος ἢ βοῦς, et d'un puits au lieu d'un fossé; récit qui,
du reste, frappe par sa ressemblance avec celui que nous

(1) Tacit. Histor., 4, 81.

examinons. Jésus dîne chez un chef des Pharisiens où on l'observe comme on l'observait dans la synagogue d'après les deux évangélistes intermédiaires (ici : ἦσαν παρατηρούμενοι, là : παρετήρουν). Un hydropique est présent, comme l'était plus haut un homme à la main desséchée. De même que, dans l'histoire de la main malade, les Pharisiens, d'après Matthieu, demandant à Jésus *s'il est permis de guérir un jour de sabbat*, εἰ ἔξεστι τοῖς σάββασι θεραπεύειν, Jésus, d'après Marc et Luc, leur demande s'il est permis de sauver une vie un jour de sabbat, etc., de même, dans l'histoire de l'hydropique, Jésus leur propose la question de savoir *s'il est permis de guérir un jour de sabbat*, εἰ ἔξεστι τῷ σαββάτῳ θεραπεύειν; sur quoi, dans l'une comme dans l'autre histoire, les Pharisiens interrogés gardent le silence (dans l'histoire de la main, Marc : οἱ δὲ ἐσιώπων; dans l'histoire de l'hydropique, Luc : οἱ δὲ ἡσύχασαν). Enfin le dicton sur l'animal tombé dans le puits sert d'épilogue à la guérison, comme chez Matthieu il avait servi de prologue. Luc a encore un troisième récit très semblable qui lui est propre (13, 10 seq.) : Jésus enseigne, comme dans la première histoire, un jour de sabbat, au milieu d'une synagogue ; il s'y trouve une femme, qui, depuis dix-huit ans, par l'effet d'un *esprit de maladie*, πνεῦμα ἔχουσα ἀσθενείας, était tellement courbée qu'elle ne pouvait plus se redresser. Jésus l'appela à lui, lui annonça qu'elle serait délivrée de son mal, et lui imposa les mains ; aussitôt elle se redressa et loua Dieu. Mais le président de la synagogue enjoint avec colère au peuple de se faire guérir les jours de la semaine, et non le jour du sabbat, sur quoi Jésus lui répond en lui demandant à son tour, si chacun, un jour de sabbat, ne détache pas de la crèche son bœuf ou son âne, et ne le conduit pas à l'abreuvoir.

Ces trois histoires ont une ressemblance toute spéciale. Si les personnes guéries et les maladies diffèrent, la position dans laquelle Jésus opère la guérison, et l'application morale qu'il en fait sont identiques, même dans la forme. Il est donc naturel de demander si nous avons ici trois histoires différentes ou seulement des variations différentes d'une seule et même histoire, ou enfin, si du moins nous pouvons admettre que trois événements qui, dans l'origine, n'étaient pas aussi semblables, ont été assimilés l'un à l'autre dans la tradition. Sans doute, avec la manière de voir que Jésus avait sur la célébration du sabbat en opposition à celle des Pharisiens, avec la disposition où il était d'employer à la guérison des maladies la force particulière qu'il possédait, le cas qui fait la base de nos trois récits put se représenter plus d'une fois : sans doute encore Jésus put trouver bon de répéter la sentence frappante relative aux soins que les animaux domestiques exigent le jour du sabbat, et de la répéter avec les modifications que nous avons remarquées dans les trois histoires ; cela n'est pas contestable. Toutefois, comme tout roule ici, non sur une guérison particulière, mais sur le jour où elle fut opérée, et sur l'attaque et la justification dont elle fut l'objet, on ne peut nier, non plus, la possibilité de modifications que la tradition aurait fait subir à ces circonstances accessoires, et la création de cadres différents propres à recevoir l'apophthegme immortel et vraiment populaire sur l'animal domestique qu'il faut sauver ou panser, même un jour de sabbat. Une circonstance vient à l'appui de cette dernière hypothèse, c'est que le premier des trois récits semblables, celui de la main sèche, est seul commun aux synoptiques, tandis que Luc est l'unique garant des deux autres. Et, à leur tour, ces deux autres, qui ne sont séparés que par un court intervalle, ont une similitude tellement frappante, que Schleiermacher juge que, si le second de ces deux récits provenait originairement du même auteur que le premier, cet auteur se serait nécessairement abstenu de le reproduire, et s'en serait référé au premier ; que, puisqu'il n'en est pas ainsi, il faut admettre que Luc a puisé, à deux sources écrites dif-

férentes, les deux récits qu'il a consignés dans son évangile (1).
Mais dans ce cas, combien n'est-il pas possible que l'objet
de la célèbre guérison dans un jour de sabbat ait été désigné
à l'une des autorités de Luc comme étant une femme courbée, et à l'autre un homme hydropique! On pourrait sans
doute concevoir que ces deux malades, de même que l'homme
à la main desséchée, aient été tous réellement guéris par
Jésus, et que la légende n'ait manifesté sa force assimilatrice
qu'en transportant toutes ces guérisons dans un jour de
sabbat. C'est le dernier point de vue sous lequel il nous
faut examiner ces guérisons; et, à cet égard, nous deman-
derons si toutes, ou seulement quelques unes, et dans ce cas
laquelle, peuvent être conçues comme vraies historiquement.
Nous avons déjà vu au sujet de la main desséchée qu'une
guérison magnétique et psychologique de cet état n'est pas
inconcevable; mais nous avons également trouvé possible
que tout ce récit eût une origine mythique, et eût été formé
sur le modèle d'une histoire de l'Ancien Testament. La
guérison de la femme courbée admet également une conception historique; et pour celle-ci nous n'avons pas, comme
nous avions pour l'autre, un motif de chercher une origine mythique; mais la durée de la maladie (dix-huit
ans) est une condition qui fait difficulté. Quant à la
guérison de l'hydropique, elle offre des obstacles à peine
surmontables. Ici, en effet, il ne s'agit pas seulement, comme
dans les deux autres cas, d'une disposition morbide, mais
il s'agit (si la maladie est décrite avec exactitude) d'une
matière morbide, d'un liquide amassé sous la peau, dont on
ne peut concevoir la disparition subite que par une opération
chirurgicale (2). ou par un miracle, dans le sens rigoureux
de ce mot. Or nous excluons tout d'abord cette dernière explication; mais la première est contraire au mode de pro-

(1) Ueber den Lukas, S. 196.   (2) Comparez l'explication naturelle
de Paulus, exeg. Handb., 2, S. 341 f.

céder que suivait ordinairement Jésus. Nous ne pouvons donc considérer ce récit tel qu'il se comporte, comme un récit fidèlement historique, mais nous devons y voir une élaboration libre du thème des guérisons pendant le jour du sabbat.

Des deux guérisons opérées le jour du Sabbat, que le quatrième évangile rapporte, nous avons déjà considéré l'une avec les guérisons d'aveugles; la seconde (5, 1 seq.) admissible parmi les guérisons des paralytiques, a pu, attendu que le malade n'y a pas reçu cette qualification, être réservée pour ce chapitre. Sous les galeries de l'étang de Béthesda, à Jérusalem, Jésus trouva un homme malade depuis trente-huit ans; c'était un paralytique, comme on le voit par la suite du récit. Jésus, d'un seul mot, le mit en état de se lever et de remporter son lit; mais, comme c'était un jour de sabbat, il s'attira l'inimitié des chefs juifs. Depuis Woolston (1), plusieurs ont cru se tirer de cette histoire, en disant que Jésus avait ici, non pas guéri un véritable malade, mais démasqué un malade simulé (2). Le seul motif que l'on puisse alléguer avec quelque apparence en faveur de cette explication, c'est que l'homme guéri désigna Jésus à ses ennemis comme étant celui qui lui avait commandé de porter son lit un jour de sabbat (V. 15, comparez V. 11 seq.), circonstance qui n'est explicable qu'autant que Jésus l'aurait blessé en quelque chose. Mais l'homme guéri fit cette déclaration, ou à bonne intention, comme l'aveugle de naissance (Joh. 9, 11. 25), ou du moins dans l'intention innocente de détourner de soi la faute de la transgression du sabbat, et d'en rejeter le blâme sur un plus fort que lui (3). Quant à la réalité de la maladie, et même à sa longue durée, toujours est-il que l'évangéliste y a cru, puisqu'il désigne cet homme

(1) Disc. 3.
(2) Paulus, Comm., 4, S. 263 ff. L.
J. 1, a, S. 298 ff.

(3) Voyez Lücke et Tholuck, sur ce passage.

comme *étant malade depuis trente-huit ans*, τριάκοντα
καὶ ὀκτὼ ἔτη ἔχων ἐν τῇ ἀσθενείᾳ (V. 5). Aussi Paulus, qui
d'abord avait proposé une explication forcée d'après laquelle les trente-huit ans se rapportaient à l'âge de l'homme
et non à la durée de la maladie, a été obligé récemment de
renoncer à la défendre (1). En considérant la maladie comme
feinte, on ne comprendrait pas, non plus, les paroles que
Jésus, rencontrant cet homme plus tard, lui adressa :
*Vous voyez que vous avez été guéri, ne péchez plus de
peur qu'il ne vous arrive quelque chose de pire,* ἴδε ὑγιὴς
γέγονας· μηκέτι ἁμάρτανε ἵνα μὴ χεῖρόν τί σοι γένηται (V. 14).
Paulus lui-même se voit contraint par ces paroles de supposer chez cet homme une incommodité réelle, mais peu
importante, c'est-à-dire, d'avouer que l'opinion qu'il s'est
faite de cette anecdote, est insuffisante ; il nous reste donc
ici un miracle qui n'est pas un des moindres.

Quant à la créance historique que mérite le récit, on peut,
avant tout, trouver singulier qu'un établissement de bien-
faisance aussi considérable que Béthesda d'après la description de Jean, ne soit mentionné ni par Josèphe, ni par les
rabbins (2) ; d'autant plus que l'opinion populaire ratta-
chait à cet étang une vertu curative miraculeuse (3). Mais
cela ne décide pas encore la question. La description de
l'étang renferme, il est vrai, une croyance populaire à une
fable, et cette croyance semble approuvée par le narrateur ; car, lors même que le verset 4 serait interpolé, ce qui
n'est nullement décidé (4), la supposition de la même
croyance est renfermée implicitement dans l'expression
dès que l'eau en a été agitée, ὅταν ταραχθῇ τὸ ὕδωρ (V. 7.)

---

(1) Comparez sa Vie de Jésus, 1, a, S.
298, avec son Comm., 4, S. 290.

(2) Les premiers qui en parlent sont
des écrivains chrétiens (Eusèbe et Jé-
rôme) qui, après la destruction de Jérusalem, ont pu prendre un étang quel-

conque de la localité pour celui de notre
passage.

(3) Bretschneider, Probab. S. 69.

(4) Voyez De Wette, sur ce passage.

Mais cette croyance fabuleuse rapportée par l'évangéliste ne prouve rien contre la vérité du récit, puisqu'un témoin oculaire, un apôtre de Jésus, peut l'avoir partagée. Il n'en est pas de même du reste ; un homme paralysé depuis trente-huit ans, de telle façon que, incapable de marcher, il était contraint de rester couché sur un lit, est rétabli complétement et instantanément par la parole d'un homme qui, ainsi que cela est expressément remarqué, lui était tout-à-fait inconnu. Cela dépasse, d'une manière embarrassante, tous les autres récits analogues de guérisons ; les maladies qui avaient duré le plus long-temps, sont, chez les synoptiques, une perte de douze ans, et la courbure du corps qui avait persisté dix-huit ans, et dont il vient d'être question. A la vérité, dès que l'on reconnaît comme curable de la manière indiquée dans les évangiles, une affection de ce genre, quoique d'une durée plus courte, il peut paraître arbitraire de rejeter une autre histoire, semblable du reste, uniquement pour une différence en plus, relative à la durée du mal. Mais à ce motif négatif contre la vraisemblance historique du récit, se joint un motif positif qui fait soupçonner que c'est une fiction. Cette particularité de la durée plus longue de la maladie, particularité qui suscite nos doutes, est justement caractéristique de la manière par laquelle le quatrième évangile se distingue des autres, et dont nous avons vu et verrons encore des exemples. Là où les synoptiques ont simplement des aveugles, le quatrième évangéliste a un aveugle de naissance. Au lieu de faire ressusciter par Jésus des personnes qui viennent d'expirer, il lui fait ressusciter un mort qui est depuis quatre jours dans le tombeau. Ici encore, au lieu d'avoir simplement un paralytique, il a un paralytique de trente-huit ans, progression croissante dans le merveilleux, qui, lui étant aussi habituelle qu'elle l'est, et étant aussi dépourvue de confirmation de la part des synoptiques, doit exciter le soupçon d'être une fiction. Quant à l'autre par-

ticularité de ce récit, à savoir que, parmi la multitude de
malades qui se trouvaient sous les galeries de Béthesda,
Jésus choisit celui-là seul pour le guérir, elle n'aurait jamais
dû faire difficulté (1); car la guérison de celui qui était
malade depuis le plus de temps, était non seulement particulièrement propre à glorifier la puissance miraculeuse du
Messie, mais encore elle suffisait à remplir ce but. Cependant, d'un autre côté, elle prête à une conjecture qui attaque le caractère historique du récit. Sur un grand théâtre
où sont exposées toutes les misères humaines, s'avance
Jésus, médecin sublime qui guérit les maux par des miracles, et il choisit celui qui est en proie à l'affection la plus
opiniâtre, pour donner, en le rétablissant, la preuve la plus
éclatante de sa puissance curative; célébrité, publicité,
authenticité, toutes conditions qui se retrouvent ici non
moins que dans l'histoire de l'aveugle de naissance comme
nous l'avons déjà vu, et dont le quatrième évangéliste, à la
différence des autres, se complait tant à entourer les guérisons miraculeuses de Jésus. Si l'on cédait à ce soupçon relatif
au récit qui nous occupe, on admettrait que l'évangéliste
eut une connaissance, à la vérité passablement indécise, de
pareilles cures de Jésus, et en particulier de celle du paralytique (Matth. 9, 2 seq. et passages parallèles); car la parole qui guérit, et l'effet de la guérison sont rapportés chez
Jean, presque dans les mêmes termes que chez Marc dans
l'autre histoire (2). Remarquons une similitude de plus

(1) Hase y voit une difficulté, L. J., § 92.

(2) Marc, 2, 9 : (Lequel est le plus aisé de dire....) Levez-vous, prenez votre lit et marchez? (Τί ἐστιν εὐχοπώτερον, εἰπεῖν...) ἔγειρε, ἆρόν σου τὸν χράββατον, καὶ περιπάτει.

Joh. 5, 8 : Levez-vous, prenez votre lit et allez vous en. Ἔγειραι, ἆρον τὸν χράββατόν σου, καὶ περιπάτει.

10 : Levez-vous, prenez votre lit et vous en allez dans votre maison. Ἔγειρε, ἆρόν τὸν χράββατόν σου καὶ ὕπαγε εἰς τὸν οἶκόν σου.

12 : Il se leva dans le moment, prit

9 : Au même instant cet homme fut

avec le récit des synoptiques : la guérison y paraît en même temps un acte de rémission des péchés ; et cette rémission a laissé une trace dans le récit de Jean ; car, de même que, chez les synoptiques, Jésus tranquillise le malade avant la guérison, en lui disant : *que vos péchés vous soient remis*, ἀφέωνταί σοι αἱ ἁμαρτίαι, de même chez Jean, il l'avertit après la guérison en lui disant : *ne péchez plus*, etc., μηκέτι ἁμάρτανε κ. τ. λ. Quant au jour du sabbat où fut placée cette histoire de guérison parée de tant d'ornements, une circonstance put en suggérer l'idée ; car Jésus y ordonnait au malade de remporter son lit, et cette injonction put paraître l'occasion la plus propre à susciter le reproche que ses ennemis lui adressèrent d'avoir profané le sabbat (1).

§ XCVII.

Résurrections de morts.

Les évangélistes racontent trois résurrections de morts ; l'une est commune aux trois synoptiques, une autre est propre à Luc, et la troisième l'est à Jean.

La résurrection commune aux trois synoptiques est celle qui fut opérée par Jésus sur une jeune fille, et qui est réunie dans les trois récits à l'histoire de la femme affectée d'une perte (Matth. 9, 18 seq. 23. — 26. Marc 5, 22 seq. Luc 8, 41 seq.). Dans la désignation plus précise de la jeune fille et de son père, il y a des divergences entre les synoptiques : Matthieu, sans dire le nom du père, le désigne d'une manière indécise comme *un des chefs*, ἄρχων εἷς, les deux autres, comme le chef de la synagogue, et l'appellent *Jaïrus*,

son lit, et sortit à la vue de tout le monde. Καὶ ἠγέρθη εὐθέως, καὶ ἄρας τὸν κράβ-βατον ἐξῆλθεν ἐναντίον πάντων.

guéri, et prenant son lit, il s'en allait. Καὶ εὐθέως ἐγένετο ὑγιὴς ὁ ἄνθρωπος, καὶ ἦρε τὸν κράββατον αὐτοῦ, καὶ περιεπάτει.

(1) Comparez l'opinion de Weisse, 1. S. 128 ff. ; elle est analogue.

ἰάειρος; ils ajoutent que la fille était âgée de douze ans ; Luc
dit même qu'elle était l'unique enfant de son père, double
circonstance dont Matthieu ne parle pas. Il est une autre
divergence plus considérable, c'est que, d'après Matthieu,
le père annonce tout d'abord que sa fille est morte, et en
sollicite la résurrection ; au contraire, d'après les deux
autres, il l'avait quittée encore vivante, mais à l'agonie,
pour aller chercher Jésus, et empêcher par cette intervention la mort de son enfant; et ce n'est que lorsque Jésus
est en route avec lui, que des gens sortent de sa maison et
lui annoncent que, dans l'intervalle, la jeune fille a suc-
combé, et que, désormais, tout effort de Jésus est inutile.
Les circonstances de la résurrection sont aussi décrites diffé-
remment. Matthieu ne paraît pas savoir que Jésus n'eût
pris pour témoins avec lui (ce que rapportent les deux
autres) que ses apôtres les plus intimes, Pierre et les deux
fils de Zébédée. Quelques théologiens, Storr, par exemple,
ont trouvé ces divergences assez considérables pour admettre deux cas différents, où Jésus ressuscita avec des circonstances analogues, la première fois la fille d'un chef
temporel (Matthieu), la seconde fois la fille d'un chef de
synagogue, Jaïrus (Marc et Luc) (1). Storr admet en outre (et
cela est nécessaire au point de vue où il s'est placé) que Jésus
non seulement ressuscita deux fois une jeune fille, mais encore que, les deux fois, il guérit immédiatement auparavant
une femme affectée d'une perte; or cela est une coïncidence
qui ne devient pas plus vraisemblable par la vague remarque de Storr, qui dit que des choses très semblables peuvent
se produire dans des temps différents. Il faut donc accorder
que les évangélistes ne racontent qu'un seul et même fait ;
mais il faudrait en même temps renoncer à la faiblesse de
vouloir faire concorder pleinement entre eux leurs récits ;

____

(1) Ueber den Zweck des Evang. und der Briefe Joh., S. 351 ff.

car, ni l'expression de Matthieu ἄρτι ἐτελεύτησε, ne peut signifier, comme Kuinöl le veut (1), *elle est près de mourir;* ni les expressions de Marc et de Luc ἐσχάτως ἔχει et ἀπέθνησκε ne peuvent s'entendre de la mort déjà accomplie, d'autant plus que, chez ces deux évangélistes, la nouvelle de la mort est apportée postérieurement au père comme quelque chose de nouveau (2).

Si donc la critique moderne a concédé avec raison qu'il y avait ici une divergence entre les récits, elle n'en trouve pas moins, d'une voix unanime, que la narration la plus exacte est du côté des évangélistes intermédiaires, soit que, épargnant Matthieu, on qualifie son récit d'abrégé qui peut être l'œuvre d'un témoin oculaire (3), soit que l'on considère cette infériorité dans l'exactitude comme un signe que le premier évangile n'a pas une origine apostolique (4). Sans doute Marc et Luc donnent le nom du suppliant, ce que ne fait pas Matthieu, et ils désignent sa position sociale plus exactement que lui. Mais cette précision plus grande peut aussi bien s'expliquer à leur désavantage que s'expliquer, comme c'est l'ordinaire, à leur avantage; car, nous l'avons déjà remarqué, ces désignations de personnes sont, non rarement, une addition de la légende postérieure; c'est ainsi que la femme affectée d'une perte n'a reçu que dans la tradition d'un Jean Malala le nom de Véronique (5), que la femme cananéenne ne s'appelle Justa que dans les Clémentines (6), et que les deux crucifiés avec Jésus ne sont appelés Gestas et Demas que dans l'Evangile de Nicodème (7).

(1) Comm. in Matth., p. 263. Voyez quelle argumentation : Verba (*nota bene* Matthæi) : Ἄρτι ἐτελεύτησεν non possunt latine reddi : Jam mortua est : nam, auctore (*nota bene*) Luca, patri adhuc cum Christo colloquenti nuntiabat servus, filiam jam expirasse, ergo (auctore Matthæo?) nondum mortua erat, cum pater ad Jesum accederet.

(2) Comparez sur ces fausses tentatives de conciliation, Schleiermacher, über den Lukas, S. 132, et Fritzsche, in Matth., p. 347 seq.

(3) Olshausen. 1, S. 316.

(4) Schleiermacher, l. c., S. 131 ff.; Schulz, über das Abendm. S. 316 f.

(5) Voyez Fabricius, Cod. apoc. N. T., 2, p. 449 seq.

(6) Homil., 2, 19.

(7) Cap. 10.

Quand Luc dit que la fille est *enfant unique*, μονογενὴς, cela ne sert qu'à rendre la scène plus touchante, et il put prendre, et Marc après lui, les *douze ans* à l'histoire de la femme affectée d'une perte. La divergence entre Matthieu, qui rapporte que la jeune fille était déjà morte, et entre les deux autres, qui rapportent que le père annonça seulement sa mort prochaine, aurait été l'objet d'un examen bien superficiel, si, d'après la règle même que j'ai posée, on croyait pouvoir l'expliquer au désavantage de Matthieu, sous prétexte que chez lui le miracle est grossi. Les deux autres aussi parlent de la mort de la jeune fille, seulement ils en parlent plus tard; et, si Matthieu la place quelques instants plus tôt, cela ne peut pas s'appeler un grossissement du miracle. Au contraire, on doit dire que, chez les deux autres, la puissance miraculeuse de Jésus est grossie, sinon objectivement, c'est-à-dire en fait, au moins subjectivement, c'est-à-dire dans l'esprit du lecteur, par le contraste et l'imprévu qui caractérisent les récits des deux évangélistes intermédiaires. Là où Jésus est tout d'abord prié d'opérer une résurrection, il ne fait pas plus qu'on ne lui demande; ici, au contraire, où, sollicité d'opérer seulement une guérison de maladie, il accomplit une résurrection, il fait plus que les personnes intéressées ne sollicitent et n'entendent. Là où la puissance de ressusciter les morts est supposée en Jésus par le père, ce qu'a d'extraordinaire un pareil pouvoir n'est pas autant mis en relief qu'ici où le père ne lui suppose d'abord que le pouvoir de guérir la malade, et est détourné, la mort étant survenue, de conserver aucune espérance. Quant à la description de l'arrivée et de la conduite de Jésus dans la maison mortuaire; Matthieu est, malgré sa brièveté, plus clair du moins que les autres avec leurs relations prolixes. D'après Matthieu, Jésus, arrivé dans la maison, et voyant les joueurs de flûte et une troupe de gens assemblés pour le convoi, les renvoie sur le motif qu'il n'y aura pas de mort dans la maison ; cela est parfaitement intelligible. Mais il est difficile de trouver un motif qui explique pourquoi il aurait, ainsi que le disent Marc et Luc, exclu tous ses apôtres, excepté Pierre et les deux fils de Zébédée, de l'acte qu'il allait accomplir. Dire qu'un plus grand nombre de spectateurs aurait mis, physiquement ou psychologiquement, un obstacle à la résurrection, c'est énoncer implicitement qu'elle fut un acte naturel. Le miracle admis, on ne pourrait trouver le motif de cette exclusion que dans la moindre capacité des apôtres exclus, infériorité qui aurait bien plutôt eu besoin d'être relevée par le spectacle d'un pareil miracle. De plus, si l'on fait attention qu'en opposition à la finale de Matthieu, qui dit que le bruit de cet événement se répandit dans tout le pays, les deux autres synoptiques font recommander par Jésus le silence le plus rigoureux à ceux qui en furent témoins, il semblera naturel d'admettre que Marc et Luc ont considéré cette résurrection comme un mystère auquel, outre les proches, n'avaient été admis que les apôtres les plus intimes. Schulz a fait valoir que, tandis que Matthieu rapporte que Jésus prit simplement la jeune fille par la main, Marc et Luc nous ont conservé les paroles qu'il prononça en cette occasion, et que Marc même les a citées dans la langue originale. Mais cette particularité est sans aucun poids, ou, si elle en a, c'est contre l'opinion que ce théologien soutient. Que Jésus, s'il prononça quelques paroles en ressuscitant une jeune fille, se soit servi à peu près des mots, *ma fille, levez-vous*, ἡ παῖς ἐγείρου, c'est ce qu'aurait pu imaginer le narrateur même le plus éloigné du fait ; et, si l'on regarde dans Marc ces mots syriaques, ταλιθὰ κοῦμι, comme le signe d'une source particulièrement originale à laquelle l'évangéliste aurait puisé, on oublie qu'il est bien plus simple de supposer que, du texte grec qui lui a servi d'autorité, il les a, comme le reste, transportés dans son évangile, afin de reproduire, ainsi qu'il l'a déjà fait pour le mot syriaque ἐφφαθὰ,

la mystérieuse parole de vie qui, répétée dans une langue inconnue, devait frapper d'autant plus l'imagination. Nous nous
abstiendrons donc volontiers de décider avec la sagacité de
Schleiermacher, si l'auteur du récit de Luc a été un des trois
apôtres admis, ou si celui qui le raconta le premier, le
consigna aussi par écrit (1).

Supposant que la chose est réellement arrivée, l'explication naturelle procède ici avec une confiance toute particulière ; car elle croit avoir en sa faveur la propre déclaration
de Jésus, quand elle soutient que la jeune fille n'était pas
réellement morte, mais qu'elle était dans un état de défail-
lance semblable au sommeil. Et, non seulement des commentateurs décidément rationalistes comme Paulus, ou des
demi-rationalistes comme Schleiermacher, mais encore des
théologiens décidément surnaturalistes comme Olshausen,
croient, en raison de la déclaration de Jésus dont il s'agit,
ne pas devoir songer à une résurrection (2). Le commentateur nommé en dernier lieu attache une importance particulière à l'opposition qui se trouve dans le discours de Jésus,
et pense que, puisqu'aux mots *elle n'est pas morte*, οὐκ
ἀπέθανε, sont joints les mots, *mais elle dort*, ἀλλὰ καθεύδει,
les premiers ne peuvent pas être entendus simplement dans ce
sens : *elle n'est pas morte, puisque j'ai le dessein de la réveiller;* ce qui est fort singulier, puisque si cette addition indique que la jeune fille n'est pas morte, c'est seulement parce
que Jésus a le pouvoir de la ressusciter. On invoque en outre
ce que Jésus dit touchant Lazare (Joh. 11 , 14), passage
où les expressions *Lazare est mort*, Λάζαρος ἀπέθανε, forment
exactement la contre-partie des expressions que nous examinons en ce moment : *l'enfant n'est pas mort,* οὐκ ἀπέθανε

----

(1) L. c., S. 129.
(2) Paulus , exeg. Handb. , 1 , b, S.
526, 31 f.; Schleiermacher, l. c., S. 132;
Olshausen, 1, S. 321 f. Neander lui-même
ne se prononce pas complétement contre
cette explication des paroles de Jésus ;
mais, quant à l'état de la jeune fille elle-
même, il trouve vraisemblable la supposition d'une mort apparente.

τὸ κοράσιον. Mais, précédemment aussi, Jésus avait dit de Lazare : *cette maladie n'est pas mortelle,* αὕτη ἡ ἀσθένεια οὐκ ἔστι πρὸς θάνατον (V. 4), et *Lazare notre ami dort,* Λάζαρος ὁ φίλος ἡμῶν κεκοίμηται (V. 11). Il nie donc aussi, dans le passage de Jean, la mort de Lazare ; il soutient comme ici que c'est un simple sommeil, et cependant, il parlait, dans le cas de Lazare, d'un véritable mort. En conséquence, Fritzsche a certainement raison quand il paraphrase ainsi les paroles de Jésus dans le passage que nous examinons : *ne regardez pas la jeune fille comme morte, mais croyez qu'elle dort, car elle va bientôt revenir à la vie.* D'ailleurs, quand, plus loin, Matthieu (11, 5) fait dire à Jésus *les morts ressuscitent,* νεκροὶ ἐγείρονται, cet évangéliste, n'ayant encore jusque là raconté aucune résurrection, paraît avoir songé à celle-là même (1).

Mais, indépendamment de la fausse interprétation des paroles de Jésus, l'explication naturelle a encore plusieurs autres difficultés. Sans doute on ne contestera pas que dans plusieurs maladies il ne puisse survenir des états qui simulent la mort ; on ne contestera pas non plus, que, à cause de l'imperfection de la médecine parmi les Juifs d'alors, une syncope n'ait pu être prise facilement pour une mort véritable. Mais alors, d'où Jésus a-t-il su qu'il n'y avait qu'une mort apparente chez cette jeune fille ? Quand bien même le père lui aurait rapporté, avec toute exactitude, la marche de la maladie, quand bien même il aurait eu une connaissance préalable de l'état où se trouvait la jeune fille, ainsi que le suppose l'explication naturelle, toujours est-il que l'on est en droit de demander comment il put assez compter sur ces vagues indications pour déclarer, précisément d'après l'interprétation que les rationalistes donnent à ses paroles, que l'en-

____

(1) Comp. De Wette, exeg. Handb., 1, 1, S. 95 ; Weisse, die ev. Geschichte, 1, S. 503.

fant n'était pas mort, contradictoirement à l'assertion des
témoins oculaires, et sans avoir vu encore la malade. C'eût
été une témérité, c'eût été même une folie, si Jésus n'avait
pas eu, par voie surnaturelle, une connaissance assurée du
véritable état des choses (1); mais alors on quitte le point
de vue de l'explication naturelle. Paulus va plus loin; le
membre de phrase : Jésus *prit la main*, ἐκράτησε τῆς χειρὸς
αὐτῆς, et le membre de phrase : *l'enfant ressuscita*, ἠγέρθη τὸ
κοράσιον, qui sont sans doute réunis chez Matthieu fort étroitement, le sont encore davantage par les mots, *aussitôt*, εὐθέως,
et *sur-le-champ*, παραχρῆμα, dans les deux autres évangélistes; eh bien! cela n'empêche pas Paulus d'intercaler, entre ces
deux membres de phrase, un traitement médical qui dura quelque temps; et Venturini n'hésite pas à nommer un à un les
remèdes qui furent employés (2). Olshausen, pour combattre
de pareilles atteintes portées arbitrairement au texte, soutient
fermement, et avec raison, que, dans l'opinion des narrateurs, la parole vivifiante de Jésus, et, nous pouvons ajouter,
le contact de sa main munie d'une force divine, furent
les intermédiaires de la résurrection de la jeune fille.

Dans l'histoire de résurrection qui est propre à Luc (7,
11 seq.), l'explication naturelle manque du point d'appui
que lui avait fourni celle que nous venons d'examiner, et où
des expressions mises dans la bouche de Jésus semblaient nier
la réalité de la mort. Cependant, les interprètes rationalistes prennent courage, et ils mettent leur espoir principalement dans le discours que Jésus (V. 14) adresse au jeune
homme couché dans le cercueil : or, disent-ils, on ne peut
pas adresser la parole à un mort; on ne peut l'adresser qu'à un
être que l'on sait ou que l'on suppose en état d'entendre (3).
Mais cette règle prouverait aussi que les morts que Jésus res-

(1) Comparez Neander, L. J. Chr., S.
342.
(2) Natürliche Geschichte, 2, S. 212.

(3) Paulus, exeg. Handb., 1, b, S.
716, Anm. und 719 f.

suscitera à la fin des jours, ne sont que des morts en apparence, parce que, autrement, ils ne pourraient entendre sa voix, comme il est dit expressément qu'ils l'entendront (Joh., 5, 28, comparez 1. Thess., 4, 16); elle prouverait donc trop. Sans doute, celui à qui l'on parle doit être supposé entendre et vivre dans un certain sens, mais dans ce sens seulement, que la voix de celui qui ressuscite le mort puisse pénétrer même dans des oreilles privées de vie. Nous accorderons encore qu'il est possible que, les Juifs ayant la mauvaise coutume d'enterrer les morts peu d'heures après leur décès, un individu qui n'était que dans un état de mort apparente, ait été porté au tombeau (1); mais tout ce que l'on imagine ultérieurement pour montrer que cette possibilité a été dans ce cas particulier une réalité, est un tissu de fictions. On veut expliquer comment Jésus, même sans avoir le dessein de faire en cette circonstance un miracle, se mêla au convoi funéraire, comment il put concevoir le soupçon que la personne qu'on allait enterrer n'était peut-être pas réellement morte; et pour cela, on imagine d'abord que les deux troupes, c'est-à-dire le convoi et les compagnons de Jésus, se rencontrèrent sous la porte de la ville, et que, se fermant réciproquement le chemin, elles s'arrêtèrent un moment. Mais c'est justement contredire le texte, qui dit que les porteurs ne s'arrêtèrent que lorsque Jésus saisit le cercueil. Touché des circonstances de cette mort, circonstances dont il se fit faire le récit pendant la suspension de la marche, Jésus s'approcha de la mère, et, sans songer à une résurrection qu'il dût accomplir, il lui adressa, simplement pour la consoler, les mots : *Ne pleurez pas*, μὴ κλαῖε (2). Mais ne serait-ce pas un froid et téméraire consolateur, qui, à une mère conduisant son fils unique à la sépulture, irait défendre de pleurer, sans offrir ni un secours réel en rendant la vie au défunt, ni un secours

<hr>

(1) Paulus, l. c., S. 723. Comparez De Wette, exeg. Handb., 1, 2, S. 47.	(2) C'est ce que dit aussi **Hase**, L. J., § 87.

moral en cherchant des motifs de consolation? Or, Jésus ne donne aucun motif de ce genre. Si donc il ne s'est pas montré ici complétement dépourvu de sensibilité, il faut qu'il ait songé à rendre la vie au mort, et il s'y prépare en effet, puisqu'il saisit le cercueil et arrête les porteurs. Avant la parole qui rappelle le mort à l'existence, l'explication naturelle intercale une circonstance, à savoir, que Jésus remarqua sur le jeune homme un signe de vie quelconque, et ce fut, ou immédiatement après cette remarque, ou après l'application préalable de médicaments (1), qu'il prononça les paroles qui lui servirent à réveiller complétement le mort. Mais oublions que ces circonstances intermédiaires n'existent pas dans le texte ; oublions que les fortes paroles : *Levez-vous, jeune homme, je vous le commande*, νεανίσκε, σοὶ λέγω, ἐγέρθητι, ressemblent plus à l'ordre impérieux d'un homme qui fait un miracle, qu'à l'effort d'un médecin qui essaie de rappeler à lui un homme en syncope. Comment Jésus, s'il savait en lui-même qu'il avait trouvé le jeune homme encore vivant, et non qu'il l'avait rappelé du sein de la mort, comment put-il recevoir, en bonne conscience, les louanges que, d'après le récit, la foule témoin de ce miracle lui prodigua comme à un grand prophète? D'après Paulus, il ne sut lui-même comment il devait considérer le résultat. Mais justement, s'il n'était pas convaincu qu'il pût se l'attribuer à lui-même, c'était pour lui un devoir de refuser tous les éloges qu'il lui attira, et, s'il ne les écarta pas, cela jette sur lui un jour douteux où il ne se trouve jamais, d'après l'histoire évangélique, pourvu qu'on l'entende sans idée préconçue. Nous devons donc reconnaître encore ici que l'évangéliste veut nous raconter une résurrection miraculeuse, et que, d'après lui aussi, Jésus considéra son œuvre comme un miracle (2).

(1) Venturini, 2, S. 293.

(2) Comparez Schleiermacher, l. c., S. 103 f.

Moins, dans la troisième histoire de résurrection qui est propre à l'évangile de Jean (chap. 11), et où Lazare est, non un homme mort récemment ou que l'on porte au tombeau, mais un mort enterré depuis plusieurs jours, moins, dis-je, il semble que l'on puisse songer à une explication naturelle, plus les rationalistes ont employé d'artifices et de développements pour lever les difficultés. Remarquons que, à côté de l'interprétation des rationalistes rigoureusement conséquents, qui, conservant le récit évangélique comme absolument historique, ont la prétention d'en expliquer naturellement toutes les parties, il s'est formé une autre explication qui exclut certaines particularités du récit, et admet qu'elles n'y ont été ajoutées qu'après l'événement, ce qui est déjà faire un pas vers l'explication mythique.

L'explication naturelle s'appuie sur les mêmes prémisses que dans le récit précédent, à savoir qu'un homme déposé depuis quatre jours dans un tombeau a pu être rappelé à la vie, et que la chose, possible en soi, l'est encore davantage en raison de la coutume juive; possibilité que nous ne contesterons pas ici dans le sens absolu. Cela posé, elle commence (1) en faisant une supposition que nous ne devrions peut-être pas laisser passer, c'est que Jésus s'informa exactement des conditions de la maladie auprès du messager que les sœurs du malade lui envoyèrent, et que la réponse qu'il fit à ce messager : *Cette maladie n'est pas mortelle, etc.*, αὕτη ἡ ἀσθένεια οὐκ ἔστι πρὸς θάνατον κ. τ. λ. (V. 4), n'est qu'une conclusion tirée par lui des renseignements qu'on lui donna, et n'exprime que la conviction qu'ils lui inspirèrent, que la maladie n'était pas mortelle. Il est une particularité de la conduite subséquente de Jésus, qui s'accorderait très bien avec cette manière d'apprécier l'état d'un ami, c'est qu'après le message reçu, il demeura encore deux

____

(1) Paulus, Comm., 4, S. 535. ff. L. J.,1, b, S. 55 ff.

jours dans la Pérée (V. 6). En effet, d'après la supposition faite par l'explication naturelle, il put juger que sa présence à Béthanie n'était pas d'une nécessité urgente. Mais comment se fait-il que, ces deux jours étant écoulés, non seulement il se résolve à y aller (V. 8), mais encore qu'il conçoive une toute autre idée de l'état de Lazare, et que même il ait la nouvelle positive de sa mort, qu'il annonce aux apôtres, d'abord d'une manière figurée (V. 11), puis ouvertement (V. 14). Ici l'explication naturelle éprouve une notable solution de continuité, qu'elle ne rend que plus frappante en imaginant un second messager (1), qui apporte, au bout des deux jours à Jésus, la nouvelle de la mort de Lazare survenue pendant l'intervalle. Le rédacteur de l'Évangile n'a pas du moins eu connaissance d'un second message, autrement il en aurait fait mention ; car le silence qu'il garde sur ce message, donne à tout le récit une autre apparence, à savoir que Jésus a eu, d'une manière miraculeuse, connaissance de la mort de Lazare. Jésus, lorsqu'il fut décidé à se rendre à Béthanie, dit aux apôtres qu'il voulait réveiller Lazare endormi (κεκοίμηται... ἐξυπνίσω... V. 11). L'explication naturelle se rend compte de cette circonstance en supposant que Jésus conclut des renseignements fournis par le messager qui lui annonça la mort de Lazare, que ce dernier n'était que dans un état léthargique. Mais, ici, pas plus que plus haut, nous ne pouvons attribuer à Jésus une témérité assez peu sage pour qu'il ait donné, avant d'avoir vu le prétendu mort, l'assurance positive qu'il vivait encore (2). Au point de vue de l'explication naturelle, les paroles que Jésus prononce en cette occasion, font une nouvelle difficulté ; il dit, en effet, à ses apôtres (V. 15) qu'il se réjouit

______

(1) Dans la traduction du texte qui accompagne sa *Vie de Jésus*, Paulus paraît supposer, outre le message mentionné dans l'évangile, *trois autres* messages (p. 46).

(2) Comparez C. Ch. Flatt, Un mot pour la défense du miracle de la résurrection de Lazare, dans Süskind's Magazin, 14tes Stück, S. 93 ff.

à cause d'eux de ne *l'être pas trouvé à Béthanie avant et pendant la mort de Lazare, *afin qu'ils croient,* ἵνα πιστεύσητε. L'explication que Paulus donne de ces paroles, c'est que Jésus aurait craint que la mort de Lazare survenue en sa présence, n'eût ébranlé leur foi en lui. Elle a d'abord contre elle la remarque de Gabler : le verbe πιστεύω ne peut pas avoir, sans autre explication, la signification négative de : *ne pas perdre la foi,* que l'on rendrait bien plutôt par une phrase telle que celle-ci : *Afin que votre foi ne vous abandonne pas,* ἵνα μὴ ἐκλείπῃ ἡ πίστις ὑμῶν (voy. Luc, 22, 32) (1). En second lieu, on ne montrera nulle part que les apôtres se soient fait une idée de Jésus comme Messie telle que la mort d'un homme ou même d'un ami eût été incompatible avec sa présence.

A partir de l'arrivée de Jésus à Béthanie, le récit évangélique devient un peu plus favorable à l'explication naturelle. A la vérité, quand Marthe lui dit (V. 21 seq.) que, s'il avait été présent, son frère ne serait pas mort ; quand elle ajoute : *Mais je sais que, même à présent, tout ce que vous demanderez à Dieu, Dieu vous l'accordera,* ἀλλὰ καὶ νῦν οἶδα, ὅτι ὅσα ἂν αἰτήσῃ τὸν Θεὸν, δώσει σοι ὁ Θεὸς, ces expressions paraissent renfermer. d'une manière non méconnaissable, l'espérance de voir le défunt rappelé à la vie par la puissance de Jésus. Mais, Jésus lui donnant l'assurance que *son frère ressuscitera,* ἀναστήσεται ὁ ἀδελφός σου, elle répond découragée : Oui, au dernier jour (V. 24). Cette réponse prête des secours à une explication qui, dès-lors, suppose rétroactivement à l'expression précédente de Marthe (V. 22) un sens mal précisé, à savoir, que, même encore aujourd'hui, et bien qu'il n'ait pas conservé la vie à son frère, elle a cependant foi en Jésus, comme étant celui à qui Dieu accorde toutes ses demandes, c'est-à-dire comme étant le fa-

(1) Gabler's Journal für auserlescne theol. Literatur, 3, 2, S. 261 Anm.

vori de la divinité, le Messie. Mais Marthe ne dit pas : *Je crois*, πιστεύω, elle dit : *Je sais*, οἶδα, et la tournure : *Je sais que telle ou telle chose se fera pourvu que tu le veuilles*, est une forme ordinaire mais indirecte de la prière, d'autant moins méconnaissable ici, que l'objet de la demande est clairement manifesté par l'opposition qui avait précédé. Il est donc clair que Marthe veut dire : tu n'as pas empêché, il est vrai, la mort de mon frère ; mais il n'est pas trop tard, même maintenant, et, sur ta demande, Dieu le rendra à toi et à nous. Sans doute il faut admettre que Marthe change de sentiment, puisque l'espérance qu'elle avait à peine exprimée, est déjà éteinte dans sa réponse (V. 24). Mais cela ne doit pas beaucoup nous surprendre chez une femme qui, ici et ailleurs, se montre très mobile ; et, dans ce cas particulier, on s'en rend suffisamment compte par la forme de l'assurance qu'avait donnée Jésus. En effet, à sa demande indirecte Marthe avait espéré un assentiment précis ; mais, Jésus ayant répondu d'une manière tout-à-fait générale, et avec une expression par laquelle on avait coutume de caractériser la résurrection à la fin des temps (ἀναστήσεται), elle réplique, moitié piquée, moitié découragée, qu'elle sait que Lazare ressuscitera au dernier jour (1). L'explication naturelle fait justement tourner à son profit cette expression de Jésus si générale, et les expressions encore plus indécises : *Je suis la résurrection*, etc.; ἐγώ εἰμι ἡ ἀνάστασις κ. τ. λ., et elle dit que Jésus était encore loin de songer à un résultat extraordinaire ; en conséquence, il ne donne à Marthe que des consolations générales, promettant que lui, le Messie, procurera une résurrection future et une vie bienheureuse à ceux qui auront cru en lui. Mais plus haut Jésus avait parlé (V. 11) avec assurance à ses apôtres d'un réveil de Lazare, il faudrait donc qu'il eût changé de sentiment pendant cet

____

(1) Flatt, l. c., S. 102 f.; De Wette, sur ce passage; Neander, S. 351 f.

intervalle ; or, on ne trouve aucun motif à un changement. De plus, quand Jésus, sur le point de procéder à la résurrection de Lazare, dit à Marthe (V. 40) : *Ne vous ai-je pas dit que, si vous croyez, vous verrez la gloire de Dieu ?* οὐκ εἶπόν σοι, ὅτι ἐὰν πιστεύσῃς, ὄψει τὴν δόξαν τοῦ Θεοῦ, il fait évidemment allusion au verset 23, dans lequel il entend, par conséquent, avoir prédit la résurrection qu'il va opérer. S'il ne la caractérise pas d'une manière plus précise, et s'il cache de nouveau la promesse à peine donnée relativement au *frère*, ἀδελφός, en des promesses générales pour celui *qui croit*, πιστεύων (V. 25 seq.), il le fait à dessein, afin d'éprouver la foi de Marthe et d'agrandir son horizon (1).

A ce moment, Marie sort avec un cortége, et ses pleurs touchent Jésus au point de lui arracher des larmes. C'est une circonstance que l'explication naturelle invoque avec une confiance particulière ; elle demande si Jésus, dans le cas où il aurait été sûr de la résurrection de son ami, ne se serait pas approché avec la joie la plus vive de ce tombeau, duquel il avait la conscience de pouvoir à l'instant même le retirer vivant. En conséquence, elle entend les mots *il frémissait*, ἐνεβριμήσατο (V. 33), *frémissant*, ἐμβριμώμενος (V. 38), d'un effort violent pour comprimer la douleur que lui avait causée la mort de son ami, douleur qui se fit jour par des *larmes*, ἐδάκρυσεν. Mais l'étymologie d'après laquelle ce mot signifie *fremere in aliquem* ou *in se*, et l'analogie de l'usage dans le Nouveau Testament où il n'a jamais que la signification de *faire des reproches à quelqu'un* (Matth. 9, 30. Marc, 1, 43 ; 14, 5), montrent que ἐμβριμᾶσθαι exprime un mouvement de colère, non de douleur ; et, dans ce cas particulier où il est joint, non au datif d'une autre personne, mais au mot τῷ πνεύματι et ἐν ἑαυτῷ, il devrait être entendu d'un mécontentement muet et retenu. Cette

---

(1) Flatt, l. c.; Lücke, Tholuck et De Wette, sur ce passage.

signification conviendrait très bien au verset 38, où ce mot est répété ; car les Juifs ayant dit auparavant : *cet homme qui a ouvert les yeux d'un aveugle ne pouvait-il pas faire que Lazare ne mourût pas ?* οὐκ ἠδύνατο οὗτος, ὁ ἀνοίξας τοὺς ὀφθαλμοὺς τοῦ τυφλοῦ, ποιῆσαι ἵνα καὶ οὗτος μὴ ἀποθάνῃ ; cette remarque appartient en tout cas à des gens qui *se scandalisent*, puisque l'acte antérieur de Jésus les empêchait de comprendre sa conduite actuelle, et, à son tour, sa conduite actuelle, de comprendre cet acte antérieur. La première fois que ἐμβριμᾶσθαι (V. 33) est employé, les larmes que chacun versait peuvent paraître avoir excité en Jésus plutôt un sentiment de tristesse que de mécontentement ; mais il est possible aussi qu'il ait fortement désapprouvé le *peu de foi,* ὀλιγοπιστία, qui se manifestait. Si Jésus lui-même fondit en larmes, cela prouve seulement que son mécontentement sur la génération incrédule qui l'entourait devint de la tristesse en s'adoucissant, mais non que la tristesse ait été, dès le commencement, le sentiment qui le remplissait. Enfin, quand les Juifs (V. 36), apercevant les larmes de Jésus, disent entre eux : *Voyez combien il l'aimait,* ἴδε, πῶς ἐφίλει αὐτὸν, cela paraît être plutôt contre que pour ceux qui considèrent l'émotion de Jésus comme de la douleur occasionnée par la mort de son ami, et comme un sentiment de sympathie avec la douleur de ses sœurs ; car, de même que le caractère de la narration de Jean fait, en général, attendre une opposition entre le sens véritable de la conduite de Jésus, et la manière dont les spectateurs la comprennent, de même, en particulier, *les Juifs,* οἱ Ἰουδαῖοι, sont toujours, dans cet évangile, ceux qui entendent mal, ou interprètent mal les paroles et les actions de Jésus. On invoque encore le caractère ordinairement si doux de Jésus, à qui ne conviendrait pas la dureté qu'il aurait montrée s'il s'était choqué des larmes si naturelles de Marie et des autres (1).

(1) Lücke, 2, S. 388.

Mais le Christ de Jean n'est nullement étranger à une pareille manière de penser. Celui qui, au *seigneur de cour*, βασιλικὸς, le suppliant innocemment de venir dans sa maison guérir son fils, adresse la leçon sévère : *Si vous ne voyez des signes et des miracles, vous ne croyez point*, ἐὰν μὴ σημεῖα καὶ τέρατα ἴδητε, οὐ μὴ πιστεύσητε (4, 48) ; celui qui, voyant les apôtres blessés de la dure allocution du sixième chapitre, les prévient par des paroles aussi incisives : *Cela vous scandalise-t-il ?* τοῦτο ὑμᾶς σκανδαλίζει; *et vous, ne voulez-vous point aussi vous en aller ?* μὴ καὶ ὑμεῖς θέλετε ὑπάγειν (6, 61. 67) ; celui qui repousse l'observation de sa propre mère se plaignant du manque de vin, lors de la noce de Cana, par ces mots si âpres : *Femme, qu'y a-t-il de commun entre vous et moi ?* τί ἐμοὶ καὶ σοὶ, γύναι (2, 4) ; celui qui éprouvait ainsi le plus vif mécontentement dans toutes les circonstances où les hommes, ne comprenant pas ses actions et ses pensées supérieures, se montraient pusillanimes où importuns ; celui-là, dis-je, avait ici une raison toute particulière de ressentir un pareil mécontentement. Ainsi, comme, d'après cette interprétation du passage, il n'est nullement question d'une douleur de Jésus causée par la mort de Lazare, l'explication naturelle perd l'appui qu'elle croyait trouver dans cette particularité. D'ailleurs, dans l'autre explication du verbe ἐμβριμᾶσθαι, l'émotion momentanée qu'il éprouva par sympathie avec ceux qui pleuraient, peut très bien se concilier avec la prévision qu'il avait de la résurrection de Lazare (1). Et comment les paroles des Juifs, qui lui reprochaient de n'avoir pas fait pour Lazare ce qu'il avait fait pour un aveugle, auraient-elles été propres, ainsi que le soutiennent les interprètes rationalistes, à exciter en Jésus l'espérance que Dieu, en ce moment, ferait peut-être pour lui quelque chose de signalé ? Les Juifs exprimaient, non l'espérance qu'il pouvait ressus-

____

(1) Flatt, l. c., S. 104 f.; Lücke, l. c.

citer le mort, mais la conjecture que, peut-être, il aurait été en état de conserver la vie du malade. Marthe, en disant que, maintenant encore, le père lui accordera ce qu'il demandera, avait donc été déjà au-delà du dire de ces Juifs; de sorte que, si de pareilles espérances avaient été excitées pour la première fois, en Jésus, par quelque chose d'extérieur, elles auraient dû l'être dès auparavant, et par conséquent avant ces larmes de Jésus dont on s'appuie pour prétendre qu'un pareil espoir ne s'était pas encore éveillé en lui.

Lorsque Jésus ordonne qu'on ôte la pierre du sépulcre, Marthe dit : *Seigneur, il sent déjà, car il y a quatre jours qu'il est là*, Κύριε, ἤδη ὄζει, τεταρταῖος γάρ ἐστι (V. 39). Ces expressions ne prouvent pas que la putréfaction eût déjà réellement commencé, et qu'un retour naturel à la vie fût impossible; c'est ce que des interprètes surnaturalistes ont accordé de leur côté (1), car elles peuvent être une simple conséquence de l'intervalle de quatre jours qui s'était déjà écoulé. Mais Jésus, écartant l'observation de Marthe, insiste pour qu'on ouvre le tombeau (V. 40), et il dit que, pourvu qu'elle croie, elle verra *la gloire de Dieu*, τὴν δόξαν τοῦ Θεοῦ; comment aurait-il pu prononcer ces paroles, s'il ne s'était pas senti, de la manière la plus précise, la puissance de ressusciter Lazare? D'après Paulus, ces paroles signifiaient seulement, en général, que celui qui est plein de confiance obtient, d'une façon quelconque, une manifestation glorieuse de la divinité. Mais, quelle manifestation glorieuse de la divinité y avait-il à obtenir, en ouvrant le tombeau d'un homme enseveli depuis quatre jours, si ce n'est sa résurrection? Et, quand Marthe assure que la putréfaction a déjà dû s'emparer de son frère, quel sens les paroles de Jésus, dans leur opposition avec celles de Marthe, peuvent-elles avoir, si ce n'est qu'il s'agit ici de préserver

____

(1) Flatt, S. 106; Olshausen, 2, S. 269 (2te Auflage).

Lazare de la putréfaction? Mais, pour apprendre avec toute certitude ce que les mots : *gloire de Dieu*, δόξα τοῦ Θεοῦ, signifient dans notre passage, on n'a qu'à se reporter au verset 4, où Jésus avait dit que la maladie de Lazare n'était pas *mortelle*, πρὸς θάνατον, mais était survenue *pour la gloire de Dieu*, ὑπὲρ τῆς δόξης τοῦ Θεοῦ. Ici, l'opposition que renferment les mots : *non mortelle*, prouvent invinciblement que les mots δόξα τοῦ Θεοῦ indiquent la glorification de Dieu par la vie de Lazare, et, puisqu'il était déjà mort, par sa résurrection ; espérance que Jésus ne pouvait se hasarder à faire naître, justement dans le moment le plus décisif, sans avoir une certitude supérieure qu'elle serait accomplie (1). Aussitôt après l'ouverture du tombeau, et avant d'avoir crié au mort : *Sortez dehors*, δεῦρο ἔξω, il remercie son père d'avoir exaucé sa prière. Au point de vue de l'explication naturelle, cela est présenté comme la preuve la plus manifeste, non pas qu'il a rappelé Lazare à la vie par cette parole, mais que, en jetant le regard dans le tombeau, il l'a aperçu déjà ranimé. On ne devrait pas, en vérité, attendre un pareil argument de théologiens qui connaissent l'évangile de Jean. Combien ne lui est-il pas familier (par exemple, dans l'expression : *le fils de l'homme fut glorifié*, ἐδοξάσθη ὁ υἱὸς τοῦ ἀνθρώπου) de représenter comme déjà accompli ce qui se commence seulement, et ce qui va se faire! Combien, dans ce cas particulier, n'était-il pas convenable de relever la certitude que Jésus avait d'être exaucé, en indiquant comme déjà réalisé l'accomplissement de sa prière ! D'ailleurs, de quelles fictions n'a-t-on pas besoin pour expliquer ultérieurement, soit comment Jésus s'aperçut que Lazare était revenu à la vie, soit comment ce dernier avait pu y revenir ? Entre l'enlèvement de la pierre et la prière de remerciement adressée par Jésus, dit Paulus, est l'intervalle

(1) Flatt, S. 97 f.

décisif où s'opère le résultat surprenant; il faut qu'alors Jésus, encore éloigné de quelques pas, se soit aperçu que Lazare vivait. A quel signe? demanderons-nous. D'où lui venait un coup d'œil si prompt et si sûr? et pourquoi à lui, et à nul autre? On conjecture qu'il reconnut par des mouvements le retour à la vie; mais avec quelle facilité ne pouvait-il pas se tromper, puisque le mort gisait dans une grotte obscure? Quelle précipitation que de déclarer, sans un examen plus attentif, avec tant de rapidité et de précision, la conviction où il était de la vie de Lazare! Ou, si les mouvements du prétendu mort étaient forts et non méconnaissables, comment pouvaient-ils échapper aux assistants? Enfin, comment Jésus pouvait-il signaler, dans sa prière, l'événement qui allait s'accomplir, comme une manifestation de sa mission divine, s'il avait la conscience d'avoir, non opéré, mais seulement aperçu la résurrection de Lazare? Pour prouver la possibilité naturelle du retour de la vie chez Lazare, déjà enterré, les rationalistes invoquent le peu de connaissance que nous avons des circonstances de sa mort supposée, la promptitude de l'enterrement chez les Juifs, puis la fraîcheur de la grotte, la forte odeur des aromates, et enfin le courant d'air chaud qui, au moment où la pierre fut enlevée, entra et vint le ranimer. Mais tous ces détails ne s'élèvent pas au-dessus du plus bas degré de la possibilité, lequel est égal à la plus haute invraisemblance, ce qui rend impossible de concevoir la certitude avec laquelle Jésus annonça d'avance le résultat (1).

Ces annonces précises de ce qui va se faire, formant le principal obstacle à une explication naturelle de ce paragraphe, ont été par conséquent l'objet de la critique des rationalistes, et ils ont essayé de se délivrer de l'embarras qu'elles leur causaient, en supposant qu'elles ne proviennent .

____

(1) Sur ce point comparez particulièrement Flatt et Lücke.

pas de Jésus lui-même, mais qu'elles ont pu être ajoutées par l'évangéliste d'après l'événement. Paulus même a trouvé entre autres l'expression *je le réveillerai*, ἐξυπνίσω αὐτὸν (V. 11) ,beaucoup trop précise, et il s'est hasardé à conjecturer que le narrateur avait omis, après l'événement, un *peut-être* atténuant dont Jésus s'était servi (1). Gabler a développé cette supposition ; non seulement il partage la conjecture de Paulus, mais encore il est disposé à mettre uniquement sur le compte de l'évangéliste les mots *pour la gloire de Dieu*, ὑπὲρ τῆς δόξης τοῦ Θεοῦ (V.4). De même, verset 15, où il est dit : *Je me réjouis à cause de vous, de ce que je ne m'y suis pas trouvé, afin que vous croyiez*, χαίρω δι' ὑμᾶς, ἵνα πιστεύσητε, ὅτι οὐκ ἤμην ἐκεῖ, il suppose que Jean, après l'événement, a renforcé quelque peu les expressions de Jésus. Enfin, même pour les paroles de Marthe (V.22): *Je sais que, même à présent, tout ce que vous demanderez à Dieu, Dieu vous l'accordera*, il accepte la pensée qu'il y a là une addition du fait de l'évangéliste (2). De cette façon, l'explication naturelle s'est reconnue impuissante à se tirer, par ses propres ressources, des difficultés que présente le récit de Jean ; car, si, pour s'y établir, elle est obligée d'effacer plusieurs passages, justement les plus caractéristiques , elle avoue implicitement que le récit, tel qu'il nous est donné, n'est pas susceptible d'être interprété naturellement. A la vérité, les passages dont on constate, en les écartant, l'incompatibilité avec l'explication rationaliste, ont été choisis avec beaucoup de parcimonie ; mais les détails dans lesquels nous sommes entrés, montrent que, si l'on

<hr>

(1) C'est ce qu'il dit dans son Commentaire, 4, S. 557; dans sa *Vie de Jésus*, 1, b, p. 57, et 2, b, p. 46, il ne fait plus usage de cette supposition.

(2) L. c., S. 272 ff. Neander aussi ne se montre pas éloigné d'une pareille conjecture au sujet du verset 4 (S. 349). Tandis que ces expressions paraissaient à Gabler appartenir, non à Jésus, mais à Jean, elles ont paru à Dieffenbach, dans Bertholdt's krit. Journal, 5, S. 7 ff., ne pas appartenir même à Jean ;et, attendu qu'il regarde le reste de cet évangile comme rédigé par cet apôtre, il a admis que ces passages étaient des interpolations.

voulait mettre sur le compte de l'évangéliste toutes les particularités de ce paragraphe qui répugnent à l'opinion des
rationalistes, il ne resterait, pour ainsi dire, rien de tout ce
qu'il renferme, qui ne dût être considéré comme une fiction
postérieure. Ainsi, ce que nous avons fait nous-mêmes pour
les deux récits de résurrection examinés auparavant, a été
implicitement fait pour la dernière et la plus remarquable
histoire de cette espèce, par les différents essais d'explication
qui se sont succédé, à savoir qu'il ne reste plus que l'alternative, ou d'admettre comme surnaturel l'événement,
ou, si comme tel on le trouve incroyable, de nier le caractère historique de la narration.

Dans ce dilemme, pour nous décider relativement aux trois
récits de résurrection, nous devons revenir sur le caractère
particulier de cette espèce de miracle. Nous avons jusqu'ici suivi une échelle ascendante dans le merveilleux :
d'abord, des guérisons de personnes dont l'esprit était malade,
puis des guérisons de toute espèce d'affections corporelles
chez des gens où cependant le désordre de l'organisme n'allait pas jusqu'à la disparition de l'esprit et de la vie. Maintenant nous avons la résurrection de corps que la vie a définitivement quittés. Cette progression du merveilleux est en même
temps une gradation de choses qui ne peuvent se concevoir.
En effet, nous avons été en état, jusqu'à un certain point, de
nous représenter comment une affection psychique, dans laquelle il n'y avait, parmi les organes corporels, de compromis
que le système nerveux attaché spécialement à l'âme, a pu
être guérie, soit par voie spirituelle et par la seule action
de la parole, du regard, de l'impression de Jésus, soit par
une influence magnétique exercée sur les nerfs malades ; la
guérison même de paralysies, de pertes sanguines, ne nous a
paru, de la même façon, ni inconcevable en soi, ni sans
exemple. Nous avons conçu plus de doutes dès les cas de
guérisons d'aveugles ; dans celles de lépreux, d'hydropiques,

nous avons été obligés d'exclure au moins la soudaineté. Les histoires de guérisons à distance nous ont semblé devoir être complétement rejetées. Et pourtant, dans tout cela, il y avait quelque chose à quoi la puissance miraculeuse de Jésus pouvait s'attacher; il y avait du moins encore, dans les individus, une conscience à frapper par une impression, un système nerveux à exciter. Pour des morts, il en est autrement : le mort de qui la vie et le sentiment ont disparu, a perdu le dernier point d'appui auquel l'action de celui qui fait des miracles puisse se rattacher; il ne l'aperçoit plus, il ne reçoit plus de lui aucune impression, puisqu'il faut même que la faculté de recevoir des impressions lui soit départie de nouveau. Mais la départir, ou ressusciter au propre, appartient à une puissance créatrice, et nous devons confesser notre incapacité à la concevoir exercée par un homme.

Le fait est que, dans la limite même de nos trois résurrections, on découvre une progression non méconnaissable. Woolston a déjà remarqué, avec raison, qu'on dirait que chacune de ces trois narrations a eu la prétention d'enchérir sur la précédente par quelque particularité miraculeuse qui y manque (1). La fille de Jaïrus est ressuscitée par Jésus sur le lit même où elle venait de décéder; le jeune homme de Naïn était déjà dans le cercueil, et on le transportait au cimetière; enfin Lazare gisait depuis quatre jours dans la grotte funéraire. Tandis que, dans la première de ces histoires, un mot seul indiquait que la jeune fille était déjà tombée entre les mains des puissances souterraines, cette indication a pris, dans la seconde histoire, une forme qui appelle davantage l'attention, puisqu'il est dit que le jeune homme avait déjà été porté hors de la ville; mais celui qui a été représenté de la manière la plus décisive comme appartenant déjà au monde

____

(1) Disc. 5.

souterrain, c'est Lazare enfermé depuis long-temps dans la tombe; de sorte que, si la réalité de la mort pouvait être contestée dans le premier cas, le doute, déjà plus difficile dans le second, devient à peu près impossible dans le troisième (1). Avec cette gradation croît également la difficulté de concevoir les trois événements, si tant est qu'une chose inconcevable en soi puisse le devenir plus ou moins, suivant les différentes modifications qu'elle subit. Une résurrection, dans le cas où elle serait possible en général, devrait être plus possible chez un individu qui vient de mourir et qui est encore chaud, que chez un individu refroidi que l'on porte à sa dernière demeure; et de nouveau, elle devrait l'être plus chez ce dernier que chez un mort en qui un commencement de putréfaction est supposé en raison d'un séjour de quatre jours dans le tombeau, et duquel il n'est pas du moins nié que la putréfaction n'eût pas déjà commencé en effet.

Indépendamment du merveilleux, parmi les histoires examinées, celle qui suit est toujours, d'une part, plus invraisemblable en soi, d'autre part plus dépourvue de témoignages extrinsèques, que celle qui précède. Quant au premier point, il est une cause d'invraisemblance intrinsèque, qui, attachée, il est vrai, à toutes, et par conséquent aussi à la première, se manifeste pourtant dans la seconde d'une manière spéciale. Dans celle-ci, l'évangéliste assigne pour motif de la résurrection du jeune homme de Naïn la compassion que Jésus eut de sa mère (V. 13); cela, d'après Olshausen, n'exclut pas un rapport de cet acte au ressuscité lui-même; car, remarque-t-il, l'homme, étant un être doué de conscience, ne peut jamais être traité simplement comme moyen, et il l'aurait été dans ce cas, si l'on voulait considérer la joie de la mère comme le seul but que Jésus se fût

____

(1) Bretschneider, Probab., S. 61.

proposé en ressuscitant le jeune homme (1). Par là, Olshausen, d'une manière dont nous lui devons de la reconnaissance, a, non pas fait disparaître, mais mis en lumière la difficulté de cette résurrection et de toute autre ; car, dire que ce qui, en soi, ou d'après des idées épurées, n'est pas permis ou n'est pas convenable, ne peut pas avoir été attribué à Jésus par les évangélistes, c'est une conclusion tout-à-fait illicite. Il faudrait au contraire, la pureté du caractère de Jésus étant supposée, conclure que les récits des évangiles sont inexacts, du moment qu'ils lui attribuent quelque chose qui n'est pas permis. Or, que Jésus, dans ces résurrections, ait pris en considération si ce miracle tournerait à bien ou non pour les personnes à ressusciter, en raison de l'état moral dans lequel ils étaient morts, c'est ce dont nous ne trouvons de traces nulle part ; qu'à la résurrection corporelle ait dû se joindre et se soit jointe en effet, comme le pense Olshausen, la résurrection spirituelle, c'est ce qui n'est dit en aucun endroit ; ces individus ressuscités, sans en excepter même Lazare, rentrent dans l'ombre après leur résurrection. Aussi Woolston a-t-il pu demander pourquoi Jésus, au lieu d'arracher à la mort ces personnages insignifiants, n'avait pas fait sortir du tombeau un Jean-Baptiste ou tout autre homme utile au genre humain. Si l'on disait qu'il avait reconnu que c'était la volonté de la Providence, que des hommes tels que Jean-Baptiste, ayant une fois payé le tribut à la nature, restassent dans le sein de la mort, il aurait dû, ce semble, penser de même au sujet de tous les trépassés ; et, en définitive, il n'y aura pas d'autre réponse à faire que celle-ci : comme on savait notoirement, au sujet des hommes célèbres, que le vide laissé par leur mort n'avait jamais été rempli par leur retour à la vie, la légende ne pouvait pas rattacher à de pareils noms les résurrections

(1) .S. 270 f.

qu'elle avait envie de raconter, et elle était obligée de choisir des sujets inconnus qui échappaient au contrôle de l'histoire.

Tandis que cette difficulté, commune aux trois narrations, apparaît d'une manière plus manifeste dans la seconde à cause seulement d'une expression fortuite, la troisième est pleine de difficultés toutes spéciales, puisque ni la conduite entière de Jésus, ni en partie celle des autres personnes ne sont bien concevables. Jésus reçoit la nouvelle de la maladie de Lazare, et la prière implicite que les sœurs du malade lui adressent pour qu'il vienne à Béthanie ; néanmoins il reste encore deux jours au lieu où il se trouvait, et il ne part pour la Judée qu'après qu'il est sûr de la mort de Lazare. Pourquoi cela ? J'ai montré plus haut qu'il ne prit pas ce parti, parce que, peut-être, il jugeait la maladie dépourvue de danger ; loin de là, il prévoyait la mort de Lazare. Ce n'était pas, non plus, de l'indifférence pour ce dernier, l'évangéliste le remarque expressément (V. 5). Qu'était-ce donc ? Lücke conjecture que, peut-être, dans ce moment même, Jésus était occupé à un ministère qui produisait d'heureux fruits dans la Pérée, occupation qu'il ne voulut pas interrompre sur-le-champ pour Lazare, regardant comme un devoir de subordonner à sa vocation supérieure de prédicateur sa vocation inférieure d'opérateur de cures merveilleuses et d'ami secourable (1). Mais, outre que, ici, il pouvait très bien faire l'une de ces deux choses et ne pas omettre l'autre, par exemple, laisser quelques uns de ses apôtres pour continuer son ministère dans la Pérée, ou guérir Lazare, soit par un apôtre, soit à distance par la puissance de sa volonté, le fait est que notre évangéliste se tait absolument sur une cause pareille du retard de Jésus. L'explication de Lücke, qui, dans tous les cas, resterait une conjecture, ne pourrait être écoutée qu'autant que l'évangéliste

(1) Comm., 2, S. 376; de même Neander, S. 349.

ne donnerait pas une autre raison de l'intervalle de temps
que Jésus laissa s'écouler; or, cette raison, ainsi que Olshausen le fait remarquer, se trouve explicitement dans la
déclaration de Jésus qui dit (V. 15) être satisfait de ne s'être
pas trouvé présent à la mort de Lazare, parce que la résurrection du défunt sera plus puissante pour fortifier la foi
des apôtres que ne l'aurait été la guérison du malade. Jésus
avait donc laissé à dessein mourir Lazare, pour obtenir
d'autant plus de foi par une résurrection miraculeuse.
Tholuck et Olshausen l'entendent de même au fond, seulement ils se renferment trop dans le point de vue moral,
disant que Jésus, en maître qui travaille à réformer ses disciples, voulut perfectionner l'état de l'âme chez la famille
de Béthanie et chez ses apôtres (1). Enfin, des expressions
telles que celle-ci : *Afin que le Fils de Dieu soit glorifié*,
ἵνα δοξασθῇ ὁ υἱὸς τοῦ Θεοῦ (V. 4), indiquent bien plutôt un
but messianique, c'est-à-dire la propagation et la con-
solidation de la foi en Jésus, comme Fils de Dieu, au
milieu de ce cercle très étroit, il est vrai, de personnes. Jamais, s'écrie ici Lücke, jamais le Sauveur, le plus noble
ami des hommes, n'a agi avec autant d'arbitraire et de caprice (2), et De Wette, de son côté, fait remarquer que
Jésus n'a pas l'habitude de préméditer ses miracles et de les
grossir (3). Mais quand le premier en conclut qu'une cause
quelconque extérieure, par exemple une autre occupation de
son ministère, dut retenir Jésus, cette conclusion est, on
vient de le voir, en contradiction patente avec le récit; et
De Wette aussi la trouve insuffisante, sans montrer une autre explication; de sorte que, si ces deux théologiens soutiennent, avec raison, que le véritable Jésus n'a pas pu agir
ainsi, mais seulement nient à tort que le rédacteur du qua-

(1) Tholuck, S. 202; Olshausen, 2,   (3) Andachtsbuch, 1, S. 292 f. Exeg.
S. 260.   Handb., 1, 3, S. 134.
  (2) Ll. cc.

trième évangile fasse agir ainsi Jésus, il ne reste rien autre
chose que de conclure avec l'auteur des Probabilia (1) que
cette incompatibilité entre le Christ de Jean et le Christ
véritable tel qu'on peut se le représenter, prouve le caractère
non historique de la narration de Jean.

La conduite qui est attribuée aux apôtres (V. 12, seq.)
doit aussi exciter la surprise. S'il était vrai que Jésus
leur eût représenté déjà, du moins dans la personne des
trois principaux d'entre eux présents au miracle, la mort de
la fille de Jaïrus comme un simple sommeil, comment purent-ils, quand il leur dit de Lazare : *Il dort, je le réveillerai*, κεκοίμηται ἐξυπνίσω αὐτὸν, songer à un sommeil
naturel? Quand un malade dort d'un sommeil salutaire, on
ne le réveille pas, et les apôtres durent aussitôt comprendre
que le *sommeil* de Lazare était comme le sommeil de la
fille de Jaïrus. Quand, au lieu de cela, les apôtres entendent
d'une façon aussi superficielle ce qui a un sens plus profond,
il faut simplement y reconnaître la manière favorite du quatrième évangéliste, que nous avons déjà appris à apprécier
par une série d'exemples. Dès qu'il sut d'une manière quelconque par la tradition, que Jésus, dans son langage, désignait la mort comme un simple sommeil, son imagination,
disposée à de pareilles antithèses, créa aussitôt une méprise
correspondante à ce langage figuré (2).

Ce que les Juifs disent, verset 37, est difficilement concevable, du moment que l'on suppose la vérité des résurrections synoptiques. Les Juifs invoquent la guérison de
l'aveugle de naissance (Joh. 9), et font l'argument, que
celui qui a rendu la vue à un homme, aurait bien été en
état de prévenir la mort de Lazare. Comment tomberaient-
ils sur cet exemple hétérogène et insuffisant, s'ils en avaient,
dans les deux résurrections, de plus analogues et de pro-

----

(1) S. 59 f. 79.   (2) Comp. De Wette, exeg. Handb., ,
3, S. 135.

pres à donner une espérance, même dans le cas d'une mort
déjà certaine ? Les résurrections galiléennes des synoptiques
avaient précédé cette résurrection opérée en Judée et racontée par Jean ; cela est certain, puisque, après cette
dernière, Jésus ne retourna pas en Galilée. De plus, ces
miracles ne pouvaient être restés ignorés dans la capitale (1),
car, de l'un et de l'autre il est dit dans les synoptiques, que
le bruit s'en répandit *dans toute cette contrée, dans toute
la Judée et dans tous les pays environnants*, εἰς ὅλην τὴν
γῆν ἐκείνην, ἐν ὅλῃ τῇ Ἰουδαίᾳ καὶ ἐν πάσῃ τῇ περιχώρῳ. Ainsi
ces miracles auraient été plus voisins de la connaissance de
Juifs réels ; et, comme, suivant le quatrième évangile, les
Juifs invoquèrent un miracle plus éloigné de leur connaissance, il est vraisemblable qu'il n'a rien su de ceux que les
synoptiques ont rapportés ; et ce qui prouve que cette
allusion appartient à lui et non à des Juifs véritables, c'est
qu'il la rapporte justement à la guérison qu'il venait de
raconter immédiatement auparavant.

Une difficulté non moins grande gît dans la prière qui est
mise dans la bouche de Jésus, verset 41 et suivants. Après qu'il
a remercié son père de l'avoir exaucé, il ajoute : que pour lui,
il sait bien que son père l'exauce en tout temps, et qu'il ne
prononce cette action de grâces particulière que dans l'intérêt du peuple, afin de lui inspirer de la foi en sa mission
divine. Ainsi, d'abord sa prière se rapporte à Dieu, puis il
ne la considère plus que comme faite à l'intention du peuple ; et ce n'est pas seulement, comme Lücke le veut, que Jésus, qui, s'il ne se fût agi que de lui, aurait prié en silence,

---

(1) Ce que soutient Neander, L. J.
Chr., S. 354. Il objecte que le quatrième
évangéliste a dû, dans tous les cas, avoir
connaissance de résurrections opérées
par Jésus, quand bien même le récit que
nous examinons ici en serait une exagération non historique. A cette objection,
on répond qu'il ne fallait au quatrième
évangéliste, pour former un pareil récit,
que savoir, en général, que Jésus avait
ressuscité des morts, et qu'il n'avait
aucun besoin de connaître des récits
particuliers auxquels il pût se référer
dans ce cas-ci.

ait prié à haute voix pour l'amour du peuple (car, quand on est sûr d'être exaucé, il n'y a aucune raison pour prier intérieurement), mais c'est qu'il n'a pas besoin de remercier son père d'une faveur isolée, comme s'il en était surpris, attendu que, certain d'avance d'être écouté, le souhait et le remerciement se confondent en lui ; en d'autres termes, le rapport qu'il entretient avec son père ne consiste pas dans des actes isolés de prière, de satisfaction à la prière et de remerciment, mais consiste dans un échange permanent et incessant de ces fonctions réciproques , de sorte qu'un tel état de choses ne permettrait pas la manifestation isolée d'actions de grâces. Donc, si, en raison des besoins du peuple et de sa sympathie avec le peuple, Jésus avait fait une manifestation isolée de ce genre, il faudrait donc, pour qu'il y eût quelque vérité dans l'explication que je viens d'exposer, que l'âme de Jésus eût été entièrement envahie par la sympathie, que de l'état du peuple il eût fait son état propre, et qu'ainsi, dans ce moment, il eût prié de son propre mouvement et pour lui-même (1). Mais ici, à peine a-t-il commencé à prier qu'il se met à réfléchir qu'il ne prie pas pour son propre besoin. Sa prière lui est donc dictée, non par un sentiment sincère, mais par un froid accommodement à la situation des autres, et l'on doit trouver cela non seulement difficile à concevoir, mais même choquant. En tout cas, celui qui, de cette façon, ne prie que pour l'édification des autres, n'ira pas leur dire qu'il prie, non de son propre point de vue, mais du leur, parce qu'une prière faite à haute voix ne peut faire d'impression sur les auditeurs qu'autant qu'ils supposent que celui qui prie y est de toute son âme. Comment alors Jésus put-il rendre inefficace par une pareille addition la prière qu'il venait de commencer ? S'il était

---

(1) Cet argument s'adresse aussi à De Wette, qui, tout en reconnaissant qu'il ne convient pas que Jésus se soit *exprimé* de la sorte , admet cependant qu'il a été *animé* de pareils sentiments.

pressé de confesser devant Dieu le véritable état des choses,
il pouvait le faire en silence ; mais une prière prononcée à
haute voix et telle que nous la lisons maintenant . n'aurait
pu être destinée qu'aux chrétiens des âges postérieurs,
qu'aux lecteurs de l'Évangile. En effet, si l'on conçoit que
des actions de grâces étaient nécessaires pour éveiller la foi
dans la foule des assistants, on conçoit aussi que la foi développée, telle que le quatrième évangile la suppose, pût
se choquer d'une pareille prière, parce qu'elle semblait
provenir d'un rapport trop subordonné et surtout trop peu
constant entre le père et le fils. En conséquence, cette
prière, qui était nécessaire pour les auditeurs, dut être annu-
lée de nouveau pour les lecteurs d'un temps postérieur, ou
être réduite à la valeur d'un simple accommodement; mais
ce n'est pas Jésus, c'est un chrétien vivant plus tard qui a
pu avoir une pareille considération. Cela a déjà été senti
par un critique, qui a voulu rejeter du texte le quarante-
deuxième verset, comme étant une interpolation postérieure (1). Mais, comme ce jugement est dépourvu de toute
raison extrinsèque, il faudrait, si ces paroles ne peuvent
pas être de Jésus, admettre ce que Lücke n'était pas tout-
à-fait éloigné d'admettre autrefois (2), que l'évangéliste ne
les a prêtées à Jésus que pour expliquer celles qui précèdent dans le verset 41. Le fait est que nous avons ici des
paroles qui sont seulement prêtées à Jésus par l'évangéliste ;
mais, si le verset 42 est de cette nature, qui nous garantit
qu'il est le seul? Dans un évangile où nous avons déjà reconnu que tant de discours sont simplement prêtés à Jésus,
dans un chapitre qui, de toutes parts, a des impossibilités
historiques, la difficulté que suscite un seul verset est un
signe, non qu'il n'appartient pas au reste du contexte, mais

(1) Dieffenbach, Sur quelques interpolations vraisemblables dans l'évangile
de Jean, dans : Bertholdt's-krit. Journal,
5, S. 8 f.

(2) Comm. z.Joh.. 1te Aufl. 2, S. 310.

que le tout ensemble n'appartient pas à la classe des compositions historiques (1).

Quant au degré de valeur entre les raisons extrinsèques qui garantissent isolément la créance de chacune des trois narrations, Woolston a déjà observé avec justesse qu'il est étonnant que trois évangélistes fassent mention de la résurrection de la fille de Jaïrus, où le miraculeux est moins manifeste, tandis que les deux autres résurrections ne se trouvent chacune que dans un évangile (2); et, comme l'on conçoit encore moins, pour la résurrection de Lazare, comment elle peut manquer dans les autres, qu'on ne le conçoit pour la résurrection du jeune homme de Naïn, on trouve ici une échelle complète de progression.

On remarque que la résurrection du jeune homme de Naïn n'est racontée que par le rédacteur de l'évangile de Luc; on remarque, en particulier, que Matthieu et Marc devraient l'avoir à côté ou en place de la résurrection de la jeune fille, et cela fait difficulté à plus d'un égard (3). D'abord, en général, on devrait croire, attendu que, d'après les récits évangéliques, peu de résurrections ont été opérées, et qu'elles sont éminemment des preuves d'une mission divine, on devrait croire, dis-je, que les évangélistes n'auraient pas été fâchés d'en recueillir une seconde à côté de la première. Matthieu a pensé qu'il valait la peine de raconter trois exemples de guérisons d'aveugles; cependant ces guérisons ont bien moins d'importance, il aurait pu se contenter d'une seule, et, au lieu des autres, consigner dans son évangile l'une ou l'autre des deux résurrections restantes. Supposé encore que les deux premiers évangélistes eussent voulu, par un motif que nous ne pouvons plus reconnaître, ne donner qu'une histoire de résurrection, ils auraient

<hr>

(1) C'est ce que dit aussi l'auteur des Probabilia, S. 61.
(2) Disc. 5.

(3) Comparez Schleiermacher, über den Lukas, S. 103 f.

dû, ce semble, choisir celle du jeune homme de Naïn, si tant est qu'ils la sussent, de préférence à celle de la fille de Jaïrus, parce que la première est, ainsi que cela a été expliqué plus haut, une résurrection plus décidée et plus frappante. Si néanmoins ils ne rapportent que celle de la jeune fille, il faut croire que Matthieu du moins n'a rien su de l'autre; pour Marc, il l'avait vraisemblablement sous les yeux dans l'évangile de Luc. Mais déjà, au verset 7 ou verset 20 du chapitre 3, il avait quitté Luc, 6, 12 (17), pour passer à Matthieu, 12, 15; et ce n'est qu'au verset 35 (21 seq.) du chapitre 4, qu'il revient à Luc, 8, 22 (16 seq.) (1); mais, dès-lors, la résurrection du jeune homme de Naïn, qui se trouve dans Luc, 7, 11 et suivants, était dépassée. Maintenant une seconde question s'élève : Comment la résurrection du jeune homme, si elle a été réellement effectuée, peut-elle être demeurée inconnue au rédacteur du premier évangile? Cette question, indépendamment même de l'origine supposée apostolique de cet évangile, n'a pas de moindres difficultés que la précédente. *Bon nombre de disciples*, μαθηταὶ ἱκανοὶ, avaient été, outre le peuple, témoins de cette résurrection ; Naïn, d'après la détermination que donne l'historien Josèphe de la situation de cette localité par rapport au mont Thabor, ne peut pas avoir été éloignée du théâtre ordinaire où, en Galilée, s'exerçait le ministère de Jésus (2) ; enfin, le bruit de cet événement, comme cela est naturel, se répandit au loin (V. 17). Schleiermacher pense que les rédacteurs des premières esquisses de la vie de Jésus, étrangers au cercle apostolique, s'abstinrent généralement de demander des renseignements aux apôtres très occupés; qu'ils s'adressèrent aux amis de Jésus du second ordre, et que, en conséquence, ils se tournèrent de préférence vers les lieux où ils espéraient la plus ample moisson, Caphar-

____

(1) Saunier, über die Quellen des Markus, S. 66 ff.

(2) Comparez Winer, bibl. Realw. d. A.

naüm, Jérusalem; mais que ce qui s'était passé ailleurs que dans ces deux villes, comme la résurrection dont il s'agit ici, ne put pas aussi facilement tomber dans le domaine commun. D'une part, cette hypothèse abandonne trop au goût particulier de quelques individus la propagation de la connaissance des actes principaux de Jésus, en l'attribuant aux recherches de quelques amateurs, de quelques collecteurs d'anecdotes qui allèrent glaner, comme le fit plus tard Papias; d'autre part, on s'imagine faussement (et ces deux idées se tiennent) que les histoires dont il s'agit se déposèrent, comme des corps lourds obéissant à la pesanteur, dans les lieux qui en avaient été les témoins, qu'elles y restèrent comme des trésors sans usage qu'on ne montrait qu'à ceux qui venaient s'en enquérir sur place; il n'en est rien, elles s'envolent, pleines de vie, loin de l'endroit dans lequel elles se sont passées ou se sont formées; elles se dispersent de toutes parts, et il n'est pas rare qu'elles rompent complétement le lien qui les attache au lieu de leur origine. Nous en voyons tous les jours des exemples dans d'innombrables histoires, vraies ou fausses, qui sont représentées comme s'étant passées dans les contrées les plus diverses. Du moment qu'une pareille histoire s'est formée, elle devient la substance, la localité prétendue n'est plus que l'accident; et ce n'est nullement, comme le veut Schleiermacher, la localité qui est la substance à laquelle l'histoire serait attachée comme accident. Si donc l'on ne peut bien concevoir comment un événement de cette espèce, s'il s'était réellement accompli, aurait pu rester en dehors de la tradition générale, et, de la sorte, être inconnu au rédacteur du premier évangile, l'ignorance où il en est suggère des soupçons contre la réalité historique de cet événement.

C'est avec un bien autre poids que ce motif de douter retombe sur la narration du quatrième évangile relative à la résurrection de Lazare. Si les rédacteurs ou collecteurs des trois premiers évangiles l'eussent connue, ils n'auraient pas

pu , pour plus d'une raison , s'abstenir de la recueillir dans
leurs écrits. D'abord , elle est, parmi toutes les résurrections opérées par Jésus , et même parmi le reste de ses miracles, sinon le fait le plus miraculeux, du moins celui où
le merveilleux se déploie de la manière la plus évidente et la
plus saisissante, et celui qui , en conséquence, si l'on parvient à convaincre quelqu'un de sa réalité historique , est
le plus propre à démontrer la mission divine de Jésus (1).
Ainsi, les évangélistes, quand même ils auraient déjà raconté une ou deux histoires de résurrection, ne pouvaient
pas trouver superflu d'y ajouter celle-ci. En second lieu,
elle eut, d'après l'évangile de Jean , une influence décisive
sur la marche de la destinée de Jésus, car, d'après 11 ,
47 seq., l'augmentation du concours de ceux qui se pres-
saient autour de Jésus, et la grande sensation que causait
la résurrection de Lazare, décidèrent le Sanhédrin à cette
délibération où l'avis sanguinaire de Caïphe fut donné et
accueilli. Cette double importance , dogmatique et historique, de l'événement, devait obliger les synoptiques à le raconter, s'ils le connaissaient. Cependant les théologiens ont
imaginé toutes sortes de motifs pour expliquer comment il a
été possible que les évangélistes , bien qu'ils connussent la
chose, n'en aient rien dit. Les uns ont pensé que, au temps
de la rédaction des trois premiers évangiles, l'histoire était
encore dans toutes les bouches, et que, par conséquent, il
était inutile de la consigner par écrit (2); d'autres, par une
conjecture inverse, ont dit qu'on voulut prévenir la publicité de cette aventure , afin de ne faire courir aucun péril à
Lazare encore vivant (qui, d'après Jean, 12 , 10, fut pour-
suivi par les chefs de la hiérarchie juive à cause du miracle
opéré sur lui) , ou à sa famille ; crainte qui n'existait pas

<hr>

(1) Qu'on se rappelle l'expression   (2) Whitby, annot. sur ce passage.
connue de Spinoza.

plus tard, au temps où Jean écrivit son évangile (1). Or, ces deux motifs s'annulent réciproquement de la manière la plus complète; aussi, chacun d'eux en soi est-il digne à peine d'une réfutation sérieuse. Cependant, comme de pareils expédients sont employés plus souvent encore qu'on ne pourrait le croire, il ne faut pas regretter quelques remarques consacrées à les combattre. L'assertion de ceux qui prétendent que la résurrection de Lazare, étant généralement connue dans le cercle des synoptiques, n'a pas été, pour cette raison, consignée par eux dans leurs évangiles, prouve trop; car, si cette raison était valable, ce seraient justement les points capitaux de la vie de Jésus, son baptême dans le Jourdain, sa mort et sa résurrection, que les synoptiques auraient dû omettre. Mais un écrit qui, comme nos évangiles, se forme au sein d'une société religieuse, sert, non pas seulement à faire connaître ce qui est inconnu, mais encore à conserver ce qui est déjà connu. Quant à la seconde explication, d'autres ont déjà remarqué que la publicité de l'histoire de la résurrection de Lazare dans des contrées extra-palestines pour lesquelles Marc et Luc écrivaient, ne put pas lui nuire, et que le rédacteur du premier évangile, dans le cas où il aurait écrit dans et pour la Palestine, se serait difficilement décidé à taire une œuvre où la gloire du Christ s'était si particulièrement manifestée, et à la taire par considération pour Lazare, qui, sans aucun doute devenu chrétien, ne pouvait pas, dans le cas invraisemblable où il aurait vécu encore au temps de la rédaction du premier évangile, se refuser, non plus que sa famille, à souffrir pour le nom de Jésus. Le temps le plus dangereux pour Lazare fut, d'après Jean, 12, 10, celui qui suivit immédiatement sa résurrection, et un récit publié aussi tard n'était guère en état d'augmenter ou de renouveler ce danger; enfin, dans la contrée

---

(1) C'est ce que disent Grotius, Herder. Olshausen admet aussi, au moins sous forme de conjecture, cette manière de voir, 2, S. 256 f. Anmerk.

de Béthanie et de Jérusalem, d'où venait le danger qui menaçait Lazare, la résurrection devait être si connue et si présente au souvenir, qu'il n'y avait rien à risquer en la consignant par écrit (1).

Il reste établi que les synoptiques n'ont pas connu la résurrection de Lazare, puisqu'ils n'en ont rien dit. Ici donc se reproduit encore la seconde question de savoir comment il a été possible qu'ils l'aient ignorée. Hase dit que le motif de cette omission est caché dans les conditions communes qui font que les synoptiques se taisent en général sur tous les événements antécédents dont la Judée fut le théâtre. Cette réponse mystérieuse ne décide pas, à ne considérer du moins que l'expression, s'il faut se prononcer contre le quatrième évangile ou contre les autres. L'indécision qui règne dans la réponse de Hase, a été tranchée par la plus récente critique de l'évangile de Matthieu, laquelle, déterminant, à sa façon, quelles étaient ces conditions communes, a déclaré que, en ignorant une histoire qui devait être connue d'un apôtre, les synoptiques montrent tous qu'ils n'ont pas appartenu au cercle apostolique (2). Mais, bien que l'on renonce à l'origine apostolique du premier évangile, cela ne rend nullement explicable pourquoi lui et les autres n'ont pas connu la résurrection de Lazare; car, cet événement étant très remarquable, s'étant passé au centre de la contrée juive, y ayant fait une grande sensation et ayant eu les apôtres pour témoins oculaires, on

(1) Voyez ces arguments dispersés dans Paulus et Lücke, sur ce chapitre; dans Gabler, Mémoire cité, p. 238 seq.; et dans Hase, L. J., § 119. Un nouveau motif pour expliquer pourquoi Matthieu se tait sur la résurrection de Lazare, a été imaginé par Heydenreich (über die Unzulässigkeit der mythischen Auffassung, 2tes Stück, S. 42). L'évangéliste, dit ce théologien, l'a omise parce qu'il voulait la traiter et la reproduire avec une délicatesse et une vivacité de sentiment dont il ne se crut pas capable. Ainsi cet homme modeste a mieux aimé ne pas toucher à cette histoire que de lui faire perdre, en la racontant, quelque chose de ce qu'elle a de touchant, de fort et d'élevé. C'eût été là une bien vaine modestie.

(2) Schneckenburger, über den Urspr., S. 10.

ne conçoit pas comment il ne serait pas entré dans la tradition générale, et de là dans les évangiles synoptiques. On a prétendu que ces évangiles avaient, pour fondement, des traditions galiléennes, c'est-à-dire des narrations orales et des pièces écrites provenant des amis et des compagnons galiléens de Jésus ; que ces derniers ne furent pas présents à la résurrection de Lazare, et que, par conséquent, ils ne la recueillirent pas dans leurs mémoriaux ; que les rédacteurs des premiers évangiles, se tenant rigoureusement à ces renseignements galiléens, omirent également cette résurrection (1). Mais on ne peut pas tracer, entre ce qui se passa en Galilée et ce qui se passa en Judée, une ligne de démarcation assez profonde pour qu'un événement tel que la résurrection de Lazare n'ait pas dû avoir aussi du retentissement dans la Galilée. Bien que cette résurrection ne se fût pas opérée dans un jour de fête où plusieurs Galiléens auraient pu être témoins oculaires, comme chez Jean, 4, 45, cependant les apôtres, galiléens pour la plupart, y furent présents (V. 16) ; et, dès que, après la résurrection de Jésus, ils furent retournés en Galilée, ils dûrent répandre cette histoire partout aussi dans cette province ; ou plutôt les Galiléens qui vinrent assister à la fête de Pâques qui fut la dernière que visita Jésus, dûrent apprendre un événement qui avait fait le bruit de la ville. En conséquence Lücke trouve insuffisante cette explication de Gabler ; il veut, à son tour, donner la clef de l'énigme, en remarquant que la primitive tradition évangélique, suivie par les synoptiques, a, dans la représentation de l'histoire de la passion, moins saisi le nœud des affaires, et que, ce nœud lui échappant, elle a omis un événement qui fut le motif secret de l'arrêt de mort prononcé contre Jésus, mais que Jean, initié dans l'histoire intérieure du Sanhé-

---

(1) Gabler, l. c., S. 240 f. Neander s'exprime à peu près de même, S. 557.

drin, fut le premier qui put remplir cette lacune (1). Cette explication pourrait, à la vérité, sembler affaiblir un des motifs qui devaient forcer les synoptiques à consigner cette résurrection, à savoir, le motif tiré de l'importance qu'elle eut pour la destinée de Jésus ; mais on ajoute que, considérée comme miracle en soi, et sans ces circonstances accessoires, elle put facilement se perdre parmi les autres récits de miracles dont nous avons, dans les trois premiers évangiles, un choix en partie fortuit. Or le fait est que ce choix des synoptiques ne paraît fortuit que si l'on suppose, ce qui ici devrait être prouvé d'abord, que les miracles racontés par Jean sont historiques ; et, si les synoptiques, dans leur choix, n'ont pas obéi au hasard jusqu'à être absurdes, ils ne peuvent pas avoir laissé de côté un pareil miracle (2).

Ce sont sans doute ces considérations et d'autres de ce genre qui ont décidé un des derniers interlocuteurs dans la controverse relative au premier évangile, à se plaindre de la partialité avec laquelle on a tranché la question précé-

---

(1) Comm, z. Joh., 2, S. 402.

(2) Comparez De Wette, exeg. Handb., 1, 3, S. 159. Les Leçons de Schleiermacher sur la vie de Jésus (s'il m'est permis de citer un écrit qui n'est pas encore imprimé) contiennent une explication du silence qui nous occupe ici. Il y est dit que les évangélistes synoptiques ignorent, en général, les relations de Jésus avec la famille de Béthanie, parce que, peut-être, les apôtres ne voulurent pas laisser passer dans la tradition générale où puisèrent ces évangélistes, des relations personnelles et intimes de cette espèce ; qu'en conséquence, ce fait isolé, qui appartenait aux relations de Jésus avec cette famille, mais qui ne sortait pas de ce cercle, demeura ignoré. Mais quelle raison aurait pu décider les apôtres à une pareille retenue ? Devrions-nous penser à des relations secrètes, ou même, avec Venturini, à de tendres relations ? De pareilles relations privées n'auraient-elles pas, avec Jésus, renfermé bien des choses édifiantes ? Le fait est que nous trouvons de quoi nous édifier grandement dans les récits que Jean et Luc nous ont faits des relations de Jésus avec cette famille ; et, quand nous lisons dans ce dernier la visite de Jésus à Marthe et Marie, nous comprenons également que les apôtres, dans leur annonciation, n'étaient nullement éloignés de laisser voir quelque chose de ces relations, là du moins où elles pouvaient être d'un intérêt général. Or, quant à l'intérêt général, la résurrection de Lazare, en tant que miracle éminent, dépassait, infiniment plus que cette visite avec son mot : *une seule chose est nécessaire,* ἑνός ἐστι χρεία, les limites des relations privées de Jésus avec la famille de Béthanie ; le désir supposé de tenir celles-ci secrètes ne pouvait pas mettre un obstacle au besoin de rendre le miracle public.

dente, toujours au désavantage des synoptiques, et particulièrement de Matthieu, sans réfléchir qu'une réponse dangereuse pour le quatrième évangile n'est pas moins voisine (1). Nous ne serons pas, non plus, effrayés par les anathèmes de Lücke, qui, dans la dernière édition de son livre, déclare que celui qui, du silence des synoptiques, conclut que le récit de l'évangile de Jean est privé d'authenticité et est une fiction, fait preuve d'un défaut de jugement sans exemple, d'un manque absolu de l'intelligence des rapports qui unissent nos évangiles entre eux ; et, bien que nos auteurs, dans une sécurité théologique non ébranlée par les traits de l'auteur des Probabilia qui n'ont pas tous porté à faux, continuent à admettre ces rapports tels que Lücke les entend, nous ne nous abstiendrons pas de déclarer positivement que nous regardons l'histoire de la résurrection de Lazare, non seulement comme celle qui est intrinsèquement la plus invraisemblable, mais encore comme celle qui, extrinsèquement, est la plus dénuée de tout appui, sans cependant nous cacher la difficulté qu'un pareil arrêt a pour celui qui, du reste, avoue que le quatrième évangéliste a eu une connaissance plus exacte que les autres, des relations de la famille de Béthanie avec Jésus.

Si, de cette façon, les trois résurrections de morts sont devenues plus ou moins douteuses par des raisons négatives, il ne manque plus qu'à trouver une preuve positive qui fasse voir que, même sans fondement historique, la légende de résurrections opérées par Jésus a pu se former. D'après des passages des rabbins (2), aussi bien que du Nouveau-Testament (par exemple : Joh., 5, 28 seq. ; 6, 40. 44 ; 1. Cor. 15 ; 1. Thess. 4, 16), on voit que le Messie devait ressusciter les morts ; or, la *présence sur terre*, παρουσία, du Messie Jésus était,

---

(1) Kern, über den Ursprung des Evang. Matth. Tübing. Zeitschrift, 1834, 2, S. 110.

(2) Bertholdt, Christol. Jud., § 35.

coupée en deux par sa mort dans l'opinion de la première communauté chrétienne : la première portion comprenait sa présence préparatoire, qui commençait avec sa naissance humaine, et se terminait avec sa résurrection et son ascension ; la seconde comprenait son arrivée future dans les nuées du ciel, et l'ouverture réelle du *siècle à venir*, αἰὼν μέλλων. Comme, dans la première présence de Jésus, les gloires attendues du Messie avaient manqué, les grandes œuvres de la puissance messianique, par exemple, la résurrection générale, furent remises à la seconde présence, qui était encore dans l'avenir. Mais, pour gage de ce que l'on devait espérer, il fallut que, à travers la première présence, la gloire de la seconde perçât dans des faits isolés ; il fallut que Jésus, dès sa première arrivée, justifiât, par la résurrection de quelques morts, sa qualification pour ressusciter un jour tous les morts ; il fallut que, interrogé au sujet de sa messianité, il pût citer, parmi les signes caractéristiques de sa mission, le *réveil des morts*, νεκροὶ ἐγείρονται (Matth., 11, 5), et communiquer à ses apôtres cette même toute-puissance (Matth., 10, 8 ; comparez Act. ap. 9, 40 ; 20, 10) ; il fallut surtout que, comme prélude exact du jour où *tous ceux qui sont dans les sépulcres entendront sa voix et sortiront de leurs tombeaux*, πάντες οἱ ἐν τοῖς μνημείοις ἀκούσονται τῆς φωνῆς αὐτοῦ καὶ ἐκπορεύσονται (Joh., 5, 28 seq.), il eût crié *à haute voix*, φωνῇ μεγάλη, *sortez dehors*, δεῦρο ἔξω, à un mort *qui était depuis quatre jours dans le tombeau*, τέσσαρας ἡμέρας ἤδη ἔχοντι ἐν τῷ μνημείῳ (Joh., 11, 17. 43). L'Ancien-Testament fournissait les types les mieux préparés pour la formation de récits détaillés de résurrections isolées. Les prophètes Élie (1. Reg., 17, 17 seq.) et Élisée (2. Reg., 4, 18 seq.) avaient ressuscité des morts, et des auteurs juifs invoquent ces précédents comme types du temps messianique (1). L'objet de leurs résurrec-

---

(1) Voyez le passage du Tanchuma, rapporté t. 1, § 14, vers la fin, dans la note.

tions fut, pour tous les deux, un enfant, mais un garçon, tandis que, dans la narration commune aux synoptiques, c'est une jeune fille ; tous deux le ressuscitèrent pendant qu'il était encore sur son lit, comme Jésus la fille de Jaïrus ; tous deux, pour opérer cette résurrection, se rendirent seuls dans la chambre mortuaire, de même que Jésus fit sortir tout le monde, excepté un petit nombre d'amis intimes ; seulement, comme de raison, le Messie n'a pas besoin d'employer les manipulations pénibles par lesquelles les prophètes cherchent à arriver à leur but. Élie, en particulier, ressuscita le fils d'une veuve, comme Jésus fit à Naïn. Il rencontra à la porte de la ville la veuve de Sarepta, mais avant la mort de son fils, de même que Jésus rencontra sous la porte de la ville la veuve de Naïn après la mort de son fils ; enfin les mêmes paroles servent dans les deux cas à exprimer comment l'auteur du miracle rendit le fils à sa mère (1). Un mort déjà déposé dans la tombe, comme Lazare, fut ressuscité par Élisée (2. Reg., 13, 21) ; seulement le prophète était mort depuis long-temps, et le contact de ses ossements ranima le cadavre, qui fut jeté dessus fortuitement. Il y a encore une autre ressemblance entre ces résurrections de l'Ancien-Testament et celle de Lazare, c'est que Jésus, qui commande au mort dans les deux résurrections racontées par les synoptiques, adresse, dans celle que raconte Jean, une prière à Dieu, comme Élisée et particulièrement Élie avaient fait. Pendant que Paulus étendait jusqu'à ces narrations de l'Ancien-Testament l'explication naturelle qu'il avait formulée pour celle du Nouveau, des théologiens à vue plus étendue avaient remarqué depuis long-temps que les résurrections des évangiles n'étaient pas autre chose que des mythes, nés de la tendance de la plus ancienne commu-

(1) 1. Reg. 17, 23, LXX : Καὶ ἔδωκεν αὐτὸ τῇ μητρὶ αὐτοῦ. Luc, 7, 16 : Καὶ ἔδωκεν αὐτὸν τῇ μητρὶ αὐτοῦ.

nauté chrétienne à modeler son Messie sur le type des prophètes et sur celui de l'idéal messianique (1).

§ XCVIII.

Anecdotes du lac.

Comme les environs du lac de Galilée furent le principal théâtre du ministère de Jésus, du moins d'après le dire des trois premiers évangélistes, un nombre assez considérable de ses miracles se trouve en relation immédiate avec le lac. Un miracle de cette espèce, la pêche miraculeuse, s'est déjà présenté à notre examen; il nous reste encore le calme miraculeusement imposé à la tempête qui, pendant que Jésus dormait, s'était élevée sur le lac (chez les trois synoptiques); la marche de Jésus sur le lac, également pendant un orage (chez Matthieu, Marc et Jean); l'abrégé de la plupart de ces miracles que l'Appendice du quatrième évangile place dans le temps qui suivit la résurrection; enfin la pièce d'or que Pierre dut pêcher (chez Matthieu).

(1) C'est ce que disent: l'auteur du mémoire Sur les différentes considérations d'après lesquelles le biographe de Jésus peut travailler, dans : Bertholdt's krit. Journ., 5, S. 237 f.; et Kaiser, bibl. Theol., 1, S. 202. Philostrate raconte, d'Apollonius de Tyane, une résurrection qui a une ressemblance frappante avec celle du jeune homme de Naïn : « De même que, d'après Luc, le jeune homme, fils unique d'une veuve, avait déjà été porté au dehors de la ville, de même c'est, chez Philostrate, une jeune fille déjà fiancée dont Apollonius rencontre la bière. Le commandement de déposer la bière, le simple attouchement et quelques mots prononcés suffisent, chez Philostrate comme chez Luc, pour rendre la vie au mort (Baur, Apollonius von Tyana und Christus, S. 145). » Je voudrais savoir si Paulus ou tout autre aurait envie d'expliquer naturellement aussi ce récit; mais, si l'on doit le considérer (et en effet on ne peut pas faire autrement) comme une imitation du récit évangélique, il faut avoir une opinion préconçue sur le caractère des livres du Nouveau Testament, pour échapper à cette conséquence, à savoir: que les résurrections qui s'y trouvent ne sont, non plus, que des imitations, faites seulement moins à dessein, de ces récits de l'Ancien Testament; ces récits, à leur tour, ont leur source dans la croyance qu'avait l'antiquité qu'une force victorieuse du trépas était départie aux favoris des dieux (Hercule, Esculape), et plus particulièrement dans les idées que les Juifs se faisaient d'un prophète.

Le récit indiqué le premier (Matth., 8, 23 seq., et passages parallèles), en raison de sa finale particulière, a l'intention de nous présenter Jésus comme celui à qui *obéissent les vents et la mer*, οἱ ἄνεμοι καὶ ἡ θάλασσα ὑπακούουσιν. Si donc nous poursuivons l'échelle observée jusqu'à présent dans les miracles, nous voyons qu'il ne s'agit pas ici simplement d'une action psychologique et magnétique de Jésus sur l'esprit humain et sur le corps vivant, ni d'une revivification de l'organisme abandonné par l'âme, ni même d'une influence sur la nature irraisonnable, mais du moins vivante, comme dans l'histoire de la pêche examinée plus haut, mais qu'il s'agit d'un empire immédiatement exercé sur la nature privée de vie. La possibilité de rattacher ces récits aux opérations de la nature se rompt ici, décidément. C'est le terme extrême où, puisque, dans des résurrections, il restait toujours possible d'admettre une mort simplement apparente, cessent les merveilles dans le sens indiqué plus haut, et commencent les miracles. Si donc l'opinion purement surnaturaliste est la première qui se présente, Olshausen a senti avec justesse qu'une pareille puissance sur la nature extérieure n'avait aucune connexion avec la destination de Jésus pour l'humanité et pour la rédemption de l'homme ; ce qui l'a conduit à essayer de mettre l'événement naturel que Jésus suspend ici, dans un certain rapport avec le péché, et par conséquent, avec la vocation de Jésus. Selon lui, les orages sont les convulsions et les tourmentes de la nature, et, comme telles, sont les conséquences du péché, qui, dans son action redoutable, a aussi troublé le côté physique de l'existence (1). Mais, quand on observe la nature, il faut oublier le général pour le particulier, si l'on veut considérer les orages, les tempêtes et les phénomènes de ce genre, qui ont dans l'enchaînement de l'ensemble leur place nécessaire et leur influence

____

(1) Bibl. Comm., 1, S. 282 f.

bienfaisante, comme des maux et des irrégularités; et une opinion du monde qui, sérieusement, suppose que, avant le péché originel, il n'y avait pas, et que, sans ce péché, il n'y aurait pas d'orages, de tempêtes, de plantes vénéneuses, d'animaux de proie, touche, dirai-je, à l'extravagance mystique ou à la puérilité. Mais, s'il faut abandonner une pareille idée, à quoi sert, chez Jésus, cette puissance sur la nature? Elle était insuffisante et superflue, comme moyen d'éveiller la foi, car Jésus trouva des fidèles isolés, même sans des preuves d'une semblable puissance; et ces preuves ne lui procurèrent pas, non plus, un acquiescement universel. Elle ne peut pas davantage être considérée comme un type de la domination primitive de l'homme sur la nature extérieure, domination qu'il est destiné à reconquérir; car le mérite de cette domination consiste justement en ceci, qu'elle est une œuvre médiate, une conquête arrachée à la nature par la méditation prolongée et par les efforts réunis des siècles, et non une œuvre immédiate, magique, qui ne coûte qu'une parole. Ainsi, relativement à cette partie de la nature dont il s'agit ici, la boussole, le bateau à vapeur, sont une réalisation infiniment plus vraie de la puissance de l'homme, que ne l'aurait été le calme imposé par un seul mot à la mer. Il y a encore un autre côté à considérer : la domination de l'homme sur la nature n'est pas seulement une domination pratique et capable de la modifier matériellement, c'est aussi une domination immanente et spéculative par laquelle l'homme, là même où il succombe extérieurement à la puissance des éléments, n'est cependant pas vaincu par eux dans son intérieur; avec la conviction qu'une force naturelle ne peut détruire en lui que ce qui appartient à la nature, il s'élève au-dessus de la possibilité de cette destruction, certain qu'il est de la spiritualité de son être. Jésus, dit-on, fit preuve de cette force spirituelle, car il dormit tranquillement au milieu de l'orage, et, réveillé par les apôtres effrayés, il les encouragea. Mais, pour faire preuve de courage, il faut courir un véritable danger; or, il n'en existait plus pour Jésus du moment qu'il se savait être la puissance immédiate qui domine la nature. Il n'aurait donc pas donné ici, non plus, une véritable preuve de cette domination spirituelle.

A ces deux égards, l'explication naturelle n'a voulu admettre comme attribué à Jésus, dans le récit évangélique, que ce qui était concevable et désirable ; à savoir, d'une part une observation judicieuse de l'état de l'atmosphère, d'autre part un grand courage au milieu d'un danger réel. Suivant elle, le *commandement aux vents*, ἐπιτιμᾶν τοῖς ἀνέμοις, ne signifie qu'une allocution sur l'orage, quelques exclamations sur sa violence; le calme imposé aux éléments n'indique que la prédiction, fondée sur l'observation de certains signes, de l'approche de la fin de l'orage ; et l'encouragement donné aux apôtres, comme les paroles célèbres de César, n'est que le produit d'une confiance qui lui fit penser qu'un homme de qui dépendaient les intérêts du genre humain, ne serait pas arraché aussi facilement à sa carrière par un accident. Si les personnes qui se trouvaient dans le bateau attribuèrent le calme de l'orage à l'effet des paroles de Jésus, cela ne prouve rien ; car, nulle part, il n'approuve cette interprétation (1). Mais remarquons qu'il ne la désapprouve pas non plus ; cependant, il dut remarquer l'impression que l'évènement avait produite sur ses compagnons, en raison de leur manière de considérer la chose (2). Il faudrait donc qu'il eût eu le dessein, ce que Venturini admet réellement, de ne pas troubler la haute idée qu'ils s'é-

---

(1) C'est ce que disent Paulus, exeg. Handb., 1, b, S. 468 ff.; Venturini, 2, S. 166 ff.; Kaiser, bibl. Theol., 1, S, 197 f. Hase aussi, § 74, trouve cette opinion possible.

(2) Neauder, L. J. Chr., S. 365, qui, ici au reste, ne se défend que faiblement de l'explication naturelle.

taient faite de son pouvoir miraculeux, afin de se les attacher plus étroitement. Ne perdons pas, non plus, de vue une difficulté dans l'explication naturelle ; c'est de savoir comment Jésus, qui n'avait jamais travaillé sur le lac, se serait mieux entendu aux signes précurseurs de la fin d'un orage, que Pierre, que Jacques, que Jean, qui y avaient été élevés (1).

Il reste donc établi que, de la manière dont les évangélistes nous racontent cet évènement, nous devons y reconnaître un miracle. C'est là le résultat de l'exégèse ; mais, élever ce résultat à un fait réel, est excessivement difficile, d'après ce que j'ai dit plus haut ; de là naît un soupçon contre le caractère historique de la narration. Cependant, en prenant le récit de Matthieu pour base, on n'y trouve rien à objecter, jusque vers le milieu, depuis le V. 26. Il se pourrait que Jésus, qui traversait souvent le lac de Galilée, se fût endormi réellement au milieu d'un orage ; il se pourrait que les apôtres, pleins d'effroi, l'eussent réveillé, et que lui, tranquille et maître de lui-même, leur eût répondu : *Pourquoi avez-vous peur, gens de petite foi?* τί δειλοί ἐστε, ὀλιγόπιστοι ; Ce qui suit, c'est le *commandement à la mer,* ἐπιτιμᾶν τῇ θαλάσσῃ, et Marc, qui a, comme l'on sait, une préférence pour les paroles de puissance miraculeuse, donne, en place de cette expression de Matthieu, les prétendues propres expressions de Jésus traduites en grec (*tais-toi, sois tranquille,* σιώπα, πεφίμωσο) ; ce commandement, le calme qui s'établit, l'impression qui s'ensuivit, tout cela aura pu être ajouté dans la transmission orale du récit. Pour attribuer à Jésus un pareil commandement adressé à la mer, on avait, outre l'idée qu'on se faisait de sa personne, des motifs particuliers fournis par l'Ancien-Testament. Dans des descriptions poétiques du passage des Israélites à travers la Mer Rouge, Jéhova est représenté

<hr>

(1) Hase, l. c.

comme celui qui *commanda à la Mer Rouge* de se retirer,
ἐπετίμησε τῇ ἐρυθρᾷ θαλάσσῃ (Ps. 106, 9, LXX. Comparez
Nahum, 1 , 4). L'instrument de ce refoulement de la
Mer Rouge ayant été Moïse (2. Mos., 14, 16. 21), il était
naturel d'attribuer à son grand successeur, le Messie, une
fonction semblable. Il est certain d'ailleurs, d'après des passages rabbiniques, que l'on attendait un desséchement de la
mer opéré de Dieu, sans doute par l'intermédiaire du Messie,
semblable au desséchement opéré jadis par Moïse (1). Ici, Jésus
ne met pas à sec la mer, il l'apaise seulement. On s'explique
cette différence, si l'on prend comme historiques l'orage et le
sang-froid qu'y montra Jésus. Le mythe s'attacha à ce fait
réel, où il n'aurait pas été convenable d'introduire un desséchement du lac, puisque Jésus et ses compagnons étaient en
bateau.

Toutefois, on n'a guère d'exemple sûr de l'implantation
d'un rameau mythique sur un fait réel, sans aucune modification de ce fait ; et, dans celui qui nous occupe ici, supposé
historique jusqu'à présent, il est un trait qui, examiné de
plus près, peut aussi bien avoir été imaginé par la légende,
qu'arrivé réellement. Jésus s'endormit avant l'explosion
de l'orage, et il ne se réveilla pas aussitôt après ; cela
était, non l'œuvre de sa volonté, mais celle du hasard (2).
C'est justement ce hasard qui, seul, donne à toute la scène
sa pleine signification ; car Jésus, s'endormant dans l'orage,
est, par le contraste qui s'y trouve renfermé, une image
non moins symbolique qu'Ulysse, qui, après tant d'orages,

---

(1) Voyez t. 1, § 14, vers la fin, dans
la note.

(2) Neander dénature la chose quand
il représente Jésus comme s'endormant,
au milieu du tumulte des eaux et des
vents, d'un sommeil qui témoignait une
tranquillité d'âme inaccessible, même aux
plus effrayantes convulsions de la nature
(S. 362). Luc dit expressément ; *Or,*

*pendant qu'ils voguaient, Jésus s'endor-
mit, et il s'éleva sur le lac un vent im-
pétueux,* πλεόντων δὲ αὐτῶν ἀφύπνωσε·
καὶ κατέβη λαῖλαψ κ. τ. λ. D'après le
récit des autres aussi, il faut supposer
que Jésus s'endormit avant le commencement de l'orage ; autrement, les
apôtres effrayés l'auraient, non pas
éveillé, mais empêché de s'endormir.

aborde, endormi, à son île natale. Or il se peut, une fois sur dix peut-être, que Jésus se soit réellement endormi à l'approche d'un orage ; dans les neuf cas où cela n'arriva pas, mais où Jésus montra seulement du calme et du courage pendant l'orage, la légende aurait, je crois, assez bien entendu son intérêt, pour figurer le contraste de la tranquillité d'âme de Jésus avec le tumulte des éléments, en le représentant dormant dans le bateau, ou, comme dit Marc (1), à l'arrière sur un coussin, tableau qui peignait à l'imagination ce que les paroles de Jésus peignaient à la pensée. Si donc, ce qui est peut-être arrivé réellement une fois, a dû être imaginé neuf fois par la légende, il est raisonnable de ne pas se débattre contre la conclusion incontestable, qu'il est possible que nous ayons ici, non le cas unique, mais l'un des neuf cas (2). De cette façon, il ne resterait comme fait historique rien de plus, si ce n'est que Jésus, par opposition avec les flots soulevés, recommanda le courage à ses apôtres ; or il se peut qu'il leur ait fait réellement une recommandation semblable une fois, au milieu du lac, pendant un orage ; mais il se peut, s'il est vrai qu'il ait dit figurément : ayez de la foi gros comme un grain de sénevé, et vous serez en état d'ordonner à cette montagne : ôte-toi de là, et jette-toi dans la mer (Matth. 21, 21), ou à cet arbre : déracine-toi et plante-toi dans le fond de la mer (Luc. 17, 6), et dans les deux cas vous serez obéi (καὶ ὑπήκουσεν ἂν ὑμῖν, Luc.) ; il se peut, dis-je, que, étant non pas seulement sur le lac, mais dans toute autre situation, il se soit servi de cette image : *les vents et les eaux obéiront à la parole de celui qui a de la foi* (ὅτι καὶ τοῖς ἀνέμοις ἐπιτάσσει καὶ τῷ ὕδατι, καὶ ὑπακούουσιν αὐτῷ, Luc). Si nous faisons en outre entrer en ligne de compte ce que Olshausen remarque

---

(1) Comparez Saunier, über die Quellen des Markus, S. 82.

(2) Ceci est une réponse à l'accusation de Tholuck, Glaubwürdigkeit, S. 110.

aussi, et ce que Schneckenburger atteste (1), à savoir, que le combat du royaume de Dieu avec le monde était, dans les premiers temps du christianisme, comparé volontiers à une navigation sur un océan orageux, nous comprendrons avec quelle facilité la légende put venir à composer une narration telle que celle-ci, avec le parallèle de Moïse, avec des expressions figurées de Jésus et avec l'idée qu'on se faisait, qu'il était celui qui dirigeait sûrement la nef du royaume de Dieu à travers les flots soulevés du *monde*, κόσμος. Ou bien, indépendamment de ces considérations, on peut ne s'attacher, en général, qu'à l'idée d'un homme qui fait des miracles, et l'on trouve une pareille puissance sur l'orage et l'ouragan attribuée, par exemple, à Pythagore (2).

Plus de difficultés compliquent la seconde anecdote du lac, qui, bien que manquant à Luc, se trouve non seulement dans Matthieu, 14, 22 suiv. et dans Marc 6, 45 suiv., mais encore dans Jean 6, 16 suiv. La tempête surprend les apôtres naviguant seuls pendant la nuit, et aussitôt Jésus, marchant sur la mer, apparaît pour les sauver. Ici aussi le calme s'établit miraculeusement, aussitôt que Jésus entre dans le bateau; mais ce qui forme la véritable difficulté du récit, c'est que le corps de Jésus y paraît exempt d'une loi qui retient dans ses liens tous les corps humains sans exception, de la loi de la pesanteur; et cette exception est telle que non seulement il ne va pas au fond de l'eau, mais qu'il n'y enfonce même pas, et qu'il marche sur les vagues comme sur un sol affermi. Il faudrait donc se représenter le corps de Jésus comme une espèce de corps

---

(1) Ueber den Ursprung, u. s. f., S. 68 f.

(2) D'après Jambl., vita Pyth., 135, ed. Kiessling, on racontait de Pythagore, *qu'il arrêta soudainement des vents violents, des grêles abondantes, et qu'il endormit les flots soulevés sur les fleuves et sur la mer, pour procurer à ses compagnons un passage facile,* ἀνέμων βιαίων χαλαζῶν τε χύσεως παραυτίκα κατευνήσεις, καὶ κυμάτων ποταμίων τε, καὶ θαλασσίων ἀπευδιασμοὶ πρὸς εὐμαρῆ τῶν ἑταίρων διάβασιν. Comparez Porphyre, V. Pyth., p. 29, même édition.

éthéré qui n'avait que l'apparence ; c'était ce que faisaient les Docètes. Cette idée, qui a été repoussée par les Pères de l'Église comme irréligieuse, doit l'être par nous comme extravagante. A la vérité, Olshausen dit qu'un pareil phénomène ne doit pas nous surprendre dans une corporéité supérieure, et douée de forces qui appartiennent à un monde également supérieur (1); mais ce sont là des mots auxquels ne se rattache aucune idée précise. Si, au lieu de concevoir l'activité spirituelle de Jésus qui transfigurait et parachevait son corps, comme une force qui dérobait de plus en plus complétement son corps aux lois psychologiques de la passion et de la sensualité, on la conçoit comme une force qui l'exemptait des lois physiques de la pesanteur, c'est un matérialisme duquel on ne peut dire, comme plus haut, s'il est plus fantastique que puéril. Un Jésus qui n'enfoncerait pas dans l'eau, serait un spectre, et ce ne serait pas sans raison que, dans le récit évangélique, les apôtres l'auraient regardé comme tel. Nous nous rappellerons aussi que, lors de son baptême dans le Jourdain, Jésus ne parut pas doué de cette propriété, et qu'il enfonça régulièrement dans l'eau comme un autre homme. Avait-il dès lors la faculté de se soutenir sur la surface liquide, et seulement s'abstint-il d'en faire usage ? Était-ce par un acte de sa volonté qu'il se faisait plus lourd ou plus léger ? Ou bien, comme Olshausen dirait peut-être, n'était-il pas, au temps de son baptême, assez avancé dans la purification de son corps, pour que l'eau fût en état de le porter, et ce terme de purification ne fut-il atteint que plus tard ? Questions que Olshausen appelle avec raison absurdes, puisqu'elles permettent de plonger le regard dans l'abîme d'absurdités où jettent l'explication surnaturaliste, et en particulier l'explication que ce théologien donne de ce récit.

(1) L. c., S. 481.

Pour éviter cet écueil, l'explication naturelle a pris des biais de toute espèce. Le plus hardi des rationalistes a été Paulus; il a soutenu que le texte ne disait pas que Jésus eût marché sur la mer; que le miracle dans ce passage est tout simplement du domaine de la philologie; que περιπατεῖν ἐπὶ τῆς θαλάσσης est semblable à l'expression de l'Ancien-Testament, στρατοπεδεύειν ἐπὶ τῆς θαλάσσης (2. Mos., 14, 2); et que, si la dernière signifie *camper sur le rivage élevé de la mer*, la seconde signifie, de même, *marcher sur le bord de la mer* (1). D'après le sens des mots pris isolément, cette explication est possible; mais est-elle applicable dans ce cas-ci? Cela ne peut se décider que par le contexte. Il est dit dans le récit que les apôtres s'étaient avancés dans le lac de vingt-cinq à trente stades (Joh.), ou se trouvaient au milieu du lac (Matthieu et Marc); puis, que Jésus s'approcha du bateau, et assez près pour pouvoir parler avec eux. Or, si περιπατῶν ἐπὶ τῆς θαλάσσης avait la signification qu'on suppose, et si, par conséquent, Jésus était resté sur le rivage, comment cette conversation aurait-elle pu s'établir? Pour échapper à cet argument pressant, Paulus suppose que les apôtres, dans une nuit aussi orageuse, ne naviguèrent que le long de la rive; cette conjecture n'a pas besoin d'être examinée, car elle est en contradiction positive avec les termes du texte, *au milieu de la mer*, ἐν μέσῳ τῆς θαλάσσης; expression qui, entendue sinon mathématiquement, du moins suivant le langage populaire, suffit pour réfuter Paulus. Mais cette explication se blesse mortellement dans le passage où Matthieu dit de Pierre que, *étant descendu de la barque, il marcha sur l'eau*, καταβὰς ἀπὸ τοῦ πλοίου περιεπάτησεν ἐπὶ τὰ ὕδατα (V. 29). Comme il est dit, immédiatement après, que Pierre *enfonça*, καταποντίζεσθαι, il ne peut plus s'agir d'une marche sur le bord de la mer; et, si Pierre ne marcha pas sur le bord, Jésus, dont la mar-

(1) Paulus, Memorabilien, 6 Stück, n° V; exeg. Handb., 2, S. 258 ff.

che est désignée d'une manière essentiellement la même, n'y marcha pas non plus (1).

Mais Pierre, dans cette *marche sur les eaux*, περιπατεῖν ἐπὶ τὰ ὕδατα, commença à enfoncer. Ne pourrait-on pas, en conséquence, penser qu'il s'agit, pour lui comme pour Jésus, de nager dans le lac ou d'en guéier les bas-fonds? Ces deux explications ont été réellement proposées (2). Mais l'action de passer à gué aurait dû être rendue par *marcher à travers la mer*, περιπατεῖν διὰ τῆς θαλάσσης ; et, quant à l'action de nager, l'un ou l'autre des évangélistes aurait substitué, dans les passages parallèles, l'expression propre à l'expression figurée. N'oublions pas, non plus, que nager pendant l'orage l'espace de vingt-cinq à trente stades, ou s'avancer à gué jusqu'au milieu du lac, qui certainement n'était pas guéable jusque là, était également impossible. De plus, un homme qui nage ne peut guère être pris pour un spectre. Enfin, la prière de Pierre qui demande expressément la permission de suivre l'exemple de Jésus, et l'impossibilité où il est de l'imiter à cause de son peu de foi, tout cela montre qnelque chose de surnaturel (3).

Le raisonnement sur lequel, ici aussi, repose l'explication naturelle, a été exprimé, dans cette circonstance, par Paulus d'une façon qui en fait ressortir avec un bonheur particulier, l'erreur fondamentale. La question, dit-il, restera toujours de savoir ce qu'il y a de plus vraisemblable, ou la possibilité d'une expression inexacte de la part de l'évangéliste, ou une déviation des lois de la nature. On voit combien le dilemme est posé faussement. Paulus devrait, au contraire, se demander s'il est plus vraisemblable que l'évangéliste se soit exprimé inexactement (disons plutôt à contre-sens), qu'il ne l'est qu'il ait voulu raconter une dé-

(1) Voyez, contre cette explication si forcée de Paulus, Storr, Opusc. acad., 3, p. 288.

(2) La première par Bolten, Bericht des Matthæus z. d. St. ; la secoude dans Henke's neuem Magazin, 6, 2, S. 327 ff.

(3) Comparez Paulus et Fritzsche sur ce passage.

viation des lois naturelles, car il ne s'agit ici que de ce qu'il
a voulu raconter. La question de fond est une tout autre
question, même d'après l'argumentation perpétuelle de
Paulus sur la distinction à établir entre le jugement de l'é-
vangéliste et le fait raconté. Si, dans notre opinion, il n'y
a pas eu déviation des lois naturelles, il ne s'ensuit pas qu'un
narrateur des premiers temps du christianisme n'ait pas admis et raconté une déviation de ce genre (1). Donc, pour
écarter le miracle, il ne faut pas, par une explication plus ou
moins ingénieuse, le faire disparaître du récit; mais il faut
essayer de déterminer si le récit lui-même, en tout ou en
partie, doit être exclu du cercle des choses historiques. Or,
à cet égard, chacune de nos trois relations a des traits particuliers qui, historiquement, sont suspects.

Le trait le plus frappant de ce genre dans Marc, c'est
quand il dit (V. 48) que Jésus s'avança, sur la mer, vers
ses apôtres, *et voulut les devancer*, καὶ ἤθελε παρελθεῖν
αὐτούς, et que ce furent seulement leurs cris pleins d'anxiété
qui le décidèrent à faire attention à eux. Fritzsche, avec
raison, entend ce passage comme signifiant que Jésus avait
l'intention, soutenu par une force divine, de marcher sur tout
le lac comme sur un sol ferme. Mais, avec non moins de
raison, Paulus demande : Pourrait-il y avoir quelque chose
de plus inutile et de plus extravagant que de faire un aussi
singulier miracle, sans qu'il fût vu de personne? Il ne s'ensuit pas qu'il faille, avec ce dernier théologien, introduire,
dans les paroles de Marc, l'explication naturelle, et lui
faire dire que Jésus avait voulu devancer, par terre, les
apôtres, qui longeaient, en bateau, le rivage du lac ; et cela
se doit d'autant moins que c'est tout-à-fait se conformer à
l'esprit de cet évangéliste que de voir un miracle dans sa narration. Non content de répéter, d'après la source où il pui-
sait son récit, que Jésus, par une sollicitude particulière pour

(1) Voyez l'excellent passage dans Fritzsche, Comm. in Matth., p. 5o5.

ses apôtres, avait cette fois pris un chemin aussi extraordinaire, il semble dire par cette addition, que marcher sur l'eau était si naturel et si familier à Jésus que, indépendamment de toute sollicitude pour ses apôtres, il prenait sur l'eau, là où elle lui faisait obstacle, son chemin sans plus d'hésitation que sur la terre ferme. Admettre que Jésus marchait aussi habituellement sur les eaux, ce serait admettre, de la façon la plus positive, la transfiguration du corps supposée par Olshausen, et par conséquent ce serait admettre une chose inconcevable. Donc, cette particularité est un des traits les plus forts par lesquels le second évangéliste se rapproche, çà et là, de l'exagération des évangiles apocryphes (1).

D'une autre façon, dans Matthieu, le merveilleux se trouve, sinon augmenté, du moins multiplié; car il rapporte que, outre Jésus, Pierre fit une tentative pour marcher sur la mer, tentative qui, à la vérité, ne réussit pas complétement bien. Indépendamment du silence des deux narrateurs collatéraux, cette particularité, en soi, est suspecte aussi. Pierre, par un commencement de foi, et sur la parole de Jésus, est en état de marcher réellement sur la mer pendant quelque temps ; et ce n'est que lorsque la crainte le saisit et que la foi l'abandonne, qu'il commence à enfoncer. Qu'en devons-nous penser? Si Jésus était en état, à l'aide d'un corps transfiguré, de marcher sur l'eau, comment pouvait-il encourager à en faire autant Pierre, qui ne jouissait pas d'un tel corps? Ou si, par une simple parole, il dispensa le corps de Pierre de la loi de la pesanteur, demeure-t-il encore un homme? Et s'il est un Dieu, se jouera-t-il des lois de la nature, et les suspendra-t-il sur le caprice d'un mortel? Ou enfin la foi aura-t-elle la puissance de rendre instantanément

______

(1) La tendance de Marc à exagérer se manifeste aussi dans la finale : *ce qui redoubla beaucoup leur étonnement et leur admiration*, καὶ λίαν ἐκ περισσοῦ ἐν ἑαυτοῖς ἐξίσταντο καὶ ἐθαύμαζον (V. 51 ; comparez 7, 37). Il ne faut surtout pas y voir, avec Paulus, une désapprobation d'un étonnement disproportionné avec la cause qui l'excitait.

plus léger le corps d'un croyant? Une pareille force est, il est vrai, attribuée à la foi dans le discours figuré cité plus haut, où il est dit que le croyant est capable de transporter des arbres et des montagnes dans la mer, et pourquoi pas de marcher aussi sur les flots? La réussite s'arrête dès que la foi chancelle ; cela ne pouvait se représenter dans aucune des deux premières images aussi bien que dans la dernière, où l'on voit que, aussi long-temps que l'homme est croyant, il peut, sans danger, cheminer sur la mer agitée, et que, dès qu'il permet l'accès au doute, il enfonce, à moins que le Christ ne lui tende une main secourable. Ainsi les pensées fondamentales de l'histoire que Matthieu a intercalée, sont que Pierre se fia trop sur la fermeté de sa foi; qu'elle chancela soudainement ; que ce doute lui fit courir un grand péril, mais qu'il fut sauvé par Jésus. Cette pensée se trouve réellement exprimée dans Luc (22, 31 seq.), quand Jésus dit à Simon : *Satan vous a demandés pour vous cribler comme on crible le blé; mais j'ai prié pour vous afin que votre foi ne défaille pas,* ὁ σατανᾶς ἐξῃτήσατο ὑμᾶς τοῦ σινιάσαι ὡς τὸν σῖτον· ἐγὼ δὲ ἐδεήθην περὶ σοῦ, ἵνα μὴ ἐκλείπῃ ἡ πίστις σου. Jésus dit cela à Pierre, faisant allusion à son reniement prochain. Ce fut le cas où sa foi , en vertu de laquelle il venait de s'offrir à *aller* avec Jésus, *et en prison et à la mort,* καὶ εἰς φυλακὴν, καὶ εἰς θάνατον πορεύεσθαι, chancela et eut besoin d'être fortifiée de nouveau par l'intercession du Seigneur. Représentons-nous l'inclination déjà mentionnée plus haut que l'on avait dans les premiers temps du christianisme à comparer à une mer soulevée le monde hostile aux chrétiens, et nous ne pourrons nous empêcher, avec un des plus récents critiques, de trouver, dans Pierre qui se prépare courageusement à marcher sur la mer, mais qui bientôt perd courage, s'enfonce et est soutenu par Jésus sur les flots , une représentation allégorique et mystique de l'épreuve que l'apôtre, qui se croyait si fort, soutint si mal, et dont il ne sortit heureusement que par une assistance supérieure (1).

De son côté, le récit du quatrième évangile ne manque pas de quelques particularités qui trahissent un caractère non historique. De tout temps les harmonistes se sont tourmentés de ce que, d'après Matthieu et Marc, le bateau ne se trouvait guère qu'au milieu du lac lorsque Jésus y arriva, tandis que, d'après Jean, il avait déjà atteint la rive opposée ; de ce que, d'après les premiers, Jésus monta dans le bateau et l'orage se calma, tandis que, d'après Jean, les apôtres voulurent, il est vrai, le faire entrer dans le bateau, intention qui resta sans effet, attendu qu'ils débarquèrent aussitôt. En revanche, on a trouvé une foule de conciliations : tantôt le verbe *voulurent*, ἤθελον, joint à *prendre*, λαβεῖν, fut une simple redondance ; tantôt il désigna l'accueil joyeux des apôtres comme s'il y avait eu ἐθέλοντες ἔλαβον ; tantôt il servit seulement à décrire la première impression que les apôtres éprouvèrent en reconnaissant Jésus, qui fut réellement reçu dans le bateau, bien que l'évangéliste n'en parle pas (2). Mais le seul motif pour une telle interprétation se trouve dans la comparaison ici inadmissible des synoptiques : non seulement le récit de Jean n'autorise pas cette interprétation, mais encore il s'y oppose directement. La phrase ajoutée : *Et aussitôt la barque prit terre où ils allaient,* εὐθέως τὸ πλοῖον ἐγένετο ἐπὶ τῆς γῆς, εἰς ἣν ὑπῆγον, quoique liée, non par δὲ, mais par καὶ, ne peut cependant être prise que dans un sens adversatif, à savoir que les apôtres, bien que disposés à prendre Jésus dans la barque, ne l'y firent pourtant pas monter, parce qu'ils touchaient déjà au rivage. En raison de cette divergence, Chrysostome a admis deux différentes marches de Jésus sur la mer ; et, quand pour la seconde marche que Jean rapporte, il ajoute que Jésus n'entra pas dans le

(1) Schneckenburger, über den Ursprung u. s. f., S. 68. Comparez Weisse, die evang. Geschichte, 1, S. 521.

(2) Voyez dans Lücke et Tholuck.

bateau, *afin de rendre le miracle plus grand*, ἵνα τὸ θαῦμα μεῖζον ἐργάσηται (1), nous transporterons cette intention à l'évangéliste, et nous dirons que, si Marc a enchéri sur le miracle, en attribuant à Jésus le dessein de dépasser les apôtres et de traverser tout le lac, Jean va encore plus loin en lui faisant réellement accomplir ce dessein, et en le faisant arriver jusqu'au rivage opposé, sans mettre le pied dans le bateau (2). Mais ce n'est pas seulement à grossir le miracle, c'est encore à l'établir plus fortement et à l'entourer de preuves authentiques, que s'est attaché le quatrième évangéliste. D'après les synoptiques, les seuls témoins en sont les apôtres, qui virent Jésus marcher sur la mer; Jean ajoute à ces témoins immédiats peu nombreux une masse de témoins médiats, c'est-à-dire le peuple rassemblé lors de la multiplication des pains. En effet, suivant lui, 1° la foule, ne retrouvant pas le lendemain Jésus, calcule qu'il n'a pu traverser le lac en bateau, puisque, d'une part, il n'est pas monté sur le bateau des apôtres (V. 22), et que, d'autre part, il n'y a pas d'autre bateau (même verset); 2° l'exclusion d'une marche par terre autour du lac est comprise implicitement dans le verset 25, où il est dit que le peuple, traversant aussitôt le lac, le trouva déjà arrivé au bord opposé, lequel ne pouvait guère être atteint par terre dans un aussi court intervalle. Ainsi le quatrième évangile coupe toutes les voies naturelles par où Jésus aurait pu se rendre de l'autre côté du lac; il ne reste plus qu'une voie surnaturelle; et cette conséquence se trouve en effet tirée par la multitude dans la demande pleine d'étonnement qu'elle adresse à Jésus en le voyant sur la rive opposée : *Depuis quand êtes-vous ici?* πότε ὧδε γέγονας. Comme toute la

____

(1) Homil. in Joh., 43.

(2) De Wette objecte que, si l'évangéliste avait voulu grossir le miracle, il n'aurait pas ajouté que les apôtres touchaient déjà à la terre (Exeg. Handb., 1, 3, S. 79). Dans cette objection, je ne peux voir qu'une méprise; quant à l'assertion de ce théologien qui dit que, chez Jean, la manière dont Jésus traverse le lac, n'est pas représentée comme un miracle (S. 78), elle est pour moi complétement inintelligible.

preuve du passage surnaturel de Jésus dépend de la rapidité
que la foule mit à traverser le lac, l'évangéliste se hâte d'ap·
peler, au secours de cette multitude, *d'autres barques*,
ἄλλα πλοιάρια (V. 23). Or, cette multitude qui s'embarque
(V. 22. 26 seq.) est désignée comme étant celle pour qui
Jésus avait multiplié les pains, et elle s'élevait, d'après le
verset 10, à cinq mille personnes. Quand bien même un
cinquième ou seulement un dixième aurait traversé le lac,
il aurait fallu, d'après la juste remarque de l'auteur des
Probabilia, toute une flotte de bateaux, surtout s'il s'agit
de bateaux de pêcheurs. Si au contraire on admet que ce
furent des coches, ceux-ci n'auront pas eu tous leur destination pour Capharnaüm, et ceux qui ne l'avaient pas n'en
auront pas changé d'après le désir de la multitude. Ainsi
tout ce transport du peuple au-delà du lac paraît avoir été
imaginé (1), soit pour que la marche de Jésus sur la mer fût
constatée par le contrôle d'un témoignage, soit pour que,
ainsi que nous le verrons plus loin, Jésus, qui, selon la tradition, s'était rendu de l'autre côté du lac immédiatement
après la multiplication des pains, pût encore adresser au
peuple un discours sur le sujet de cette multiplication.

Après que nous avons retranché ce que nous pourrions
appeler des excroissances propres à chacun des récits, il
nous restera encore, avec toutes les invraisemblances exposées plus haut, le tronc du miracle, à savoir que Jésus a
marché sur la mer pendant un espace assez considérable.
Mais l'explication des circonstances accessoires, à mesure
que nous avons découvert les causes de leur formation non
historique, nous a facilité la découverte de causes semblables pour la narration principale elle-même, et, de la sorte,
nous a rendu possible la solution du problème qui nous était
proposé. L'empire de Dieu et d'un esprit uni à Dieu sur la

(1) Bretschneider, Probabil., § 81.

nature était, ainsi que nous l'avons vu dans l'exemple précédent, représenté volontiers par les Hébreux et les premiers
chrétiens sous la figure d'une toute-puissance qui commande
aux vagues courroucées. Dans le récit de l'Exode, cette toute-
puissance se manifeste par un simple signe qui suffit pour déplacer la mer et pour ouvrir un chemin sec dans les abîmes
aux enfants d'Israël ; dans le récit évangélique qui nous a occupés précédemment, elle ne déplace pas la mer, mais elle lui
impose une tranquillité qui permet à Jésus et aux apôtres
d'achever sans péril leur traversée ; dans le récit qui nous
occupe présentement, la mer reste encore à sa place comme
dans la seconde, mais de l'Exode elle conserve une traversée
de la mer à pied et non en bateau, et de la seconde anecdote
une traversée sur la surface et non par le fond. De cette façon
se développa la représentation de la toute-puissance que celui qui opère des miracles possède sur les flots de la mer ; et
on découvre des raisons plus précises de ce développement,
soit dans l'Ancien-Testament, soit dans les opinions du siècle
de Jésus. Parmi les miracles d'Élisée, outre qu'il partagea le
Jourdain à l'aide de son manteau, et passa ainsi le fleuve à pied
sec (2. Reg., 2, 14), on lit qu'il fit surnager sur l'eau un morceau de fer qui y était tombé (2. Reg., 6. 6) ; domination sur
la loi de la pesanteur dont le prophète pouvait sans doute se
servir pour son propre corps, et pour se représenter, ainsi qu'il
est dit de Jéhova dans Job, 9, 8, comme *marchant sur la
mer de même que sur un plancher*, περιπατῶν ὡς ἐπ' ἐδάφους
ἐπὶ θαλάσσης (LXX). Du temps de Jésus, on faisait beaucoup
de récits d'opérateurs de miracles qui avaient la faculté de
marcher sur l'eau. Sans parler des idées exclusivement
grecques (1), la légende gréco-orientale attribuait à l'hy-
perboréen Abaris une flèche à l'aide de laquelle il pouvait,
planant dans les airs, traverser les fleuves, les mers et les

____

(1) Voyez les passages dans Wetstein, p. 417 f.

abîmes (1) ; et de la sorte la possibilité de la formation, à l'aide de tous ces éléments et de toutes ces causes, d'une pareille légende sur Jésus, paraît infiniment plus grande que la possibilité d'un événement réel de cette espèce; dernière remarque qui clôt notre discussion.

La *manifestation*, φανέρωσις, de Jésus *sur la mer de Tibériade*, ἐπὶ τῆς θαλάσσης τῆς Τιβεριάδος, racontée par Jean (Ch. 21), a une grande analogie avec les anecdotes du lac examinées jusqu'à présent; aussi, bien que le quatrième évangile la place dans les jours de la résurrection de Jésus, nous ne pouvons nous empêcher, après en avoir attaché une partie au récit de la pêche de Pierre, d'en mettre ici une seconde partie en parallèle avec la marche de Jésus et de Pierre sur la mer. Dans les deux cas, Jésus, pendant l'obscurité de la fin de la nuit, est aperçu par les apôtres, qui se trouvent dans le bateau ; seulement il ne marche pas, dans le second cas comme dans le premier, sur la mer, mais il est debout sur le rivage, et les apôtres sont dans la peine non à cause d'un orage, mais à cause de l'inutilité de leur pêche. Dans les deux cas, ils le redoutent : la première fois ils le prennent pour un spectre; la seconde, ils ne se hasardent pas à lui demander qui il est, *voyant qu'il est le Seigneur*, εἰδότες, ὅτι ὁ Κύριός ἐστιν. Si nous venons au détail, nous reconnaissons que la scène avec Pierre, propre au premier évangile, a son parallèle dans ce passage du quatrième. De même que, selon le premier, Pierre, reconnaissant Jésus qui marche sur l'eau, lui demande la permission de se rendre vers lui par la même voie, de même, selon le quatrième, dès que Jésus debout sur le rivage est reconnu, Pierre se jette dans l'eau pour arriver jusqu'à lui par la voie la plus courte, en nageant. Ainsi, ce qui, dans le premier récit, était une marche miraculeuse sur la mer, est, dans le se-

____

(1) Jamblich., vita Pythagoræ, 136; comparez Porphyr., 29.

cond, pour Jésus, une station sans miracle sur la rive, pour Pierre un acte naturel de nager, de sorte que le récit du quatrième évangéliste semble une paraphrase rationaliste de celui du premier. Aussi il n'a pas manqué de commentateurs qui, au sujet du moins de l'anecdote relative à Pierre dans le premier évangile, ont soutenu qu'elle était l'œuvre d'un travail légendaire qui avait donné une couleur miraculeuse au récit de Jean (Chap. 21, 7) (1). Ce qui empêche la critique actuelle d'étendre cette conjecture à la marche de Jésus sur la mer, c'est que cette marche se trouve dans le récit antérieur (6, 16 seq.) du quatrième évangile, dont l'origine est supposée apostolique. Mais nous, à notre point de vue, nous trouvons possible que cette histoire, ou bien se soit présentée au rédacteur du quatrième évangile sous une forme, et au rédacteur de l'Appendice de cet évangile sous une autre forme, ou bien ait été apportée par la tradition sous une double forme au même quatrième évangéliste, et incorporée par lui en différents endroits de son récit. Cependant, si les deux histoires doivent être comparées, nous ne devons pas supposer d'avance que l'une (celle de Jean, 21) est l'originale, et l'autre (celle de Matthieu, 14 et parallèles) la dérivée ; mais nous devons d'abord demander laquelle des deux s'adapte le mieux à l'une ou l'autre hypothèse. Il y a une règle qui dit que la plus merveilleuse est postérieure ; par conséquent, celle de Jean, 21, semble originale en raison de la manière dont il y est rapporté que Jésus s'approcha des apôtres, et que Pierre arriva jusqu'à lui. Mais il n'en faut pas séparer une autre règle, que le récit plus simple est antérieur et le récit plus composé postérieur, de même qu'un aggrégat est formé plus tard que la pierre primitive ; or, cette règle changerait les rapports et présenterait le récit de Jean, 21, comme dérivé, attendu que les particulari-

(1) Schneckenburger, über den Urspr. S 68.

tés dont il s'agit y sont entrelacées avec la pêche miraculeuse, tandis que, dans le récit antérieur, elles forment un tout indépendant. Il est vrai qu'un tout peut se briser en des fragments plus petits ; mais on ne peut comparer à des fragments de ce genre les récits isolés de la pêche et de la marche sur la mer ; loin de là, chacun d'eux forme un tout complet en soi. Outre cet entrelacement avec le miracle de la pêche, ajoutons que le récit se meut autour de Jésus ressuscité, résurrection qui est déjà en soi un miracle. Cela nous explique comment, contre la règle ordinaire, ces particularités purent perdre, dans une reproduction postérieure, ce qu'elles avaient de miraculeux ; car, devenues, par leur liaison avec d'autres merveilles, de simples accessoires, elles ne servirent plus que d'une sorte d'échafaudage naturel. Or, si, de cette façon, le récit de Jean est un récit dérivé, il a déjà été, relativement à sa valeur historique, jugé avec les narrations qui en constituent le fondement.

Jetons, avant d'aller plus loin, un regard sur la série d'anecdotes du lac que nous venons de parcourir. Nous voyons que, à la vérité, les deux extrêmes sont absolument dissemblables, puisque dans l'une il ne s'agit que de poissons, et dans l'autre que d'un orage ; mais, si on les considère dans leur série, chacune tient à la suivante par un trait commun. Le récit de la vocation des pêcheurs d'hommes (Matth. 4, 18 seq. et parallèles) ouvre la série. Entre ce récit et celui de la pêche de Pierre (Luc, 5, 1 seq.), est commun l'apophthegme des pêcheurs d'hommes ; mais le fait de la pêche est propre à Luc. Cette pêche se retrouve dans Jean, 21, qui, de plus, raconte que, dès le matin, Jésus est debout sur le rivage, et que Pierre se jette à l'eau pour l'aller joindre. Ces deux circonstances se reproduisent dans Matthieu (14, 22 seq. et passages parallèles) sous la forme d'une marche sur la mer, et en même temps s'y joint un orage qui se calme au moment où Jésus met le pied dans le bateau. Enfin, dans Matthieu (8, 23 seq. et passages parallèles) il n'y a plus que le calme imposé à l'orage par Jésus.

Le récit de Matthieu dans 17, 24 seq., s'éloigne de ceux qui ont été considérés jusqu'à présent. A la vérité il s'y trouve, comme dans quelques uns de ces derniers, une invitation de pêcher que Jésus adresse à Pierre, et à laquelle il faut supposer que ce dernier obéit, quoique cela ne soit pas dit expressément. Mais, d'une part, il ne s'agit que de la prise d'un poisson unique pêché à l'hameçon, et, d'autre part, le fait principal est qu'on trouva dans sa gueule une pièce d'or destinée à payer pour Jésus et pour Pierre la taxe du Temple exigée de ces deux derniers. Ce récit, tel qu'il se présente, a des difficultés particulières que Paulus explique fort bien, et que Olshausen ne conteste pas. Fritzsche remarque avec raison qu'il y a deux choses miraculeuses dans cette histoire : l'une que le poisson ait une pièce d'or dans la gueule, l'autre que Jésus l'ait su d'avance. Mais, d'un côté, la première de ces deux choses paraît extravagante, et par conséquent la seconde ; et, d'un autre côté, tout le miracle semble inutile. A la vérité, que des poissons aient eu, dans le corps, des objets métalliques et précieux, c'est ce dont on raconte des exemples (1), et cela n'est pas incroyable ; mais qu'un poisson ait dans la gueule une pièce d'or, et la conserve tout en saisissant l'hameçon, c'est ce que même le docteur Schnappinger (2) a trouvé incompréhensible. Le motif pour Jésus de faire un pareil miracle ne pouvait pas être le manque d'argent ; car, s'il se trouvait par hasard que, à ce moment, la caisse commune fût vide, Jésus était alors dans la ville amie de Capharnaüm, où il pouvait, par voie naturelle, se procurer l'argent nécessaire. Il faudrait donc, avec Olshausen, confondre *emprunter* avec *mendier*, pour arguer ici

(1) Voyez les exemples dans Wetstein, sur ce passage.

(2) Die heilige Schrift des n. Bundes, 1, S. 314, 2ᵗᵉ Aufl.

du décorum divin, *decorum divinum*, qu'avait à garder Jésus. Et, après tant de preuves de sa puissance miraculeuse, Jésus ne pouvait pas considérer ce miracle comme nécessaire, pour fortifier la foi que Pierre avait dans sa messianité.

Il ne faut donc pas s'étonner que des commentateurs rationalistes aient essayé de se délivrer, à tout prix, d'un miracle que même Olshausen nomme le plus difficile de toute l'histoire évangélique. Mais tout est dans la manière dont ils s'y sont pris. L'explication naturelle du fait se résume en ceci, que l'expression *vous trouverez*, εὑρήσεις, est entendue, non immédiatement de la trouvaille d'une pièce d'or dans le poisson, mais médiatement de l'acquisition de cette somme d'argent par la vente du poisson pêché (1). Que le mot en question puisse avoir cette signification, c'est ce que nous accorderons; mais, dans un cas particulier, le contexte seul doit décider s'il a ce sens, et non le sens ordinaire. Si donc il y avait ici : Prenez le premier poisson venu, portez-le au marché *et vous y trouverez une pièce d'or*, χἀκεῖ εὑρήσεις στατῆρα, cette explication ne souffrirait aucune difficulté. Mais, au lieu de cela, le mot *vous trouverez*, εὑρήσεις, est précédé du membre de phrase *ouvrant la gueule du poisson*, ἀνοίξας τὸ στόμα αὐτοῦ ; ainsi ce n'est pas un lieu pour vendre qui est indiqué, c'est un lieu dans le poisson ; pour trouver la pièce d'or, il faut lui ouvrir la gueule, il ne peut donc s'agir que, immédiatement, de la trouvaille de la pièce d'or dans cette partie du poisson (2). Quel besoin en outre y aurait-il eu d'exprimer formellement l'ouverture de la gueule du poisson, si l'objet désiré n'avait pas dû s'y trouver ? Paulus n'y voit que le conseil de détacher promptement le poisson de l'hameçon, afin de le conserver vivant et de s'en

_____

(1) Paulus, exeg. Handb., 2, 502; Comparez Hase, L. J., § 111.

(2) Comparez Storr, in Flatt's Magazin, 2, S. 68 ff.

mieux défaire. L'ordre d'ouvrir la gueule du poisson pourrait sans doute, si rien n'y était joint, être entendu de
l'extraction de l'hameçon ; mais, comme à cet ordre Jésus
ajoute : *Vous trouverez une pièce d'or*, εὑρήσεις στατῆρα,
il est incontestable que le but de l'ouverture de la gueule de
l'animal est de trouver cette pièce. Les interprètes rationalistes
ont bien senti que, tant qu'il sera question, dans le passage,
d'ouvrir la gueule du poisson, il faudra supposer que c'était
pour y trouver la pièce d'or. Cela les a décidés à rapporter,
s'il était possible, le mot στόμα à un autre sujet que le
poisson, mais il ne restait que le pêcheur, Pierre. Or, comme
le mot *la gueule*, στόμα, paraissait rapporté au poisson par le
mot intermédiaire *de lui*, αὐτοῦ, le docteur Paulus, atténuant
ou exagérant la proposition d'un ami qui voulait lire ἀνθευρήσεις
au lieu de αὐτοῦ εὑρήσεις, a, il est vrai, laissé subsister αὐτοῦ,
mais, le séparant de στόμα, il l'a pris adverbialement, et il a
traduit : Vous n'avez besoin que d'ouvrir la bouche pour
mettre en vente le poisson, et vous recevrez *sur place*, αὐτοῦ,
une pièce d'or pour le prix. Mais comment, a-t-on demandé
en outre, un seul poisson a-t-il pu se payer si cher à Ca-
pharnaum, où le poisson abondait? Cette objection a déterminé Paulus à entendre collectivement l'expression : *Tirez
le premier poisson qui se prendra*, τὸν ἀναβάντα πρῶτον
ἰχθὺν ἆρον, et il traduit : Tirez chaque fois le poisson qui
se prendra d'abord, et continuez de la sorte jusqu'à ce que
vous en ayez pour la valeur d'une pièce d'or.

Ainsi, c'est par une série de violences faites au texte, que
l'explication naturelle de ce récit devient possible ; et cela
nous rejette du côté de celle qui y voit un miracle. Mais, d'a-
près ce qui a été remarqué plus haut, ce miracle nous paraît
extravagant et inutile, par conséquent incroyable ; il ne
reste donc plus qu'à supposer, ici aussi, un élément légendaire.
On a essayé de cette supposition, en admettant qu'il y avait
au fond un fait réel, mais naturel, en disant, par exemple,

qu'une fois Jésus engagea Pierre à pêcher jusqu'à concurrence de la taxe du Temple, ce qui donna lieu à la légende de raconter que le poisson avait eu à la gueule la pièce de monnaie (1). Pour nous, nous pensons qu'il est mieux de chercher l'origine de cette anecdote, d'une part, dans le thème souvent employé d'une pêche de Pierre, et, d'autre part, dans les récits connus d'objets précieux trouvés dans le corps de poissons. Pierre, comme nous le savons par Matthieu, 4, par Luc, 5, par Jean, 21, était, dans l'histoire évangélique, le pêcheur à qui Jésus avait accordé, sous diverses formes, d'abord symboliquement, puis au propre, la pêche miraculeusement abondante. La valeur de la pêche est exprimée ici par une pièce de monnaie, laquelle, au lieu de se trouver comme des objets semblables dans le corps du poisson, fut mise dans sa gueule même, par une exagération du miracle. Le récit évangélique dit que cette pièce était justement la taxe exigée pour le Temple ; il se pourrait que cela provînt d'une expression réelle de Jésus par rapport à cette taxe, expression qui fut accidentellement jointe à cette anecdote ; ou bien, contrairement, il se pourrait que la pièce d'or introduite fortuitement dans la légende de la pêche eût fait songer à la taxe du Temple, qui, pour deux personnes, montait à la valeur de la pièce, et eût rappelé en même temps les paroles de Jésus qui se rapportaient à cette taxe.

C'est à ce conte qu'aboutissent les anecdotes du lac.

§ XCIX.

Multiplication miraculeuse des pains.

De même que, dans les histoires examinées en dernier lieu, Jésus réglait et calmait les mouvements et la nature

(1) Kaiser, bibl. Theol., 1, S. 200; comparez Hase, l. c.

irraisonnable, et même privée de vie, de même, dans les récits à l'examen desquels nous allons maintenant procéder, il exerce une action multiplicatrice, non seulement sur des objets naturels, mais encore sur des produits naturels que l'art a travaillés.

Jésus multiplia miraculeusement des aliments préparés, et nourrit une grande multitude avec quelques pains et quelques poissons. C'est ce que nous racontent avec une rare unanimité tous les évangélistes (Matth., 14, 13 seq. Marc, 6, 30 seq. Luc, 9, 10 seq. Joh., 6, 1 seq.). Et, si nous en croyons les deux premiers, Jésus n'a pas fait ce miracle une seule fois; Matthieu, 15, 32 seq., et Marc, 8, 1 seq., racontent une seconde multiplication dans laquelle, au fond, tout se passa comme dans la première. Chronologiquement, elle vient un peu plus tard; le lieu est un peu autrement indiqué, et la durée du séjour de la multitude auprès de Jésus n'est pas la même; en outre, ce qui est plus significatif, la proportion entre les ressources alimentaires et la multitude est différente : dans la première, cinq mille hommes sont rassasiés avec cinq pains et deux poissons; dans la seconde, quatre mille avec sept pains et quelques poissons; dans la première douze corbeilles, dans la seconde sept, sont remplies avec les restes. Néanmoins, non seulement la substance de l'histoire, c'est-à-dire l'alimentation d'une multitude avec très peu de vivres, est tout-à-fait la même des deux côtés, mais encore les accessoires de la scène se correspondent dans les traits principaux; les deux fois, le lieu est une contrée solitaire dans le voisinage du lac de Galilée; les deux fois, l'occasion du miracle est un séjour trop prolongé du peuple auprès de Jésus; les deux fois, Jésus témoigne le désir de nourrir la multitude par ses propres ressources, ce que les apôtres considèrent comme une chose impossible; les deux fois, les vivres disponibles consistent en pains et en poissons; les deux fois, Jésus fait asscoir les gens, et, après avoir prononcé des actions de grâces, leur fait faire la distribution par ses apôtres ; les deux fois, ils sont complétement rassasiés, et les restes, en disproportion énorme avec la matière première, suffisent à remplir des corbeilles ; enfin, les deux fois, après que la foule a été repue, Jésus traverse le lac.

La répétition de ce fait suscite une difficulté : on se demande en effet s'il est concevable que les apôtres, ayant vu par eux-mêmes comment Jésus, avec peu de vivres, avait été en état de nourrir une grande multitude, aient cependant, dans un second cas semblable, oublié le premier, au point de n'en avoir gardé aucune trace dans leur souvenir, et de dire : *D'où nous viendrait, dans un désert, un assez grand nombre de pains pour rassasier tant de monde?* πόθεν ἡμῖν ἐν ἐρημίᾳ ἄρτοι τοσοῦτοι, ὥστε χορτάσαι ὄχλον τοσοῦτον; Pour expliquer un pareil oubli de la part des apôtres, on rappelle qu'ils oublièrent, d'une manière non moins incompréhensible, au moment de la passion et de la mort de Jésus, les annonces qu'il avait faites de l'imminence de ce double événement (1) ; mais on n'est pas moins en droit de se demander si, après des annonces aussi formelles, la mort de Jésus aurait pu être aussi inattendue pour les apôtres. Si l'on suppose, entre les deux multiplications des pains, un intervalle prolongé et un certain nombre de cas semblables où Jésus n'avait pas trouvé convenable d'user de sa puissance miraculeuse (2), ce sont là, d'une part, de pures fictions, et d'autre part on ne pourrait pas davan-

---

(1) Olshausen, 1, S. 503. Cet auteur remarque dans une note (l. c.) que l'on voit par l'expression des apôtres : *Nous n'avons point pris de pains*, ἄρτους οὐκ ἐλάβομεν (Matth., 16, 7), que, même après la seconde multiplication, ils n'avaient pas encore senti que, auprès du Fils de l'homme, il n'était pas nécessaire de prendre des aliments pour le corps.

Cette objection ne prouve rien, parce que, ici, les circonstances étaient tout autres. Si, de l'alimentation miraculeuse du peuple qu'un hasard avait retenu dans le désert, les apôtres ne tirèrent pas la conséquence qu'Olshausen en tire, cela ne peut que leur faire honneur.

(2) Le même, *ibid.*

tage comprendre comment la similitude si frappante des circonstances qui précédèrent la première et la seconde multiplication, n'aurait pas fait songer à celle-là, au moins un des
apôtres. Paulus soutient donc avec raison que, si Jésus eût
déjà nourri une fois la multitude par un miracle, les apôtres l'auraient, la seconde fois, provoqué résolument à répéter ce miracle au moment où il déclara qu'il n'entendait
pas renvoyer le peuple à jeun.

En tout cas, si Jésus avait, par deux fois différentes, rassasié une multitude avec une quantité proportionnellement
très petite d'aliments, il faudrait admettre, avec quelques
critiques, que plusieurs particularités du récit d'un des événements ont été transportées sur l'autre, et que l'un et l'autre
récits, originairement plus dissemblables, se sont de plus en
plus assimilés dans la tradition orale, circonstance qui permettrait de penser que la question dubitative des apôtres
aurait appartenu au premier fait, et non au second (1). En
faveur d'une telle assimilation, on pourrait arguer de ce que
le quatrième évangéliste, qui, pour les nombres, concorde
avec la première multiplication de Matthieu et de Marc, a
cependant certaines particularités de leur seconde histoire de
multiplication ; ainsi, chez lui comme dans cette seconde
histoire, une allocution de Jésus et non des apôtres ouvre
la scène, et le peuple va joindre Jésus sur une montagne.
Mais, si l'on conserve des deux parts les faits capitaux, à savoir le désert, la multiplication des pains et la collecte des
restes, il est encore suffisamment inconcevable, indépendamment de la question dubitative des apôtres, qu'une pareille scène se soit répétée d'une manière aussi complétement
semblable. Si, au contraire, on abandonne, dans une des
histoires, ces faits capitaux, il n'est plus possible de concevoir comment on peut contester sur tous les points la fidélité
de la narration évangélique relativement aux détails de la

____

(1) Gratz, Comm. z. Matth., 2, S. 90 f. ; Sieffert, über den Ursprung, S. 97.

seconde multiplication, tout en maintenant qu'il y a eu réellement une seconde multiplication, d'autant plus que Matthieu et Marc, qui le suit, n'en disent rien.

En conséquence, des critiques modernes ont déclaré avec plus (1) ou moins (2) de précision qu'il n'y avait ici qu'un seul fait, doublé par une méprise du premier évangéliste, qui fut suivi par le second ; qu'il courut, sur la multiplication miraculeuse, des récits différents qui divergeaient entre autres sur la fixation des nombres ; que le rédacteur du premier évangile, pour qui toute histoire de miracle était bien venue, et qui, par conséquent, était peu propre à réduire par la critique deux narrations d'une teneur différente, les reçut toutes deux dans son recueil. Cela explique, disent-ils, complétement comment, lors de la seconde multiplication, les apôtres ont pu s'exprimer encore d'une manière qui décelait si peu de foi ; en effet, la seconde histoire était l'unique et la première là où le rédacteur du premier évangile la recueillit, et, si l'évangéliste n'effaça pas ce trait, c'est qu'il paraît avoir incorporé dans son livre les deux récits absolument comme il les entendit raconter ou comme il les lut ; on en voit, entre autres, la preuve dans la constance avec laquelle lui et Marc, qui le copie, désignent non seulement dans le détail du récit lui-même, mais encore dans une mention postérieure (Matthieu, 16, 9 seq. Marc, 8, 19 seq.), les corbeilles par κόφινοι lors de la première multiplication, et par σπυρίδες lors de la seconde (3). A la vérité, on soutient avec raison que l'apôtre Matthieu n'aurait pas pu prendre un seul événement pour deux, ni raconter une nouvelle histoire qui ne serait pas réellement arrivée (4). Mais la réalité d'une double

(1) Thiess, krit. Commentar, 1, S. 168 ff. ; Schulz, über das Abendmahl, S. 511. Comparez Fritzsche, in Matth., p. 523.

(2) Schleiermacher, über den Lukas, S. 145; Sieffert, l. c., S. 95 ff; Hase, § 97. Neander reste tout-à-fait indécis, L. J. Chr., S. 372 ff. Anm.

(3) Comparez Saunier, l. c., S. 105.

(4) Paulus, exeg. Handb., 2, S. 315; Olshausen, l. c.

multiplication ne s'ensuit qu'autant qu'on suppose d'avance
l'origine apostolique du premier évangile, origine qu'il faudrait d'abord démontrer. Paulus argumente, en observant que
la répétition de cette histoire aurait été sans aucun avantage
pour la cause que soutenait l'évangéliste ; et Olshausen, dé-
veloppant cet argument, dit que la légende n'aurait pas laissé
la seconde histoire de multiplication dans un état de simplicité aussi grande que la première. Raisonner comme Olshausen, c'est demander qu'on ne voie pas une fiction dans des récits
qui, pour être des fictions, devraient être plus ornés. Nous
y couperons court en remarquant que cet argument, étant dépourvu de toute mesure précise, se reproduirait sans cesse,
et qu'enfin la fable elle-même ne paraîtrait pas assez fabuleuse. En outre, il est ici tout-à-fait vide de sens, car il
suppose que le récit de la première multiplication est d'une
exactitude complétement historique ; or, si nous avons déjà
dans celui-ci un produit de la légende, la seconde multiplication, qui n'en est qu'une variation, n'a pas besoin de
se distinguer encore par des traits traditionnels particuliers.
Mais, objectent les commentateurs, il ne faut pas dire seulement que le récit de la seconde multiplication n'a pas été paré
d'additions miraculeuses par rapport au premier ; ce second
récit, augmentant la quantité des vivres et diminuant le nombre des personnes rassasiées, amoindrit le miracle ; de là ils
ont cru voir, dans cette progression décroissante, la plus sûre
garantie de la réalité de la seconde multiplication ; car celui
qui aurait voulu en imaginer une seconde après la première,
aurait sans doute enchéri sur celle-ci, et, au lieu de cinq
mille hommes, il aurait mis, non pas quatre mille, mais
dix mille(1). Cette argumentation repose aussi sur la supposition non fondée que la première multiplication est la multiplication historique ; et Olshausen lui-même exprime la pensée que l'on pourrait prendre également le second récit comme

(1) Olshausen, S. 504.

le fondement historique, et le premier comme dû aux additions de la légende, de sorte que le rapport qui se trouverait
entre le récit imaginé et le récit véritable, serait un rapport
d'augmentation comme cela est exigé. Il répond, à la vérité,
qu'il est invraisemblable qu'un narrateur infidèle place postérieurement comme étant de moindre importance le fait
véritable, qu'il le fasse précéder du fait controuvé, qu'au
contraire il voudra enchérir sur la vérité, et qu'en conséquence il placera en dernier lieu la fiction, comme étant
ornée de plus belles couleurs. Mais par là il montre de nouveau qu'il ne comprend pas même assez pour la juger,
l'explication mythique des récits bibliques ; car personne
ne parle ici d'un narrateur infidèle qui aurait voulu enchérir
sciemment sur la véritable histoire de multiplication, et
surtout personne n'applique cette qualification à Matthieu.
Mais l'on pense que, si, en toute loyauté, tel avait parlé
de cinq mille personnes rassasiées, et tel de quatre mille,
le premier évangéliste, avec non moins de loyauté, consigna
dans son livre les deux versions, et c'est justement parce
qu'il procédait en toute innocence qu'il ne mit aucune importance à la place respective des deux histoires, et qu'il ne
s'inquiéta pas si la plus importante était placée ou non la
première. En cela, il se laissa conduire par des circonstances
fortuites, c'est-à-dire qu'il trouva l'une jointe à des évènements
qui lui parurent antérieurs, et l'autre à des évènements
qui lui parurent postérieurs. Il y a un exemple d'une répétition toute semblable dans le Pentateuque, au sujet
des histoires de l'alimentation avec les cailles, et de la
source qui sortit du rocher. La première est aussi bien dans
2. Mos. 16 que dans 4. Mos. 11 ; la seconde est dans 2.
Mos. 17, puis encore dans 4. Mos. 20, et les deux fois avec
des différences dans le temps, le lieu et les autres circonstances (1). Cependant cela ne nous donne qu'un résultat né-

(1) Voyez les preuves dans De Wette, Kritik der mos. Gesch. S. 220 ff., 314 ff.

gatif, à savoir que le double récit des deux premiers évangiles ne peut pas avoir pour fondement deux évènements différents. Lequel de ces évènements est historique, ou même un seul l'est-il? Ce sont des questions qui doivent être l'objet d'un examen particulier.

Pour échapper à l'apparence de magie que ce miracle a par-dessus tous les autres, Olshausen le rattache à l'état moral des personnes intéressées, et il prétend que l'alimentation miraculeuse fut procurée par l'intermédiaire de la faim spirituelle de la multitude. Mais ce n'est là qu'un langage équivoque, qui se réduit à rien dès qu'on essaie d'en envisager nettement la signification. En effet, dans les guérisons par exemple, d'après l'opinion ici émise par Olshausen, voici en quoi consiste cette opération intermédiaire : le moral du malade s'ouvre avec foi à l'action de Jésus, de sorte que, si la foi manque, la force miraculeuse perd également en l'homme le point d'appui nécessaire ; ici donc l'opération intermédiaire est réelle. Or, si, dans le cas actuel, la même espèce d'opération intermédiaire avait eu lieu, et si, par conséquent, l'action nourrissante de Jésus n'avait eu aucun accès en ceux de la foule qui pouvaient être incrédules, il faudrait considérer ici l'alimentation, de même que la guérison plus haut, comme quelque chose d'opéré dans le corps des affamés par l'action directe de Jésus, et sans la multiplication préalable des vivres qu'on avait sous la main. Mais, ainsi que Paulus l'observe avec raison, et que Olshausen même l'indique, l'évangéliste coupe court à une pareille explication, en disant que des vivres véritables furent distribués à la foule, que chacun en mangea autant qu'il voulut, et qu'à la fin il en resta plus qu'il n'y en avait eu d'abord. Or, la multiplication extérieure et objective des vivres ne peut pas être conçue comme ayant été opérée réellement (*realiter*) par la foi du peuple, de telle sorte que cette foi eût dû coopérer au succès de la multiplication. L'opération intermédiaire ici supposée par Olshausen ne peut donc avoir été que téléologique, c'est-à-dire que Jésus multiplia les pains en vue d'un certain état moral de la multitude. Mais une opération intermédiaire de cette espèce ne me donne pas la moindre lumière à l'aide de laquelle je puisse mieux comprendre le fait en question, car il s'agit de savoir, non pourquoi il s'est passé ainsi, mais comment il s'est passé. On voit que tout ce que Olshausen croit avoir fait ici pour rendre le miracle plus intelligible, se réduit à l'équivoque sur l'expression *opération intermédiaire*; l'action immédiate de la volonté de Jésus sur la nature irraisonnable demeure aussi inconcevable dans cette histoire que dans les histoires examinées en dernier lieu.

Elle a cependant une difficulté particulière : c'est qu'il s'agit, non d'une direction ou d'une modification donnée à des objets naturels comme dans les miracles précédents, mais d'une multiplication, et même d'une multiplication prodigieuse de ces objets. A la vérité, rien ne nous est plus familier que la croissance et la multiplication des productions naturelles ; par exemple, la croissance des graines et leur multiplication, telles qu'elles sont décrites dans les paraboles du semeur et du grain de sénevé. Mais, d'abord, ces phénomènes ne s'opèrent pas sans l'accession d'autres objets naturels tels que la terre, l'eau, l'air, de sorte que, ici aussi, d'après l'axiome connu de la physique, il n'y a pas, à proprement parler, augmentation de la substance, mais il y a seulement changement des accidents ; en second lieu, ce procédé de croissance et de multiplication est tel qu'il parcourt ses stades divers dans des intervalles de temps correspondants. Ici, au contraire, dans la multiplication des vivres par Jésus, ni l'une ni l'autre de ces conditions ne se trouve ; le pain, dans la main de Jésus, ne tient plus au sol de la terre, comme faisait le chaume sur lequel le grain s'est formé ; et la multiplication est, non pas successive, mais soudaine.

On prétend que c'est là justement le miraculeux de la chose, qu'il faut la considérer sous ce dernier point de vue, et ne voir dans ce miracle que l'accélération d'un procédé naturel. Ce qui arrive en trois-quarts d'année depuis l'ensemencement jusqu'à la récolte, s'est, dit on, opéré là en quelques minutes, pendant la distribution des vivres ; car les évolutions naturelles sont susceptibles d'une accélération, et l'on ne peut déterminer jusqu'où cette accélération peut aller (1). C'eût été l'accélération d'un procédé naturel si, dans la main de Jésus, un grain se fût multiplié au centuple, que ces nouveaux grains y eussent mûri, et que, de ses mains toujours pleines, il eût versé les grains multipliés à la foule, afin qu'elle pût les moudre, les pétrir, les cuire, ou, dans le désert où elle était, les manger crus, simplement tirés de l'épi ; c'eût été l'accélération d'un procédé naturel, si, prenant un poisson vivant, il en eût fait sortir soudainement les œufs, les eût fécondés, les eût fait devenir de gros poissons, qu'ensuite les apôtres ou les gens de la foule auraient pu faire cuire. Mais ce n'est pas du grain qu'il prend dans sa main, c'est du pain ; et les poissons, qui sont distribués par morceaux, ont dû être préparés d'une façon quelconque, peut-être rôtis ou salés. (Voyez Luc. 24, 42 ; Joh., 21, 9.) Il ne s'agit donc plus, d'un côté ni de l'autre, d'un simple produit de la nature que la vie anime, mais il s'agit d'un produit que la vie a quitté, et que l'art a modifié. Pour y introduire un procédé naturel d'après la supposition de nos théologiens, Jésus, avant tout, aurait dû, en vertu de sa puissance miraculeuse, faire repasser le pain à l'état de grain, rendre la vie aux poissons rôtis, puis entreprendre immédiatement la multiplication, enfin, ramener ces objets multipliés de l'état naturel à l'état artificiel. Ainsi, ce miracle serait composé : 1° d'une revivification qui surpas-

(1) C'est ce que disent Pfenninger, Olshausen, 1, S. 480. Comparez Hase, § 97.

serait en merveilleux toutes celles que racontent les évangiles ; 2° d'une accélération extrème d'un procédé naturel ; 3° d'un procédé artificiel mis invisiblement en œuvre, et non moins accéléré, puisque toutes les longues opérations du meunier et du boulanger, d'une part, et du cuisinier, d'autre part, se seraient accomplies par la parole de Jésus en un seul moment. Comment donc Olshausen peut-il se tromper, lui et le lecteur croyant, par l'expression, acceptable en apparence, de *procédé naturel accéléré*, puisque cette expression ne désigne qu'un tiers de la chose dont il s'agit (1)?

Maintenant, comment nous représenterons-nous un pareil miracle, et dans quel moment du cours de l'opération le placerons-nous? Relativement à ce dernier point, trois opinions sont possibles, d'après le nombre des groupes qui agissent dans notre narration : la multiplication peut s'être opérée, ou bien dans les mains de Jésus, ou bien dans celles des apôtres qui ont fait la distribution, ou bien enfin, seulement dans celles du peuple qui a reçu les vivres. Cette dernière opinion est puérile jusqu'à l'extravagance, car il faudra se représenter Jésus et les apôtres distribuant, en ayant soin qu'il y en ait suffisamment, des parcelles qui deviennent des morceaux de pain et de poisson entre les mains de la foule ; d'autant plus qu'il n'aurait pas été aisément possible de procurer à chacun des cinq mille hommes une parcelle, aussi petite que l'on voudra, avec deux poissons, et cinq pains, qui ne pourront pas avoir été très gros, puisque ce n'était pas la coutume juive de faire de gros pains, et qu'un enfant les portait. Entre les deux autres opinions, je trouve avec Olshausen, que la plus convenable est celle qui représente les vivres se multipliant sous les mains créa-

---

(1) Cette *déplorable* remarque de ma part a, d'après Olshausen, sa cause dans quelque chose de pire qu'une simple incapacité intellectuelle, à savoir, dans mon absence de toute croyance en un Dieu vivant ; autrement je n'aurais pas trouvé tant de difficulté à concevoir comment la causalité divine peut remplacer les opérations humaines (p. 479).

trices de Jésus, qui donne, sans fin, des pains et des poissons
aux apôtres chargés de la distribution. Pour se faire une
idée du phénomène, on peut essayer de concevoir, ou bien
que, aussitôt qu'un pain et un poisson étaient finis, il en sortait de nouveaux des mains de Jésus, ou bien que chacun
des pains et des poissons croissait, de sorte que, lorsqu'on
en coupait un morceau, la réparation s'effectuait jusqu'à ce
que le tour du pain ou du poisson suivant arrivât, d'après un
calcul de proportion. La première opinion paraît étrangère au
texte, qui, parlant des miettes *des cinq pains*, ἐκ τῶν πέντε
ἄρτων (Joh., 6, 13), ne suppose guère une augmentation de
ce nombre. Reste donc seulement la seconde; et Lavater, en
la parant de couleurs poétiques, a rendu un mauvais service
à l'opinion orthodoxe (1); car ce miracle appartient à ceux
qui ne peuvent paraître croyables jusqu'à un certain point,
qu'aussi long-temps qu'on sait les tenir dans la demi-obscu-
rité d'une image indécise (2). Dès qu'on veut les amener à
la lumière et les examiner exactement dans toutes leurs parties, ils se résolvent en nuages. Des pains qui grossissent dans
les mains de celui qui les distribue, comme des champignons
humides; des poissons rôtis dont les parties coupées se reproduisent soudainement, comme les pinces arrachées à
l'écrevisse vivante se reproduisent successivement, appartiennent évidemment, non au domaine de la réalité, mais
à un tout autre domaine.

Quelle reconnaissance ne mérite donc pas ici l'explication
rationaliste, s'il est vrai qu'elle sache nous délivrer le plus
facilement du monde d'un miracle aussi inouï? A entendre
le docteur Paulus (3), les évangélistes n'ont pas l'intention
de raconter un miracle, et le miracle n'a été introduit dans
leur récit que par les interprètes. Ce qu'ils racontent n'est,

(1) Jesus Messias, 2. Bd., n° 14, 15,   sur ce miracle avec quelques remarques
und 20.   tout-à-fait générales.
(2) Aussi Neander (S. 377) passe-t-il   (3) Exeg. Handb., 2, S. 205 ff.

d'après lui, que ceci : Jésus fit distribuer le peu de provisions qu'il avait, et la multitude eut suffisamment de quoi manger. Il faut suppléer l'omission d'un membre intermédiaire
qui aurait appris comment il fut possible que, malgré le peu
de vivres que Jésus avait à offrir, une aussi grande multitude
ait été rassasiée. Ce membre intermédiaire, dit-il, se trouve
très naturellement dans la combinaison historique des circonstances. On reconnaît, en effet, en comparant Jean, 6, 4,
que, vraisemblablement, la multitude se composait, pour la
plus grande partie, d'une caravane allant à fête ; elle n'a donc
pu être complétement dépourvue de vivres, et seulement
peut-être quelques individus, plus pauvres que les autres,
avaient déjà consommé leurs provisions. Pour décider les
mieux pourvus à faire part de leurs vivres à ceux qui en
manquaient, Jésus disposa un repas, et lui-même donna
l'exemple de distribuer la portion des petites provisions dont
lui et ses apôtres pouvaient se passer. Cet exemple fut imité ;
et, la distribution des pains faite par Jésus ayant suscité une
distribution générale, toute la multitude fut rassasiée. Sans
doute, dit Paulus, c'est ajouter au texte que d'introduire cet
intermédiaire naturel ; mais, comme l'intermédiaire surnaturel
que l'on admet ordinairement, à savoir la multiplication des
pains, n'y est pas, non plus, exprimé formellement, et qu'il
faut les y supposer l'un et l'autre, on ne peut pas faire autrement que de se décider pour le moyen naturel. Le fait est
que l'égalité que l'on suppose dans le texte entre les deux
moyens termes qu'il faudrait suppléer, n'existe réellement
pas. Tandis que, pour le besoin de l'explication naturelle, on
doit supposer un nouveau sujet qui distribue (les mieux pourvus de la foule), un nouvel objet distribué (leurs provisions),
et la distribution de ces provisions ; l'explication surnaturelle se contente du sujet existant, Jésus et ses apôtres, de l'objet existant (leur petite provision), et de la distribution de
ces vivres ; et elle ne laisse à supposer que la manière d'après

laquelle ces vivres devinrent suffisants pour rassasier la foule en se multipliant miraculeusement entre les mains de Jésus et de ses apôtres. Comment peut-on encore soutenir qu'entre les deux moyens termes l'un n'est pas plus près du texte que l'autre? Si la multiplication miraculeuse des pains et des poissons est passée sous silence, cela s'explique; car une chose de ce genre, dont on ne peut se faire aucune idée, est mieux expliquée par le résultat seul. Mais, en revanche, comment les rationalistes rendront-ils compte du silence gardé sur la distribution que, à l'exemple de Jésus, les mieux pourvus firent au reste de la foule? C'est un pur arbitraire que d'intercaler cette distribution des mieux pourvus entre la phrase: *Il les donna aux disciples et les disciples au peuple*, ἔδωκε τοῖς μαθηταῖς, οἱ δὲ μαθηταὶ τοῖς ὄχλοις (Matth., 14, 19), et la phrase: *Ils en mangèrent tous et furent rassasiés*, καὶ ἔφαγον πάντες καὶ ἐχορτάσθησαν (V. 20). Au contraire, la phrase: *Il partagea les deux poissons à tout le monde*, καὶ τοὺς δύο ἰχθύας ἐμέρισε πᾶσι (Marc, 6, 41), montre d'une façon non méconnaissable que les deux poissons seulement, et par conséquent aussi les cinq pains seulement, furent pour tous l'objet de la distribution (1). Mais ce qui est surtout embarrassant pour l'explication naturelle, ce sont les corbeilles que Jésus fit encore remplir des restes après que tous eurent été rassasiés. Quand ici le quatrième évangéliste dit: *Ils les ramassèrent donc, et on remplit douze corbeilles des morceaux des cinq pains d'orge qui étaient restés après que tous en avaient mangé*, συνήγαγον οὖν, καὶ ἐγέμισαν δώδεκα κοφίνους κλασμάτων ἐκ τῶν πέντε ἄρτων τῶν κριθίνων, ἃ ἐπερίσσευσε τοῖς βεβρωκόσιν (6, 13), cela semble indiquer assez clairement que, des cinq pains, après que cinq mille hommes s'en furent rassasiés, il resta douze corbeilles pleines de miettes, par conséquent plus que les

______

(1) Olshausen, sur ce passage.

provisions primitives. Ici donc l'interprète rationaliste a
besoin des subterfuges les plus extravagants pour échapper
au miracle. A la vérité, quand les synoptiques disent simplement que l'on recueillit les restes du repas et qu'on en
remplit douze corbeilles, on pourrait penser, au point de
vue de l'explication naturelle, que Jésus, par respect pour
les dons de Dieu, fit recueillir par ses apôtres ce que les gens
laissaient perdre de leurs propres provisions. Mais, puisque
le peuple abandonnait ce qui restait et ne le serrait pas pour
son propre usage, cela paraît signifier qu'il traitait comme
propriété d'autrui les aliments qui lui furent présentés, et,
de son côté, Jésus, en faisant rassembler ces restes sans aucune difficulté par ses apôtres, semble les considérer comme
lui appartenant. En conséquence Paulus donne un sens nouveau à l'expression des synoptiques : *On ramassa, etc.*, ἦραν
κ. τ. λ. ; il prétend que cela veut dire, non que, le repas
étant terminé, on ramassa ce qui restait après que la multitude eut été rassasiée, mais que les apôtres, après avoir
retenu sur leurs petites provisions le nécessaire pour Jésus et
pour eux, en apportèrent l'excédant au repas commun, par
un exemple dont ils voulaient provoquer l'imitation. Mais
peut-on, quand le membre de phrase : *Ils mangèrent et
furent rassasiés*, ἔφαγον καὶ ἐχορτάσθησαν, est suivi immédiatement du membre de phrase, *on ramassa*, καὶ ἦραν, peut-
on, dis-je, être revenu de la sorte, brusquement, au temps
qui avait précédé le repas ? du moins n'y aurait-il pas eu nécessairement, *car on avait ramassé*, ἦραν γάρ ? En outre,
puisqu'il venait d'être dit que le peuple s'était rassasié, *le
reste*, τὸ περισσεῦσαν, surtout placé comme il l'est dans Luc,
auprès de αὐτοῖς, peut-il signifier autre chose que ce qui avait
été laissé par le peuple ? Enfin, comment est-il possible
qu'avec cinq pains et deux poissons, après que Jésus et ses
apôtres en eurent pris ce qui leur était nécessaire, ou même
sans cela, on ait *rempli*, par voie naturelle, douze corbeilles

de ce qui devait être distribué au peuple? Mais l'explication devient encore plus étrange quand elle s'applique au passage de Jean. Jésus ayant prescrit de rassembler les restes *afin que rien ne se perdit*, ἵνα μή τι ἀπόληται, il semble que ce qui est dit ensuite sur les douze corbeilles remplies du reste des cinq pains, ne peut pas ne pas être en rapport avec le temps qui suivit le repas. Mais alors il n'y aurait pas moyen de s'en tirer sans une multiplication miraculeuse. Aussi Paulus, quoique la phrase : *Ils les ramassèrent donc et en remplirent douze corbeilles*, etc., ne fasse qu'un tout cohérent, préfère en détacher de force : *Ils les ramassèrent donc ;* de sorte que, d'une manière encore plus forcée que chez les synoptiques, il met, sans aucune indication, le verbe au plusqueparfait, et reporte ce membre de phrase au temps qui précéda le repas.

Ici donc encore l'explication naturelle ne résout pas le problème proposé ; le miracle reste dans le texte ; et, si nous avons des motifs pour le trouver incroyable, nous devons examiner si le récit du texte mérite réellement qu'on y ajoute foi. Les commentateurs le placent ordinairement au rang des plus dignes de croyance, à cause de l'accord des quatre évangélistes ; mais cet accord n'est pas aussi complet qu'on le prétend. D'abord, des divergences entre Matthieu et Luc, puis entre ces deux et Marc, qui donne ici aussi cours à son imagination, enfin, entre tous les synoptiques et Jean, portent sur les points suivants : d'après les synoptiques la scène se passe dans un *lieu désert*, τόπος ἔρημος, d'après Jean sur une montagne ; d'après les synoptiques elle s'ouvre par une allocution des apôtres, d'après Jean par une question de Jésus (double particularité par laquelle le récit de Jean, comme il a déjà été remarqué, se rapproche du récit que Matthieu et Marc font de la seconde multiplication); enfin, les discours que les trois premiers évangélistes mettent d'une façon indécise dans la bouche *des disciples*, τῶν μαθητῶν, sont prêtés par le quatrième évangéliste, suivant son habitude d'individualiser, à Philippe et à André nominativement, de même aussi qu'il désigne un *enfant*, παιδάριον, comme le porteur des pains et des poissons. Nous pouvons passer sur ces divergences comme moins essentielles, pour nous arrêter sur une qui a plus de portée. Tandis que, d'après les synoptiques, Jésus, qui a pendant long-temps enseigné la foule, et qui en a guéri les malades, n'est amené à lui donner des vivres que par l'approche du soir et par la remarque qu'on lui en fait ; chez Jean, au contraire, la première pensée de Jésus, dès qu'il lève les yeux et voit arriver le peuple, est, ou bien la pensée exprimée dans sa question à Philippe : Où prendre du pain pour donner à manger à ce peuple ? ou bien, comme il ne disait cela que pour *éprouver* Philippe, πειράζων, et comme il savait bien *ce qu'il avait à faire*, τί ἤμελλε ποιεῖν, elle est le dessein de procurer à la foule une nourriture miraculeuse. Or, comment se put-il que, dès l'approche du peuple, Jésus conçut le projet de lui donner à manger ? Le peuple venait auprès de lui, non pour en recevoir du pain, mais pour profiter de son enseignement et de sa puissance curative ; ce fut donc de son propre mouvement que Jésus se proposa de multiplier les pains, afin de donner la preuve la plus signalée de son pouvoir miraculeux. Mais, était-ce son habitude, de faire un miracle sans nécessité, sans provocation, par un pur caprice, et uniquement pour en faire un ? Je ne puis pas exprimer assez fortement combien il est impossible que la première pensée de Jésus ait été le repas, combien il est impossible qu'il ait imposé de la sorte au peuple la multiplication miraculeuse des pains. Ici donc, le récit des synoptiques, où le miracle a du moins un motif, l'emporte notablement sur celui de Jean, qui, se hâtant d'en venir au miracle, néglige de le motiver, et qui ne fait pas attendre à Jésus le moment de l'opérer. Ce n'est pas ainsi qu'un témoin oculaire a pu parler (1). S'il faut mettre de côté, comme non historique, le récit de cet évangile auquel aujourd'hui on accorde la plus grande autorité, les difficultés du fait en lui-même, signalées plus haut, suffisent, en ce qui regarde les autres évangiles, pour jeter du doute sur le caractère historique de leur narration, d'autant plus que, à côté de ces raisons négatives, se trouvent des raisons positives qui font comprendre que notre récit a pu naître par des voies non historiques.

Ces raisons positives existent aussi bien dans le domaine des récits évangéliques qu'en dehors de ce domaine, c'est-à-dire dans l'histoire de l'Ancien-Testament et dans l'histoire populaire des Juifs. Quant au premier point, il est bon de remarquer que Jean, aussi bien que les synoptiques, rattache plus ou moins immédiatement à la multiplication de pains matériels opérée par Jésus, des discours figurés sur le pain et la pâte. Telles sont, chez Jean (6, 27 seq.) les sentences sur le vrai pain du ciel et de la vie donnés par Jésus, chez les synoptiques sur le faux levain des Pharisiens et des Saducéens, c'est-à-dire leur fausse doctrine et leur hypocrisie (Matth., 16, 5 seq. Marc, 8, 14 seq. Comparez Luc, 12, 1) (2);

---

(1) Contre l'essai de conciliation tenté par Neander, comparez De Wette, exeg. Handb., 1, 3, S. 77.

(2) Cette indication a été tout récemment suivie par Weisse ; il trouve la clef de l'histoire de la multiplication dans une question de Jésus, qui, voyant que les apôtres se méprennent sur l'avis qu'il leur donne de se garder du levain des Pharisiens et des Saducéens, leur demande s'ils ne se souviennent pas combien de corbeilles ils ont remportées des cinq pains et puis des sept pains. Quand il ajoute : *Ne comprenez-vous pas que ce n'est pas de pain que je parlais*, etc, πῶς οὐ νοεῖτε, ὅτι οὐ περὶ ἄρτου εἶπον ὑμῖν, κ. τ. λ. (Matth. 16, 11), la comparaison, dit Weisse, que Jésus fait ici de l'histoire de la multiplication avec le discours sur le levain, montre qu'il ne faut entendre aussi la première que paraboliquement (p. 511 seq.). Mais la forme de la question de Jésus : *combien de paniers (de corbeilles) vous remportâtes*, πόσους κοφίνους (σπυρίδας) ἐλάβετε, suppose un événement réel. On ne peut, d'après ce qui a été dit dans le premier volume au sujet de l'histoire de la tentation, se faire aucune idée d'une parabole où Jésus et les apôtres auraient joué un rôle principal. La manière dont Jésus conclut, ne veut pas dire que, à cause du sens purement figuré du récit antécédent, il faut entendre au figuré aussi le discours subséquent, mais elle veut dire que, puisqu'on s'est convaincu antécédemment, combien il était superflu de s'inquiéter du pain pour le corps dans le voisinage de Jésus, il est absurde d'entendre au propre son discours actuel.

et des deux côtés, le discours figuré de Jésus est entendu, à tort, d'un pain matériel. Ce ne serait donc pas aller chercher bien loin, que de supposer que, semblable au peuple et aux apôtres, la première tradition chrétienne entendit au propre ce qui n'avait été dit par Jésus que d'une façon figurée ; et, si parfois il s'est représenté, dans un langage métaphorique, comme celui qui pouvait donner au peuple égaré et affamé le vrai pain de vie, la meilleure nourriture, à laquelle il opposait peut-être le levain des Pharisiens, la légende, dont la tendance est de tout réaliser, entendit ces paroles comme si Jésus avait véritablement nourri, par un miracle, dans le désert, une multitude affamée. D'après le quatrième évangile, les discours sur le pain de vie sont amenés par la multiplication des pains. Il se pourrait que le rapport fût inverse, et que la conception de cette histoire fût due à ce discours. En effet, le récit de Jean commence par ces mots : *D'où achèterons-nous du pain pour donner à manger à ce peuple ?* πόθεν ἀγοράσομεν ἄρτους ἵνα φάγωσιν οὖτοι; ce langage dans la bouche de Jésus, au premier aspect de la foule qui accourt, se conçoit mieux s'il parlait, par figure, de la nourrir de la parole de Dieu (Comparez Joh., 4, 32 seq.), et d'apaiser sa faim spirituelle (Matth., 5, 6), afin d'exercer l'intelligence supérieure des apôtres (πειράζων), que s'il songeait réellement à une nourriture corporelle, et s'il n'avait voulu éprouver ses apôtres que pour savoir jusqu'à quel point ils s'en remettraient à son pouvoir de faire des miracles. Le récit des synoptiques prête moins à une pareille manière de voir. Les discours figurés sur le levain ne suffisent pas pour motiver la formation de l'histoire de la multiplication ; et, comme l'évangile de Jean est, à vrai dire, le seul qui semble la permettre, on se conformera mieux au caractère de cet évangile en supposant qu'il s'est servi du récit miraculeux reçu par tradition, comme d'un texte pour des discours figurés dans le goût alexandrin,

qu'en supposant qu'il nous a conservé les discours originaux
d'où la légende aurait tiré cette histoire de miracle.

Si donc nous trouvons, hors du Nouveau-Testament, des
causes très puissantes qui aient pu concourir à la formation
du récit de la multiplication des pains, nous serons obligés
de renoncer à notre essai de la construire avec des matériaux
pris au Nouveau-Testament. Le quatrième évangéliste, en
mettant dans la bouche du peuple la mention de la manne,
ce pain céleste que Moïse avait donné à manger dans le désert
aux ancêtres (V. 31), nous rappelle un des traits les plus
célèbres de la primitive histoire des Israélites (2. Mos., 16).
Il était tout-à-fait naturel qu'on le considérât comme un
type de ce qui devait arriver dans le temps messianique ; et
nous savons, en effet, d'après des écrits rabbiniques, que,
parmi les traits qui furent transportés du premier Goël au
second, la distribution d'un pain céleste jouait un rôle principal (1). De plus, si la manne de Moïse se prête sans peine à
être regardée comme le type du pain miraculeusement multiplié par Jésus, les poissons que Jésus multiplia par le même
miracle, pourraient faire songer comment Moïse procura au
peuple, non seulement un succédané du pain dans la
manne, mais encore une nourriture animale dans les cailles
(2. Mos., 16, 8. 12. 13 ; 4. Mos., 11, 4, jusqu'à la fin).
En comparant ces récits mosaïques avec nos récits évangéliques, on trouve dans les détails une similitude frappante.
Des deux côtés, le lieu est le désert ; des deux côtés, la cause
du miracle est la crainte que le peuple ne souffre de la famine, ou même ne périsse complétement par la faim. Dans
l'Ancien-Testament, cette crainte est exprimée par le peuple, à voix haute et avec des murmures ; dans le Nouveau,
elle est un effet de la courte vue des apôtres et de l'amour de
Jésus pour les hommes. Jésus fait songer à ses apôtres qu'il

(1) Voyez le premier volume, § 14.

faut donner à manger au peuple, ce qui indique déjà son dessein d'une multiplication miraculeuse; avec ce langage de
Jésus, on mettra en parallèle l'indication que Jéhova donne à
Moïse de nourrir le peuple avec de la manne (2. Mos., 16,
4), et avec des cailles (2. Mos., 16, 12; 4. Mos., 11,
18—20). Mais ce qui est tout-à-fait décisif, c'est la ressemblance entre les doutes exprimés de part et d'autre. Les
apôtres regardent comme impossible de procurer des vivres
dans le désert à une aussi grande multitude, et Moïse élève
des doutes contre la promesse de Jéhova, de rassasier de
viande les Israélites (4. Mos., 11, 21 seq.). Comme les
apôtres, Moïse trouve la multitude du peuple trop grande
pour qu'il soit possible de la pourvoir d'une nourriture suffisante; comme les apôtres, qui demandent où prendre tant de
pain dans le désert, de même Moïse demande ironiquement
si les Israélites doivent tuer des moutons et des bœufs (ils n'en
avaient pas); comme les apôtres, qui objectent que, quand
même ils feraient les plus grands sacrifices d'argent, cela ne
suffirait pas pour donner un peu de pain à chacun, de même
Moïse avait déclaré d'une autre façon, que, pour rassasier
le peuple ainsi que Jéhova le promettait, il faudrait que
l'impossible se fît (c'est-à-dire que les poissons vinssent de
la mer). Jéhova, dans l'Ancien-Testament, pas plus que
Jésus dans le Nouveau, ne tient compte de ces objections,
et il ordonne au peuple de se préparer à recevoir la nourriture miraculeuse.

Quelque analogie qu'il y ait entre ces deux nourritures
procurées miraculeusement, cependant il se trouve une différence essentielle: c'est que, dans l'Ancien-Testament, il
s'agit, aussi bien pour la manne que pour les cailles, de procurer miraculeusement des aliments qui n'existaient pas précédemment; et dans le Nouveau, de multiplier miraculeusement des aliments qui existaient déjà, mais qui ne suffisaient
pas. L'intervalle entre le récit mosaïque et le récit évangé-

lique est donc trop grand pour qu'on puisse dériver immédiatement celui-ci de celui-là. Nous avons besoin
d'un intermédiaire ; et cet intermédiaire tout-à-fait naturel
entre Moïse et le Messie est donné par les prophètes. Pour
Élie, on sait que par lui et en sa faveur la petite provision
de farine et d'huile qu'il trouva chez la veuve de Sarephta
fut multipliée miraculeusement, ou, plus précisément, maintenue de manière à suffire durant toute la durée d'une famine (1. Reg., 17, 8—16). Cette histoire de miracle se
développe davantage et d'une manière plus semblable au
récit évangélique chez Élisée (2. Reg., 4, 42 seq.). Comme
Jésus, dans le désert, avec cinq pains et cinq poissons veut
nourrir cinq mille hommes, Élisée veut, pendant une famine, nourrir cent hommes avec vingt pains (des pains
d'orge comme ceux qui furent distribués par Jésus suivant
Jean), et avec un peu de froment écrasé (כרמל, LXX :
παλάθας). La disproportion entre les provisions et le nombre d'hommes est exprimée par son serviteur, comme dans
l'Évangile par les apôtres, sous la forme de cette question :
Qu'est-ce qu'une si petite quantité de vivres pour cent hommes ? Élisée ne se laisse pas plus déconcerter que Jésus par
cette objection ; mais il ordonne à son serviteur de donner à
manger au peuple ce qui se trouve ; et, de même que le récit
évangélique fait ressortir qu'on ramassa les débris du repas,
de même, dans l'Ancien-Testament, la narration se termine
par la remarque que, bien que tant d'hommes eussent mangé leur part de ces provisions, cependant il y en avait encore eu de reste (1). La seule différence est ici, à vrai dire,
le moindre nombre des pains, et le plus grand de la foule
rassasiée, du côté du récit évangélique. Mais qui ne sait

(1)-2. Reg. 4. 43, lxx : Qu'est-ce que cela pour le donner à cent hommes? Τί δῶ τοῦτο ἐνώπιον ἑκατὸν ἀνδρῶν ;

Ibid. V. 44 : Et ils mangèrent, et il

Joh. 6, 9 : Mais qu'est-ce que cela pour tant de gens? Ἀλλὰ ταῦτα τί ἐστιν εἰς τοσούτους ;

Matth., 14, 20 : Ils en mangèrent

que, en général, la légende n'imite guère sans enchérir, et que, en particulier, il convenait parfaitement à la position du Messie qu'on mît sa puissance miraculeuse dans le rapport de cinq à vingt, quant à la nécessité d'aliments naturels préexistants, et dans celui de cinq mille à cent, quant à l'action surnaturelle. Il est vrai que, pour couper court à la conséquence qui veut que, si l'on entend mythiquement les deux récits de l'Ancien-Testament, on entende mythiquement aussi le récit si semblable des évangiles, Paulus étend au premier l'essai d'une explication naturelle qu'il a développée pour le second ; il prétend que la cruche d'huile de la veuve fut tenue pleine par des contributions des élèves du prophète, et que les vingt pains devinrent suffisants pour cent hommes à l'aide d'une modération digne de louanges (1). Cette explication peut encore moins nous tenter que l'explication correspondante du récit du Nouveau-Testament ; car, en raison de la date plus reculée de l'événement, il y a moins de motifs critiques, et en raison du rapport seulement médiat qu'il a avec le christianisme, il y a moins de motifs dogmatiques pour tenir à son authenticité historique.

Pour rendre complète cette déduction mythique de l'histoire de la multiplication des pains, il ne nous manque plus que de montrer que les Juifs postérieurs croyaient que des hommes d'une sainteté particulière avaient la faculté de rendre suffisantes de petites provisions de vivres. C'est l'érudition désintéressée du docteur Paulus qui nous a fourni ces renseignements. Par exemple, il nous a appris qu'au temps d'un homme d'une grande sainteté, les pains de proposition

---

en resta suivant la parole du Seigneur. Καὶ ἔφαγον, καὶ κατέλιπον κατὰ τὸ ῥῆμα Κυρίου.

tous et furent rassasiés, et on emporta douze corbeilles pleines des morceaux qui étaient restés. Καὶ ἔφαγον πάντες, καὶ ἐχορτάσθησαν, καὶ ἦραν τὸ περισσεῦον τῶν κλασμάτων, δώδεκα κοφίνους πλήρεις.

(1) Exeg. Handb., 2, S. 257 f.

en petit nombre suffirent à rassasier les prêtres, et que même il en resta (1). Ce commentateur, s'il était conséquent, devrait essayer de donner de ce récit aussi une explication naturelle, peut-être par la retenue de ces prêtres ; mais cette histoire ne se trouve pas dans les livres canoniques ; par conséquent il peut, sans hésitation, la tenir pour un conte ; et la seule chose qu'il accorde en raison de la ressemblance frappante qu'elle a avec le récit évangélique, c'est que, en vertu de la croyance des Juifs à de pareilles multiplications de vivres, croyance attestée par ces documents rabbiniques, le récit du Nouveau-Testament put de bonne heure être conçu par des chrétiens judaïsans dans un sens pareillement miraculeux. Mais nos recherches prouvent que le récit évangélique a été rédigé conformément à ces idées ; et, si ces idées se trouvaient dans la légende populaire des Juifs, ce récit évangélique est, sans aucun doute, un produit de cette légende (2).

§ C.

Jésus transforme l'eau en vin.

A la multiplication des pains, on peut rattacher le récit du quatrième évangile (2, 1 seq.) suivant lequel Jésus changea l'eau en vin dans une noce, à Cana en Galilée. D'après Olshausen, les deux miracles appartiennent à la même catégorie, puisqu'il s'y trouve un *substratum* dont la substance est modifiée (3). Mais il oublie ici une différence logique : dans l'histoire de la multiplication, la modification du *substratum* est purement quantitative, c'est une augmentation de

---

(1) Joma f. 39, 1 : Tempore Simeonis justi benedictio erat super duos panes pentecostales et super decem panes προθέσεως, et singuli sacerdotes, qui prorata parte acciperent quantitatem olivæ, ad satietatem comederent, imo ut adhuc reliquiæ superessent.

(2) Comp. De Wette, exeg. Handb., 1, 1, S. 133 f.

(3) Bibl. Comm., 2, S. 74.

ce qui existe déjà avec la même qualité ; il y a plus de *pain*, mais c'est toujours du *pain*. Au contraire, dans la noce de Cana, le *substratum* subit une modification qualitative ; il ne reste pas semblable à lui-même, il devient autre chose, de l'eau est changée en vin ; il y a donc une véritable transsubstantiation. A la vérité, il y a des changements qualitatifs qui se succèdent conformément aux lois de la nature, et dont la production instantanée de la part de Jésus serait plus facilement concevable qu'une augmentation également instantanée de la quantité ; par exemple, s'il avait fait soudainement du vin avec du moût, ou du vinaigre avec du vin ; car ce ne serait que faire passer rapidement le même *substratum* végétal, le jus de raisin, par des états divers qui lui sont naturels. Il serait déjà plus miraculeux que Jésus eût communiqué au jus d'un autre fruit, par exemple de la pomme, la qualité du jus de raisin ; cependant il serait resté encore dans les limites du même règne de la nature. Mais ici où de l'eau est changée en vin, on saute brusquement d'un règne de la nature dans l'autre, de la substance inorganique à la substance végétale, miracle qui est autant au-dessus du miracle de la multiplication que celui de changer les pierres en pain, que le tentateur suggéra à Jésus (1).

A ce miracle, comme au précédent, Olshausen, d'après Augustin (2), applique l'explication d'un travail naturel accéléré, de sorte qu'il ne s'y passa rien autre chose, seulement dans un délai plus bref, que ce qui se passe annuellement dans la vigne avec un développement plus prolongé. Cette manière de considérer la chose serait fondée, si le

---

(1) Neander pense que, pour ce miracle, on peut, plus facilement que pour celui de la multiplication des pains, trouver une analogie, à savoir dans les sources minérales dont l'eau prend une telle puissance par des forces naturelles, qu'elle produit des effets supérieurs de beaucoup à ceux de l'eau ordinaire, et en partie semblables à ceux du vin. (S. 569.)

(2) In Johann. tract. 8 : Ipse vinum fecit in nuptiis, qui omni anno hoc facit in vitibus.

substratum sur lequel Jésus opéra, avait été le même que celui d'où le vin provient par voie naturelle. S'il avait pris dans sa main une vigne, et si soudainement il l'avait fait fleurir et porter des grappes mûres, cela pourrait s'appeler un travail naturel accéléré. Mais nous n'aurions pas encore du vin par là ; et, si Jésus en fit produire à la vigne ainsi prise dans sa main, il fallut qu'il ajoutât un remplaçant invisible du pressoir, c'est-à-dire un travail artificiel accéléré ; de sorte que, ici aussi, l'explication prise de l'accélération d'un travail naturel ne pourrait suffire. Mais nous avons pour *substratum* de cette production de vin, non une vigne, mais de l'eau ; et on ne pourrait parler ici avec justesse d'un travail naturel accéléré, qu'autant que, dans des circonstances quelconques, de l'eau se changerait en vin par des transformations successives. Pour en venir là, on dit qu'en tous cas c'est de l'eau, c'est de l'humidité apportée à la terre par la pluie, etc., que la vigne tire sa sève employée aussitôt à la production de la grappe et du vin ; de sorte qu'il est vrai de dire que chaque année de l'eau est changée en vin par un travail naturel (1). Mais, outre que l'eau n'est qu'une des puissances élémentaires dont la vigne a besoin pour être féconde, et outre qu'il faut encore de la terre, de l'air et de la lumière, on ne pourrait dire, ni de l'une de ces puissances élémentaires, ni de toutes prises ensemble, qu'elles produisent la grappe ou le vin, et qu'ainsi Jésus, en changeant l'eau en vin, a fait, avec plus de promptitude seulement, ce qui se renouvelle annuellement par une élaboration successive. Ici encore on confond des catégories logiques qui sont essentiellement différentes. En effet, nous pouvons placer le rapport du produit au producteur, rapport dont il s'agit ici, sous la catégorie de la force et du phénomène, ou

(1) C'est ce que dit Augustin, approuvé par Olshausen : Sicut enim, quod miserunt ministri in hydrias, in vinum conversum est opere Domini, sic et quod nubes fundunt, in vinum convertitur ejusdem opere Domini.

de la cause et de l'effet. Il ne sera jamais possible de dire que l'eau est la force ou la cause qui produit les grappes et le vin ; la force qui en détermine la production, reste toujours l'individualité végétale du cep, à l'égard duquel l'eau, de même que les autres agents élémentaires, ne se comporte que comme sollicitant la force, provoquant la cause. Sans doute la grappe ne peut se former sans l'action de l'eau, de l'air, etc., pas plus qu'elle ne le peut sans le cep ; mais la différence est que dans le cep, la grappe préexiste en un germe auquel l'eau et les autres agents ne sont que des moyens de développement. Dans ces substances élémentaires, au contraire, la grappe n'existe ni en acte ni en puissance. Ils ne peuvent en aucune façon la faire naître par eux-mêmes, ils ne peuvent que la développer dans un autre corps, la vigne. Donc faire du vin avec de l'eau, ce n'est pas faire marcher l'action d'une cause plus rapidement qu'elle ne marcherait par la voie naturelle, mais c'est faire naître l'effet, sans cause et de la simple circonstance occasionnelle, ou, pour nous en tenir plus précisément dans le règne organique, c'est faire naître de simples matériaux inorganiques, ou plutôt, d'un seul élément de ces matériaux, un produit organique, sans l'organisme producteur, à peu près comme si l'on prétendait faire, avec de la terre, du pain sans l'intervention de la plante, avec du pain, de la chair sans l'assimilation préalable opérée par le corps animal, et, de la même façon, du sang avec du vin. Si donc on ne veut pas simplement invoquer l'incompréhensibilité d'une parole toute-puissante de Jésus, mais si l'on veut, avec Olshausen, se représenter plus facilement l'élaboration renfermée dans le miracle qui nous occupe, sous la forme d'une élaboration naturelle, l'on doit, non pas taire, pour rendre la chose plus spécieuse, une partie des conditions qu'elle implique, mais les mettre en relief. Elles formeraient la série suivante : 1° à l'eau, agent élémentaire, Jésus aurait dû joindre la force des autres éléments nommés plus haut ; 2° il aurait dù, ce qui est capital, procurer invisiblement aussi l'individualité organique du cep ; 3° il aurait dù accélérer l'élaboration naturelle de ces objets au point d'amener instantanément la floraison, la fructification du cep et la maturité de la grappe ; 4° il aurait dù faire agir invisiblement et soudainement le travail artificiel du pressoir, etc. ; 5° enfin il aurait dù rendre instantané le travail naturel de la fermentation. Ainsi, quand on désigne l'élaboration miraculeuse comme une élaboration naturelle accélérée, on ne prend que deux conditions sur cinq ; trois de ces conditions se refusent à passer par cette explication, et cependant les deux premières, particulièrement la seconde, sont d'une importance qui n'appartient pas, même aux conditions négligées dans l'application qui a été faite de cette manière de voir à l'histoire de la multiplication des pains. De sorte que, dans un cas comme dans l'autre, il ne peut pas être question de l'accélération d'un procédé naturel (1). Mais comme c'est là le point de vue unique ou extrême sous lequel nous puissions nous faire une idée quelconque d'un pareil miracle, il est démontré que ce miracle est inconcevable, du moment que ce point de vue ne peut s'y appliquer.

Ce n'est pas seulement relativement à la possibilité, que ce miracle a été contesté, il l'a été aussi relativement à l'utilité et à la convenance. Dans l'antiquité (2) et dans les temps modernes (3), on a dit qu'il était indigne de Jésus, non seulement de se trouver dans une société de buveurs, mais encore de favoriser leur ivrognerie par un miracle. Ce reproche doit être repoussé comme exagéré, et les commentateurs remarquent avec raison que l'expression, *après qu'on*

---

(1) Lücke, 1, p. 405, trouve défectueuse et obscure l'analogie d'une élaboration naturelle, et il n'a d'autre moyen de se tranquilliser là-dessus, jusqu'à un certain point, qu'en remarquant que la même difficulté se présente dans le miracle de la multiplication des pains.

(2) Dans Chrysostome, Homil. in Joann. 21.

(3) Woolston, Disc. 4.

s'est enivré, ὅταν μεθυσθῶσι (V. 10), dont le *maître d'hô-*
tel, ἀρχιτρίκλινος, se sert pour caractériser la marche ordinaire de pareils repas, ne peut pas être appliquée avec
sûreté à la noce même de Cana. Il n'en reste pas moins (ce
que, non seulement Paulus et l'auteur des *Probabilia* (1),
mais encore Luc et Olshausen font remarquer), il n'en
reste pas moins, dis-je, une difficulté qui frappe au premier
abord, c'est que, par ce miracle, Jésus n'a pas, comme
c'était son habitude, porté remède à une nécessité, à un
besoin véritable, mais qu'il a seulement procuré un nouvel
aliment au plaisir; qu'il s'est montré, non pas secourable,
mais complaisant, et qu'il a opéré un miracle de luxe plutôt qu'un miracle véritablement bienfaisant. Si l'on dit que
le miracle eut un but suffisant dans l'intention de fortifier la
foi des disciples (2), ce qui arriva en effet d'après le verset 11,
il faut se rappeler que, dans la règle, les autres miracles de
Jésus n'avaient pas seulement, en leur qualité d'événements
extraordinaires, pour résultat quelque chose de désirable,
par exemple la foi des assistants; mais encore, en leur qualité de guérisons, de multiplications de pains, etc., avaient
pour but une intention bienfaisante. Dans le miracle actuel, cette intention manque, et ce n'est pas tout-à-fait à
tort que Paulus a appelé l'attention sur la contradiction
qui existe entre le refus de Jésus de faire, à la suggestion du
tentateur, des miracles qui, sans être matériellement bien-
faisants ou provoqués par une nécessité pressante, n'auraient
d'autre but que d'exciter la foi et l'admiration, et entre
l'accomplissement d'un miracle de ce genre par Jésus (3).

On fut donc, du côté des surnaturalistes, amené à admettre que l'intention de Jésus avait été, non de produire
de la foi en général, laquelle aurait pu être éveillée aussi

(1) p. 42.   (3) Comm. 4, S. 151 f.
(2) Tholuck, sur ce passage.

bien ou mieux encore par un miracle matériellement salutaire, mais de déterminer une conviction tout-à-fait spéciale
et que ce miracle pouvait seul causer. Et ici l'opposition de
l'eau et du vin sur laquelle roule le miracle, dut rappeler
facilement l'opposition entre celui qui *baptisait par l'eau,*
βαπτίζων ἐν ὕδατι (Matth. 3, 11) et en même temps ne *bu-
vait pas de vin*, οἶνον μὴ πίνων (Luc, 1, 15; Matth. 11,
18) et entre celui qui, baptisant avec l'esprit saint et le feu,
ne se refusait pas le jus plein de feu et d'esprit de la treille,
et qui pour cela même avait été injurieusement appelé *bu-
veur*, οἰνοπότης (Matth., 11, 19); d'autant plus que le quatrième évangile, qui contient le récit de la noce de Cana, montre, dans ses premiers paragraphes, une tendance à conduire
le lecteur, par une progression croissante, de Jean-Baptiste
à Jésus. En conséquence, Herder (1) et après lui quelques
auteurs (2) ont admis que Jésus, par ce miracle, avait voulu
représenter symboliquement à ses disciples, dont plusieurs
avaient été précédemment disciples de Jean-Baptiste, le
rapport qui se trouvait entre l'esprit de sa doctrine et son
ministère d'une part, et la doctrine et le ministère de Jean-
Baptiste d'autre part, et étouffer par un miracle le scandale
qu'ils auraient pu prendre de sa manière de vivre plus libé-
rale. Mais ici se présente l'objection qui est relevée comme
frappante par des amis de cette explication (3), à savoir que
Jésus ne se servit pas de ce miracle symbolique pour expliquer, à l'aide de discours, à ses apôtres le rapport qui existait
entre lui et Jean-Baptiste. Cependant des explications
étaient nécessaires, pour que le miracle ne manquât pas
son but spécial; on le voit immédiatement par l'évangéliste
lui-même, qui l'entend, non dans le sens de nos théologiens

(1) Von Gottes Sohn u. s. f. nach Magasin, 14. Stück, S. 86 f.; Olshausen,
Johannes Evangelium, S. 131 f.   l. c., S. 75 f. Comparez Neander L. J.
(2) C. Ch. Flatt, über die Verwand-   Chr., S. 372.
lung des Wassers in Wein, in Süskind's   (3) Olshausen, l. c.

et comme le symbole d'une maxime particulière de Jésus,
mais d'une façon toute générale et comme une *manifesta-*
tion, φανέρωσις, de sa *gloire*, δόξα (1). Si donc Jésus, dans ce
miracle, avait pour but l'application spéciale dont il s'agit,
le rédacteur du quatrième évangile, c'est-à-dire, d'après
la supposition de ces théologiens, celui de ses disciples dont
l'esprit était le plus ouvert, ne l'a pas compris, et Jésus a
négligé, d'une manière inopportune, de prévenir ce malentendu ; ou, si l'on ne veut accepter ni l'une ni l'autre de ces
suppositions, il demeure que Jésus, contre son habitude,
aurait essayé d'atteindre un but général (celui de montrer
sa puissance miraculeuse) par un acte auquel il aurait pu,
ce semble, substituer un acte plus utile.

La quantité disproportionnée de vin que Jésus donne aux
convives, doit aussi surprendre. Six cruches, contenant chacune 2 à 3 *métrètes*, si le *métrète* attique correspondant au
bath des Hébreux est évalué à 1 1/2 *amphore* romaine,
ou 21 *mesures* de Würtemberg (le maass vaut 2^{litres},22),
feraient 252 — 378 *mesures* (559,44 — 839^{litres},16) (2).
Quelle quantité pour une compagnie qui avait déjà passablement bu ! Quelles énormes cruches, s'écrie Paulus de son
côté, et aussi met-il tout en œuvre pour diminuer l'évaluation du texte. De la façon la plus contraire à l'usage de la
langue, il donne à la proposition ἀνὰ, non un sens distribu-
tif, mais un sens collectif, de sorte que les six cruches contiennent, non pas chacune, mais toutes ensemble, deux ou
trois *métrètes* ; et Olshausen, d'après l'exemple de Semler,
se tranquillise en remarquant qu'il n'est dit nulle part que
l'eau de toutes les cruches ait été changée en vin. Mais ce

---

(1) Lücke aussi regarde cette interprétation symbolique comme tirée de
trop loin, et ayant trop peu d'appui dans
le ton du récit, p. 406. Comparez De
Wette, exeg. Handb., 1, 3, S. 37.

(2) Wurm, de ponderum, mensura-
rum, etc., rationibus ap. Rom. et Græcos, p. 123, 126. Comparez Lücke, sur
ce passage.

sont des subterfuges ; celui à qui paraît incroyable, de la part de Jésus, une prodigalité si excessive et si dangereuse, celui-là doit en conclure que ce récit n'est pas historique.

Une difficulté particulière existe dans le rapport où la narration place Jésus à l'égard de sa mère, et celle-ci à l'égard de Jésus. D'après le dire exprès de l'évangéliste, ce miracle était le *commencement des signes* de Jésus, ἀρχὴ τῶν σημείων. Et cependant sa mère compte tellement sur un miracle qu'elle croit n'avoir besoin que de lui indiquer le défaut de vin, pour le déterminer à y subvenir surnaturellement ; et, même lorsqu'elle reçoit un refus, elle perd si peu cette espérance, qu'elle avertit les serviteurs d'être attentifs aux signes de son fils (V. 3. 5). Comment expliquerons-nous, chez la mère de Jésus, cette attente d'un miracle? Le dire de Jean, que la transformation de l'eau a été le premier signe de Jésus, le rapporterons-nous au temps de sa vie publique? Mais alors, supposerons-nous pour sa jeunesse, les miracles apocryphes des évangiles de l'enfance? ou, puisque cette supposition a déjà été, avec raison, trouvée indigne de la critique par Chrysostôme lui-même (1), conjecture-rons-nous que Marie, convaincue par les signes concomi-tants de la naissance de Jésus, qu'il était le Messie, attendait de lui des miracles et désirait que, dans cette circonstance où l'embarras était grand, il donnât une preuve de sa puis-sance, comme il en avait déjà peut-être donné dans quel-ques circonstances antérieures (2)? Mais il faudrait qu'il fût un peu plus vraisemblable que les proches de Jésus eurent cette conviction précoce relativement à sa messianité, et sur-tout, que les événements extraordinaires de son enfance qu'on suppose avoir produit cette conviction, eussent plus d'au-thenticité. Ajoutons que, même en admettant que Marie ait eu foi en la puissance miraculeuse de son fils, on ne com-

____

(1) Homil. in Joann., sur ce passage.   (2) Tholuck, sur ce passage.

prend pas davantage pourquoi, malgré sa réponse négative, elle attendait néanmoins avec confiance son premier miracle pour cette occasion, ni comment elle croyait savoir précisément qu'il le ferait de manière à avoir besoin des serviteurs (1). Cette connaissance précise que Marie montre du mode même suivant lequel le miracle va s'opérer, paraît témoigner que Jésus lui avait fait une ouverture antécédente; aussi Olshausen suppose-t-il que Jésus avait donné à sa mère quelque indice sur ce qu'il projetait. Mais quand cette ouverture aurait-elle été faite? pendant qu'ils se rendaient à la noce? Mais alors, Jésus aurait prévu qu'on manquerait de vin, auquel cas Marie, en lui apprenant que les convives *n'avaient plus de vin*, οἶνον οὐκ ἔχουσι, ne pouvait pas lui présenter cet avis comme un embarras inattendu. Mettra-t-on la communication dont il s'agit, après cet avis donné par Marie, par conséquent en connexion avec les paroles : *Femme, qu'y a-t-il entre vous et moi*, etc.? τί ἐμοὶ καὶ σοὶ γύναι κ. τ. λ.; mais à côté de ces paroles on ne peut supposer une communication aussi opposée ; il faudrait donc se représenter qu'il prononça les paroles de refus à voix haute, celles d'assentiment à voix basse et seulement pour Marie, ce qui serait jouer la comédie. On ne comprend donc en aucune façon comment Marie pouvait attendre un miracle et justement le changement de l'eau en vin. A la première difficulté, c'est-à-dire l'attente d'un miracle, on semblerait faire une réponse satisfaisante en prétendant que Marie n'attendait pas un miracle, mais que, habituée dans toutes les circonstances difficiles à prendre conseil de lui, elle s'était aussi adressée à lui dans ce cas (2). Mais la réponse de Jésus montre qu'il avait trouvé, dans les paroles de sa mère, une

---

(1) Cet argument s'adresse aussi à Neander, qui s'appuie sur la croyance de Marie à la messianité de Jésus, en ce sens que cette croyance avait dû être provoquée par l'inauguration solennelle lors du baptême (S. 370).

(2) Hess, Geschichte Jesu, 1, S. 135. Comparez aussi Calvin, sur ce passage.

provocation à un miracle, et d'ailleurs, l'avis que Marie donne aux serviteurs reste inexpliqué dans cette hypothèse.

La réponse de Jésus à sa mère (V. 4) a souvent été blâmée avec exagération (1), et justifiée d'une manière insuffisante. On aura beau dire que l'expression hébraïque מה־לי ולך, à laquelle correspond le grec τί ἐμοί καὶ σοί, se trouve par exemple dans 2. Sam. 16, 10, comme un doux reproche (2) ; on aura beau prétendre que Jésus, en entrant dans son ministère, avait, quant à ses fonctions, brisé ses liens avec sa mère (3) ; toujours est-il qu'il devait être permis d'appeler avec modestie l'attention de Jésus sur les occasions d'exercer sa puissance miraculeuse : et, si celui qui lui montrait un cas de maladie en le priant d'y porter remède, ne méritait pas une réprimande, encore moins Marie en méritait-elle une pour lui avoir fait connaître un manque de vin, dans des termes qui ne comportaient qu'implicitement la demande d'y remédier. Le cas serait autre si Jésus n'avait pas trouvé la circonstance susceptible ou même digne d'un miracle : il aurait pu repousser durement l'avertissement de sa mère comme une suggestion d'exercer à faux sa puissance miraculeuse, suggestion dont on voit un exemple dans l'histoire de la tentation. Mais, comme bientôt après il montra par le fait qu'il trouvait la circonstance digne d'un miracle, on ne voit absolument pas comment il put savoir à sa mère mauvais gré d'un avertissement qui ne vint peut-être que quelques instants trop tôt (4).

Aux nombreuses difficultés du point de vue surnaturaliste, on a essayé d'échapper ici aussi par l'explication naturelle. On est parti de la coutume où étaient les Juifs de faire, lors des noces, des présents de vin ou d'huile. On a observé que Jésus, ayant amené cinq disciples nouvellement attachés à sa

---

(1) Par exemple par Woolston, l. c.

(2) Flatt, l. c. S. 90 ; Tholuck, sur ce passage.

(3) Olshausen, sur ce passage.

(4) Comparez aussi les Probabilia, p. 41 seq.

personne, et qui étaient des hôtes non invités, a pu prévoir
un manque de vin, et l'on admet que, par plaisanterie,
il voulut faire porter son cadeau d'une manière inattendue
et secrète. La *gloire*, δόξα, qu'il manifesta par cette action, n'est que celle de son humanité qui, en temps et lieu,
ne dédaignait pas une plaisanterie. La *foi*, πίστις, qu'il
obtint par là auprès de ses apôtres, c'est la joyeuse adhésion à un homme chez qui l'on ne voyait rien de ce sérieux
gênant que l'on attendait du Messie. Marie connaissait
le dessein de son fils, et, quand le moment lui en paraît
venu, elle l'exhorte à le mettre à exécution, mais lui l'avertit
en riant de ne pas lui enlever par trop de promptitude le
plaisir de sa plaisanterie. Il fit verser de l'eau : cette circonstance paraît appartenir à l'illusion plaisante qu'il voulait
causer. Tout-à-coup, au lieu d'eau, il se trouva du vin dans
les cruches ; on y vit une transformation miraculeuse, et
cela est aisément concevable à une heure avancée de la nuit,
où déjà l'on avait passablement bu ; enfin Jésus n'instruisit
pas les gens de la noce du véritable état des choses, ce fut la
conséquence de sa plaisanterie, il ne voulut pas détruire lui-
même l'illusion qu'il avait produite (1). Du reste, comment
la chose se passa-t-elle ? par quel moyen Jésus substitua-
t-il le vin à l'eau ? C'est, dit Paulus, ce qu'il n'est plus
possible de découvrir ; il suffit de savoir que tout se passa
naturellement. Mais, puisque, d'après l'hypothèse de ce
théologien, l'évangéliste savait d'une façon générale qu'il
n'y avait rien eu que de très naturel aux noces de Cana,
pourquoi ne nous a-t-il donné aucun indice là-dessus ?
S'il voulait, lui aussi, préparer aux lecteurs la surprise que
Jésus avait préparée aux spectateurs, il devait à la fin de
son récit donner l'explication de la scène, afin de ne pas
rendre l'illusion permanente. Surtout il ne devait pas em-

(1) Paulus, Comm., 4, S. 150 ff. L. J. 1, a, S. 169 ff.; Natürliche Geschichte, 2, S. 61 ff.

ployer l'expression propre à tromper, que Jésus, par cet
acte, avait manifesté sa *gloire*, τὴν δόξαν αὐτοῦ (V. 11), ce
qui, dans le langage de son évangile, ne peut signifier que
la dignité suprême de Jésus ; il ne devait pas appeler l'événement un *signe*, σημεῖον, ce qui implique quelque chose de
surnaturel ; enfin, par l'expression : *l'eau changée en vin*,
τὸ ὕδωρ οἶνον γεγενημένον (V. 9), et encore moins par la désignation de Cana comme le lieu *où il avait changé l'eau
en vin*, ὅπου ἐποίησεν ὕδωρ οἶνον (4, 46), il ne devait pas
faire croire qu'il partageait l'opinion de ceux qui y voyaient
un miracle (1). L'auteur de l'Histoire naturelle du prophète
de Nazaret a essayé d'échapper à ces difficultés en accor-
dant que le narrateur lui-même, Jean, a pris la chose pour
un miracle et l'a racontée comme tel. Mais, indépendamment de la manière indigne dont il explique cette erreur de
l'évangéliste (2), on ne peut pas supposer que Jésus ait entretenu ses disciples dans l'illusion des autres convives, et
qu'il ne leur ait pas du moins donné des éclaircissements sur
le vrai caractère de l'affaire. Il faudrait donc admettre que
celui qui raconte, dans le quatrième évangile, cet événement, n'a pas été un des disciples de Jésus ; mais cela dépasse
la sphère du mode d'interprétation de ces théologiens. Allons plus loin. Accordons que le narrateur lui-même, quel
qu'il puisse être, ait partagé l'opinion de ceux qui y voyaient
un miracle ; nous comprendrons, il est vrai, la manière
dont il raconte, et les expressions qu'il emploie, mais nous
n'en trouverons que plus incompréhensibles les procédés et
la conduite de Jésus, s'il est vrai qu'il ne se soit pas agi d'un
miracle véritable. Pourquoi, en présentant son cadeau,
prit-il tant de soin pour qu'il parût un don miraculeux ?
Pourquoi fit-il remplir d'eau les vaisseaux où il avait l'in-

(1) Comparez là-dessus Flatt, l. c.,
S. 77 ff. et Lücke, sur ce chapitre.

(2) Il rapporte aussi à Jean le verbe
s'enivrer, μεθύσκεσθαι, V. 10.

tention de mettre aussitôt du vin , puisque la nécessité où l'on était d'ôter cette eau, ne pouvait qu'empêcher le secret qu'il voulait qu'on gardât dans cette opération, à moins qu'on ne prétende , avec Woolston , qu'il avait seulement communiqué à l'eau un goût de vin en y versant des liqueurs ? Il y a donc une double difficulté, à savoir, d'une part pour se représenter l'introduction du vin dans les cruches déjà remplies d'eau, d'autre part pour justifier Jésus du soupçon d'avoir voulu faire naître l'apparence d'une transformation miraculeuse de l'eau. C'est sans doute le sentiment de ces difficultés qui a décidé l'auteur de l'Histoire naturelle du prophète de Nazaret à rompre toute connexion entre l'eau des cruches et le vin qu'on présente plus tard, et à supposer que Jésus avait fait chercher de l'eau parce qu'on en manquait , et qu'il voulut recommander l'usage salutaire de se laver avant et après le repas , mais que plus tard il fît apporter le vin d'une chambre voisine où il l'avait déposé. Pour une pareille explication, il faudrait admettre, ou bien que l'ivresse de tous les convives et en particulier du narrateur , eût été passablement complète pour qu'ils crussent que du vin apporté de la chambre voisine était tiré des cruches pleines d'eau , ou que les moyens pris par Jésus pour faire illusion eussent été arrangés avec beaucoup d'habileté, ce qui est incompatible avec sa droiture ordinaire.

Dans ce détroit entre l'explication surnaturaliste et l'explication naturelle qui, ici, ne sont pas plus suffisantes l'une que l'autre , nous devrions, avec un des plus récents interprètes du quatrième évangile , attendre « qu'il plût à » Dieu d'amener, par des développements ultérieurs d'une » sage méditation chrétienne, la solution de ces énigmes à la » satisfaction générale (1). » Mais, par cela seul que l'histoire dont il s'agit ne se trouve que chez Jean, nous avons une issue

____

(1) Lücke, p. 407.

pour sortir d'embarras. Unique comme elle est dans son espèce, racontant le premier miracle de Jésus, elle devait être
connue de tous les apôtres, bien que tous les douze ne fussent
pas dès lors avec Jésus ; elle devait, quand bien même parmi
les autres évangélistes il n'y aurait pas d'apôtres, être passée
dans la tradition générale, et, de là, avoir été recueillie par
les synoptiques. Or, comme Jean est le seul qui l'ait, il semble plus naturel d'admettre qu'elle ne s'est formée que dans un
terrain de la légende étranger aux synoptiques, que d'admettre qu'elle ait disparu d'aussi bonne heure du terrain même où
elle était née. Il ne reste donc plus qu'à voir si nous sommes
en état de montrer comment, même sans motif historique, une
pareille légende a pu se produire. Kaiser s'en réfère à l'esprit
romanesque de l'Orient, ami des métamorphoses ; mais cet
exemple est si vague, que Kaiser lui-même a besoin de supposer qu'il y avait eu réellement, de la part de Jésus, une ai-
mable plaisanterie (1). Par là, il reste dans le malheureux
moyen-terme entre l'explication mythique et l'explication
naturelle, duquel on ne sort qu'autant qu'on parvient à recueillir, pour un récit, des points mythiques de rapport et
d'origine, plus précis et plus voisins. Or, dans le cas actuel,
on n'a besoin dé rester, ni dans l'Orient tout entier, ni dans
le champ des métamorphoses en général ; car nous trouvons
précisément des transformations de l'eau, dans le cercle plus
étroit de l'histoire primitive des Hébreux. A côté de quelques récits où nous voyons que Moïse fit jaillir aux Israélites, dans le désert, de l'eau d'un rocher aride (2. Mos., 17,
1 seq.; 4. Mos., 20, 1 seq.), don miraculeux, qui, répété
avec quelques modifications dans l'histoire de Samson (Jud.,
15, 18 seq.), fut aussi transporté au nombre des attentes
messianiques (2), la première métamorphose de l'eau qui

____

(1) Bibl. Theol., 1, S. 200,
(2) Dans le passage de Midrasch Koheleth, cité t. 1, § 14, il est dit entre
autres : Goel primus... ascendere fecit
puteum : sic quoque Goël postremus ascendere faciet aquas, etc.

fut attribuée à Moïse, est cette transformation de toute l'eau
de l'Égypte en sang, citée parmi ce qu'on appelle les dix
plaies (2. Mos., 7, 17 seq.). A côté de ce changement en
pis, se trouve, dans l'histoire de Moïse, un changement
en mieux; car, d'après l'indication de Jéhova, il rendit
douce de l'eau saumâtre (2. Mos., 14, 23 seq.) (1); semblablement, plus tard, Élisée rendit bonne et innocente
une eau malsaine (2. Reg., 2, 19) (2). De même que,
d'après les passages rabbiniques cités, le pouvoir d'accorder
de l'eau paraît avoir été transporté de Moïse et des prophètes
au Messie, de même la narration de Jean paraît montrer
que le pouvoir de transformer l'eau fut également transporté
des premiers sur le second, toutefois avec les modifications
qui étaient dans la nature des choses. Si, d'un côté, une
mutation de l'eau en pis, comme la mutation opérée par Moïse
de l'eau en sang, pouvait, en tant que miracle vengeur, ne
pas être jugée très conforme à l'esprit de douceur de Jésus
reconnu pour Messie, d'autre part, un changement en
mieux, qui, tel que la destruction de l'amertume ou de qua-
lités nuisibles, restait enfermé dans les limites de l'*espèce*
de l'eau, et n'en modifiait pas la substance comme la métamorphose en sang, pouvait paraître insuffisant pour le
Messie. Ces deux conditions prises ensemble, c'est-à-dire un
changement de l'eau en mieux joint à un changement spécifique de sa substance, devaient donner sans effort une transformation en vin. Or, elle est racontée par Jean d'une manière que nous devons trouver d'autant plus conforme à
l'esprit de son évangile qu'elle s'éloigne davantage de la réalité; car, tout inconcevable que paraisse, historiquement
parlant, la dureté de Jésus à l'égard de sa mère, il n'en est

<hr>

(1) Josèphe (Antiq. 3, 1, 2) donne, ce
qui est remarquable, une explication naturelle de ce miracle.

(2) Que l'on se rappelle aussi la transformation de l'eau en huile qu'Eusèbe
rapporte d'un évêque chrétien, H. E.
6, 9.

pas moins dans l'esprit du quatrième évangile, que Jésus fasse connaître sa grandeur, en tant que *Verbe* divin, λόγος, par une pareille conduite à l'égard de suppliants (Joh., 4, 48), et même à l'égard de sa propre mère (1). C'est encore dans l'esprit de cet évangile, d'avoir mis la foi ferme que Marie conserva malgré la réponse négative de son fils, dans une lumière particulière, en rapportant que, par un pressentiment historiquement impossible de la manière dont Jésus devait opérer le miracle, elle donna aux serviteurs l'ordre d'être attentifs aux signes de son fils (2).

§ CI.

Jésus maudit un figuier stérile.

L'anecdote du figuier que Jésus dessécha par sa parole, à cause que, ayant faim, il n'y trouva pas de fruits, est propre aux deux premiers évangiles (Matth., 21 , 18 seq. Marc, 11 , 12 seq.); mais elle est racontée par eux avec des divergences qui ont de l'influence sur la manière de concevoir la chose. Une de ces divergences de Marc par comparaison avec Matthieu, parut si favorable à l'explication naturelle, que c'est en s'y référant que, dans ces derniers temps, on a attribué au premier une tendance à concevoir naturelle-

(1) Comparez les Probabilia, l. c.

(2) De Wette trouve que les analogies empruntées à l'Ancien-Testament sont trop éloignées. Il ajonte qu'on serait plus près du miracle même, et non loin du terrain grec, sur lequel l'évangile de Jean est né, si l'on prenait pour terme de comparaison ce que Wetstein rapporte de la transformation de l'eau en vin par Bacchus; que ce qu'il y aurait de plus conforme à l'analogie, serait de considérer cette largesse de vin comme la contre-partie de la largesse de pain, et toutes deux comme correspondant au pain et au vin de la cène; mais que l'explication mythique est combattue, 1° parce que l'authenticité du quatrième évangile n'est pas encore renversée; 2° parce que la narration porte un caractère moins légendaire que subjectif, parce qu'elle est enveloppée d'une certaine obscurité, et parce que, à côté d'une abondance d'idées pratiques dignes de Jésus, elle manque d'une pensée qui domine le tout. Par là De Wette semblerait indiquer une explication naturelle puisée dans une illusion que Jean se serait faite à lui-même; mais cette explication a contre elle les difficultés dont il a été question plus haut.

ment les miracles de Jésus. Et, en considération de cette divergence favorable, les commentateurs ont pris, sous leur protection, une autre divergence passablement incommode qui se trouve dans sa narration.

En effet, si l'on s'en tenait à la manière dont le premier évangéliste rapporte le résultat de la malédiction de Jésus : *Et au même instant le figuier sécha*, καὶ ἐξηράνθη παραχρῆμα ἡ συκῆ (V. 19) , il serait certainement difficile de s'en tirer avec une explication naturelle; car, même l'explication forcée de Paulus, qui entend que, *au même instant*, παραχρῆμα, exclut seulement un travail humain ultérieur, mais non un intervalle de temps plus ou moins long, ne repose que sur un transport non justifié des expressions de Marc dans l'évangile de Matthieu. En effet, dans Marc, Jésus maudit l'arbre, le jour qui suivit son entrée à Jérusalem, et ce n'est que le lendemain que les apôtres remarquent en passant que l'arbre est desséché. Cet intervalle que Marc laisse entre le discours de Jésus et le dessèchement de l'arbre, est une ouverture par laquelle pénètre l'explication naturelle de toute l'histoire, en disant que, pendant ce temps, l'arbre a bien pu sécher par des causes naturelles. En conséquence, les rationalistes prétendent que Jésus remarqua sur l'arbre, outre le manque de fruits, une condition quelconque à l'aide de laquelle il en prévit la mort prochaine, et qu'il énonça ce pronostic en ces termes : Tu ne fourniras plus de fruits à personne. La chaleur du jour réalisa, avec une promptitude inattendue, la prédiction de Jésus; les apôtres s'en aperçurent le lendemain; ce fut alors qu'ils rattachèrent ce résultat aux paroles prononcées par Jésus la veille, et qu'ils commencèrent à y attacher le sens d'une malédiction, signification que Jésus ne confirme pas, mais qui lui sert à leur faire sentir qu'avec un peu de confiance en eux-mêmes, non seulement ils prédiront de pareils résultats déjà physiologiquement apercevables, mais encore sauront et opéreront des

choses beaucoup plus difficiles (1). Mais, quand bien même
la narration de Marc serait la véritable, l'explication naturelle n'en reste pas moins impossible; car, chez cet évangéliste, les paroles de Jésus : *Que jamais personne ne mange
plus aucun fruit de toi*, μηκέτι ἐκ σοῦ εἰς τὸν αἰῶνα μηδεὶς
καρπὸν φάγοι (V. 14), si elles n'exprimaient qu'une simple
conjecture sur ce qui devait arriver, auraient nécessairement
la particule potentielle ἄν; d'ailleurs, dans les termes dont
Matthieu se sert : *Que jamais il ne naisse plus aucun fruit
de toi*, μηκέτι ἐκ σοῦ καρπὸς γένηται, on ne peut méconnaître un commandement, bien que Paulus fasse des efforts
pour ne trouver ici aussi qu'une simple possibilité. Ajoutons que Jésus adresse la parole à l'arbre même, et qu'il se
sert de l'expression solennelle *à jamais*, εἰς τὸν αἰῶνα, circonstance qui parle contre une simple prédiction, et en faveur de la malédiction. Paulus le sent bien; aussi, en forçant le sens des mots d'une manière qui n'est pas permise,
il entend les mots : *Il dit à l'arbre*, λέγει αὐτῇ, dans le sens
d'un discours relatif à l'arbre, et il affaiblit l'expression εἰς
τὸν αἰῶνα en la traduisant par *dans la suite*. On aurait beau
supposer que les évangélistes, s'étant fait une fausse idée de
la chose même, changèrent quelque peu les paroles de Jésus
relatives au figuier, et que Jésus ne porta réellement qu'un
pronostic, il n'en reste pas moins certain que, le pronostic
s'étant vérifié, Jésus attribua le résultat à son action surnaturelle. En voici la preuve : il désigne par le verbe *faire*,
ποιεῖν, ce qu'il avait opéré relativement au figuier (V. 21,
dans Matth.), et ce n'est qu'en forçant le sens que l'on peut
y voir une simple prédiction; mais surtout, quand il prend
pour comparaison le déplacement de la montagne, il faut
bien, puisque ce déplacement, dans toute explication possible, reste toujours un acte, que le changement opéré sur le

(1) Paulus, exeg. Handb., 3, a, S. 157 ff.

figuier soit un acte également. Dans tous les cas, au moment où Pierre lui dit : *Voilà le figuier que vous avez maudit,* ἴδε ἡ συκῆ ἣν κατηράσω (V. 21, Marc), Jésus aurait dû le contredire, ou bien son silence là-dessus était un assentiment. Si donc, dans la suite, Jésus attribue à sa puissance le desséchement de l'arbre, ou bien il avait eu l'intention d'y produire un changement par les paroles qu'il prononça, ou bien il a ambitieusement abusé d'une coïncidence fortuite, pour faire illusion à ses apôtres. Dans ce dilemme, les paroles de Jésus, telles qu'elles sont rapportées par les évangélistes, ne nous laissent la liberté que d'adopter la première alternative.

Ainsi nous sommes impitoyablement rejetés des essais de l'explication naturelle vers l'explication surnaturaliste, quelques difficultés particulières que celle-ci ait justement dans l'histoire qui nous occupe. Nous omettons ce qu'il y aurait à dire contre la possibilité physique d'un pareil effet, non, à la vérité, que nous prétendions, avec Hase, le comprendre par les moyens de la magie naturelle (1), mais parce qu'une autre difficulté arrête tout d'abord la recherche, et ne nous permet pas d'arriver à l'examen de la possibilité physique. Cet obstacle décisif se trouve dans l'impossibilité morale d'une pareille action de la part de Jésus. Ce qu'il accomplit ici, est un miracle de vengeance ; il ne s'en trouve pas un autre exemple dans les récits canoniques de la vie de Jésus ; les évangiles apocryphes seuls en sont remplis, comme il a été remarqué plus haut. Bien plus, dans un des évangiles canoniques, on lit un passage, également cité souvent (Luc , 9, 55 seq.), qui exprime, comme sentiment intime de Jésus, que l'emploi de la puissance miraculeuse, pour infliger des peines et exercer des vengeances, contredit l'esprit de sa vocation ; et l'évangéliste énonce, au sujet de Jésus, le même sentiment, quand il lui applique

(1) L. J., § 128.

le passage d'Isaïe : *Il ne brisera point le roseau cassé*, etc.,
κάλαμον συντετριμμένον οὐ κατεάξει κ. τ. λ. (Matth. 12, 20).
Conformément à ce principe et à sa conduite habituelle,
Jésus aurait dû plutôt revivifier un arbre sec que dessécher
un arbre vert. Et pour comprendre ici sa manière d'agir,
nous devrions être en état de montrer les motifs qu'il eut
pour s'écarter du principe rappelé plus haut, qui ne porte
aucun caractère d'inauthenticité. L'occasion où il posa ce
principe, fut le refus d'un village samaritain d'accorder
l'hospitalité à Jésus et à ses apôtres. Les fils de Zébédée lui
demandèrent s'ils ne devaient pas, à l'exemple d'Élie, faire
pleuvoir le feu sur ce village ; Jésus leur répondit, en leur
mettant sous les yeux la spécialité de l'esprit auquel ils appartenaient, spécialité incompatible avec des actes aussi des-
tructifs. Dans le cas actuel, Jésus avait affaire, non avec
des hommes qui s'étaient comportés injustement à son égard,
mais avec un arbre qu'il ne trouva pas dans l'état désiré.
Loin qu'il y eût en cela un motif particulier pour se départir de la règle posée, la raison principale qui aurait pu,
pour le village samaritain, décider Jésus à accomplir un
miracle de vengeance, n'existe pas pour le figuier. Le but
moral de la peine est d'amener l'individu puni à comprendre et à reconnaître sa faute, et par là de l'améliorer ; ce
but manque complétement à l'égard d'un arbre ; et, dans
un objet naturel dépourvu de liberté, il ne peut pas plus
être question de peine que de récompense (1). S'emporter
contre un objet privé de vie que l'on ne trouve pas dans
l'état désiré, est avec raison considéré comme un manque
d'éducation ; aller, dans sa colère, jusqu'à la destruction de
l'objet, c'est un acte grossier et indigne d'un homme, et
Woolston n'a pas tellement tort quand il soutient que chez

(1) Augustin, de verbis Domini in
Ev. sec. Joann. sermo, 44 : Quid arbor
fecerat, fructum non afferendo ? Quæ
culpa arboris infœcunditas ?

tout autre que Jésus, un pareil acte aurait été sévèrement
blâmé (1). A la vérité, quand un objet naturel a des qua-
lités habituellement défectueuses, il peut arriver que l'homme
le fasse disparaître pour y substituer un objet meilleur ; et
d'ailleurs, dans tous les cas, le propriétaire seul a motif
et qualité pour en disposer de la sorte (comparez Luc, 13,
7). Mais rien ne montrait que cet arbre, qui n'avait pas
alors de fruits, n'en porterait pas, non plus, l'année suivante,
et même le contraire est indiqué dans la narration, car Jésus,
dans sa malédiction, dit que sur cet arbre il ne croîtra plus
de fruits, ce qui implique qu'il en aurait porté sans cette
malédiction.

Ainsi la mauvaise condition de l'arbre n'était pas habituelle, elle n'était que passagère ; bien plus, si nous suivons
Marc plus loin, nous voyons qu'elle n'avait rien de réel, et
qu'elle n'existait que dans l'idée de Jésus, dont il se trouva
que l'arbre ne put satisfaire, au moment même, le désir et
le besoin. Car, d'après une addition qui forme la seconde
particularité de Marc dans ce récit, ce n'était pas le temps
des figues (V. 13). Si donc cet arbre n'en avait aucune,
c'était non pas une défectuosité, mais une chose tout-à-fait
conforme à l'ordre des saisons ; et Jésus, duquel on doit
tout d'abord s'étonner qu'il ait attendu des figues hors du
temps, aurait dû au moins, n'en trouvant pas, réfléchir
sur le peu de raison qu'avait son attente, et renoncer à un
acte aussi injuste que la malédiction. Déjà des Pères de l'É-
glise ont été choqués de cette addition de Marc, et, en la
supposant réelle, ils ont jugé la conduite de Jésus tout-à-fait
énigmatique (2). Mais ce n'est pas à tort que Woolston dit

---

(1) Disc. 4.

(2) Orig. Comm. in Matth., t. 16,
29 : Marc, ayant écrit les circonstances
relatives au lieu, a ajouté quelque chose
de dépourvu de sens, en mettant : *Car
ce n'était pas le temps des figues.* On dira
en effet : Si ce n'était pas le temps des
figues, comment se fit-il que Jésus vint
chercher quelque chose sur cet arbre, et
comment put-il lui dire avec justice :
*Que jamais personne ne mange de ton
fruit ?* Ὁ δὲ Μάρκος ἀναγράψας τὰ κατὰ

en se raillant que, si un paysan du comté de Kent cherchait du fruit dans son jardin au printemps et coupait tous les arbres qui n'en auraient pas, chacun se rirait de lui. Les commentateurs ont essayé d'échapper à la difficulté de cette addition par une bigarrure d'hypothèses et d'interprétations. D'un côté, comme on sentait qu'il vaudrait mieux que les mots faisant difficulté n'y fussent pas, on a transformé ce désir en une supposition d'après laquelle ils seraient une glose postérieure (1); d'un autre côté, comme on sentait que, s'il fallait que ces mots demeurassent, on devait souhaiter une indication inverse, c'est-à-dire que c'était le temps des figues, pour que l'attente de Jésus, et sa colère en se voyant trompé, devinssent compréhensibles, on a de différentes façons essayé de chasser la négation hors de la phrase. Tantôt on l'a fait avec beaucoup de violence, au lieu de οὐ lisant οὗ, mettant une virgule après ἦν, et suppléant un second ἦν après σύκων, de sorte que la phrase devenait οὐ γὰρ ἦν, καιρὸς σύκων ἦν, et on la traduisait : *car c'était le temps des figues là où était Jésus* (2); tantôt on l'a fait sans aucune habileté, en transformant la proposition affirmative en proposition interrogative, et en mettant : *car n'était-ce pas le temps des figues*, etc. (3). Enfin on a encore dit que l'expression καιρὸς σύκων, s'entendait du temps de la cueillette des figues, et qu'ainsi les mots de Marc signifiaient que les figues n'étaient pas encore cueillies, c'est-à-dire se trouvaient encore sur les arbres (4); et, en faveur de cette explication, on a invoqué l'expression de Matthieu, καιρὸς τῶν καρπῶν (21, 34). Mais cette expres-

---

τὸν τόπον, ἀπεμφαῖνόν τι ὡς πρὸς τὸ ῥητὸν προσέθηκε, ποιήσας, ὅτι... οὐ γὰρ ἦν καιρὸς σύκων·... Εἴποι γὰρ ἄν τις· εἰμὴ ὁ καιρὸς σύκων ἦν, πῶς ἦλθεν ὁ Ἰησοῦς ὡς εὑρήσων τι ἐν αὐτῇ, καὶ πῶς δικαίως εἶπεν αὐτῇ· μηκέτι εἰς τὸν αἰῶνα ἐκ σοῦ μηδεὶς καρπὸν φάγῃ; Comparez Augustin, l. c.

(1) Toupii emendd. in Suidam, 1, p. 330 seq.

(2) Hensius et d'autres, dans Fritzsche sur ce passage.

(3) Maji Obs., chez le même.

(4) Dahme, in Henke's n. Magazin, 2 Bd. 2 Heft, S. 252; Kuinöl aussi, in Marc., p. 150 seq.

sion, à proprement parler, ne désigne que l'*antécédent* de la moisson, c'est-à-dire l'existence des fruits dans les champs ou sur les arbres : si elle est placée dans une proposition affirmative, le *conséquent*, c'est-à-dire la récolte possible des fruits, ne peut être entendu qu'autant que l'*antécédent*, c'est-à-dire la présence des fruits dans le champ, y demeure inclus ; par conséquent, ἔστι καιρὸς καρπῶν ne peut que signifier : *Les fruits mûrs sont dans les champs, et, de la sorte, prêts à être cueillis.* De la même façon, si l'expression dont il s'agit est placée dans une proposition négative, elle enlève d'abord l'idée de l'*antécédent*, c'est-à-dire de l'existence des fruits dans le champ, sur l'arbre, etc., et puis médiatement l'idée du *conséquent*, c'est-à-dire de la récolte des fruits ; οὐκ ἔστι καιρὸς σύκων signifie donc : Les figues ne sont pas présentement sur les arbres, et par conséquent ne sont pas prêtes à être récoltées ; mais elle ne signifie nullement d'une façon inverse : Elles ne sont pas encore récoltées, et par conséquent se trouvent encore sur les arbres. Ce ne serait pas assez d'être obligé de voir ici une figure inouïe de rhétorique, à savoir que, tandis que, d'après les mots, l'*antécédent* serait nié, d'après le sens au contraire le *conséquent* seul devrait être nié et l'*antécédent* affirmé ; il faudrait encore pour cette explication admettre une autre figure que l'on nomme tantôt synchysis, tantôt hyperbate. En effet, en supposant que les figues étaient encore sur les arbres, cette explication donne, non pas la raison pour laquelle Jésus n'en trouva point sur ce figuier, mais la raison pour laquelle il en attendait. Il faudrait donc que le membre de phrase dont il s'agit fût placé, non après le membre, *il n'y trouva que des feuilles,* οὐδὲν εὗρεν εἰ μὴ φύλλα, mais après le membre, *il s'avança pour voir s'il y trouverait quelque fruit,* ἦλθεν, εἰ ἄρα εὑρήσει τι ἐν αὐτῇ ; ce déplacement, nécessaire dans cette explication, ne ferait que prouver qu'elle est contraire au texte. Convaincus, d'une part, que l'addition de Marc nie l'existence de circonstances favorables à la présence de figues sur l'arbre ; mais, d'autre part, s'efforçant de justifier l'attente de Jésus, d'autres commentateurs ont essayé de donner à cette négation, non un sens général, à savoir qu'on n'était pas alors dans la saison des figues, ce dont Jésus aurait dû avoir nécessairement connaissance, mais un sens particulier, à savoir que des circonstances spéciales dont Jésus ne devait pas nécessairement avoir connaissance, s'étaient opposées à la fécondité du figuier. L'obstacle eût été tout-à-fait spécial, si, par exemple, le sol sur lequel l'arbre était enraciné, avait été infécond ; et, en effet, quelques uns prétendent que $\kappa\alpha\iota\rho\grave{o}\varsigma$ $\sigma\acute{u}\kappa\omega\nu$ désigne un terrain favorable aux figues (1). D'autres, respectant davantage la signification du mot $\kappa\alpha\iota\rho\grave{o}\varsigma$, s'en tiennent, à la vérité, au sens de *temps favorable*, seulement ils assurent que Marc n'entend pas, d'une manière générale, la saison où régulièrement il n'y a pas de figues, mais entend une certaine constitution de l'année qui se trouvait fortuitement défavorable aux figues (2). Mais $\kappa\alpha\iota\rho\grave{o}\varsigma$ exprime justement le temps convenable, par opposition au temps non convenable ; il n'exprime pas un temps favorable, par opposition à un temps défavorable. Or, quand dans une mauvaise année on cherche des fruits au temps où ils ont coutume de mûrir, on ne peut pas dire que ce n'est pas le temps des figues ; loin de là, on pourrait caractériser une mauvaise année, en disant qu'on ne trouva point de fruits *lorsque le temps en vint*, $\ddot{o}\tau\varepsilon$ $\ddot{\eta}\lambda\theta\varepsilon\nu$ $\acute{o}$ $\kappa\alpha\iota\rho\grave{o}\varsigma$ $\tau\tilde{\omega}\nu$ $\kappa\alpha\rho\pi\tilde{\omega}\nu$. En tout cas, si la température de toute l'année ne favorisa pas les figues, fruits si communs en Palestine, Jésus devait le savoir aussi bien que s'il s'était agi de la saison ; ainsi, l'énigme reste, et l'on ne peut s'expliquer comment il s'irrita tellement, à cause de l'état d'un

___

(1) Voyez dans Kuinöl, sur ce passage.

(2) Paulus, exeg. Handb., 3, a, S. 175 ; Olshausen, h. Comm., 1, S. 772.

arbre qui ne pouvait pas être autre, en vertu de circonstances à lui connues.

Mais n'oublions donc pas à qui nous devons l'addition dont il s'agit : c'est à Marc, qui, dans sa tendance à tout expliquer, à tout dramatiser, ajoute tant de choses de son cru, et qui, ainsi qu'on le sait depuis long-temps, et ainsi que nous en avons déjà trouvé un nombre suffisant de preuves sur notre chemin, n'y procède pas toujours de la manière la plus réfléchie. Ici, la première chose qui le frappa, c'est que l'arbre n'avait pas de fruits, et il s'empressa d'en rendre raison en disant que ce n'était pas le temps ; mais il ne remarqua pas qu'en expliquant physiquement l'absence des fruits, il rendait moralement inexplicable la conduite de Jésus. Il diverge de Matthieu, cela a été dit plus haut, relativement à l'intervalle de temps durant lequel l'arbre se dessécha. Cette divergence, bien loin de prouver une plus grande authenticité de son récit (1), ou une inclination à expliquer naturellement le merveilleux, procède encore de la même tendance qui dicta l'addition examinée en dernier lieu. L'image d'un arbre qui se dessèche soudainement à une simple parole, est difficilement saisie par l'imagination ; au lieu qu'on peut dire qu'il y a de l'adresse dramatique à mettre le travail du dessèchement derrière la scène, et à en faire seulement remarquer le résultat par les apôtres, qui, plus tard, viennent à passer. Au reste, quant à son assertion, que, alors, c'est-à-dire quelques jours avant Pâques, ce n'était pas le temps des figues, Marc, d'après les conditions du climat de la Palestine, aurait raison, en tant que les nouvelles figues de l'année n'étaient pas encore mûres à une époque aussi peu avancée, car la figue de primeur ou boccore ne vient que vers le milieu ou la fin de

____

(1) Comme Sieffert le pense, über den Ursprung u. s. f., S. 115 ff. Comparez là-contre mon *Compte-rendu* de cet ouvrage, dans : Jahrb. f. wiss. Kritik., Nov. 1834.

juin ; la figue proprement dite ou kermus , dans le mois d'août ; mais , vers le temps de Pâques , on pouvait encore trouver çà et là sur un arbre quelques fruits de la troisième pousse appelée la kermus tardive (1). On sait , en effet, par Josèphe , qu'une partie de la Palestine *produit des figues pendant dix mois sans interruption*, σῦϰον δέϰα μησὶν ἀδιαλείπτως χορηγεῖ (2) ; il est vrai que l'historien parle des bords du lac de Galilée, qui étaient plus fertiles que les environs de Jérusalem, où se passa l'histoire en question.

Nous avons écarté le renseignement de Marc d'après lequel la défectuosité n'était pas réelle dans l'arbre, mais ne parut telle à Jésus qu'en vertu d'une attente erronée. Ce renseignement augmentait sans doute les difficultés , mais il n'en reste pas moins une dissonance que renferme le récit de Matthieu : c'est que Jésus détruisit un objet naturel , à cause d'une défectuosité qui n'était peut-être que passagère. Il ne put y être porté, ni par des considérations économiques , puisqu'il n'était pas propriétaire de l'arbre , ni par des intentions morales , puisqu'il s'adressait à un objet privé de sentiment. Il a donc fallu chercher un expédient , et l'on a imaginé de substituer à l'arbre les apôtres comme objet sur lequel Jésus voulait agir, et de considérer l'arbre et ce que Jésus y fit, comme simple moyen d'accomplir les intentions qu'il avait sur eux. C'est l'interprétation symbolique par laquelle, dans l'antiquité, les Pères de l'Église, et, dans les temps modernes , la plupart des théologiens orthodoxes, ont cru justifier la conduite de Jésus du reproche d'inconvenance. Jésus, disent-ils , ne ressentit pas de colère contre l'arbre qui n'offrait aucun aliment à sa faim; son but direct ne fut pas, non plus, la destruction d'un végétal infécond ; mais c'est avec réflexion que, trouvant un arbre vide de fruits,

<hr>

(1) Voyez Paulus , l. c., S. 168 f.; (2) Bell. jud. 3, 10. 8.
Winer, b. Realw.d. A. Feigenbaum.

et, sentant qu'un acte symbolique est plus frappant et plus
ineffaçable que de simples paroles, il saisit cette occasion
pour graver dans leur esprit une vérité qu'il faut entendre de la manière suivante : ou en particulier, le peuple
juif, qui persiste à ne porter aucuns fruits agréables à Dieu
et au Messie sera détruit, ou, plus généralement, quiconque est aussi vide de bonnes œuvres que cet arbre de fruits,
doit s'attendre à un jugement semblable (1). Mais d'autres
commmentateurs objectent avec raison que, si Jésus avait
eu cette intention en maudissant le figuier, il aurait dû s'en
expliquer d'une façon quelconque (2). Que si une explication était nécessaire dans ses paraboles, elle était d'autant
plus nécessaire dans une action, que cette action, à moins
de l'indication d'un but placé en-dehors d'elle, devait être
considérée comme le but même. A la vérité, il serait possible d'admettre ici comme ailleurs, que sans doute Jésus avait
ajouté quelques paroles pour faire comprendre à ses apôtres
l'acte accompli par lui, paroles qui furent omises par les
narrateurs contents du fait merveilleux. Mais, si Jésus avait
donné cette explication symbolique de son action, non seulement les évangélistes auraient omis cette explication, mais
encore ils en auraient substitué à la place une fausse. En effet,
ils ne font pas garder à Jésus le silence après sa malédiction
de l'arbre, mais, les apôtres pleins d'étonnement lui ayant
demandé ce qui était arrivé à l'arbre, les évangélistes rapportent qu'il donna, non l'explication symbolique citée plus
haut, mais une explication différente et même opposée. Jésus
leur dit qu'ils ne doivent pas s'étonner que le figuier se soit
séché à sa parole, qu'avec un peu de foi seulement ils seront en état de faire de plus grandes choses encore. Ainsi,

(1) Ullmann, Sur l'impeccabilité de
Jésus, dans ses Studien, 1, S. 50; Sieffert, l. c., S. 115 ff.; Olshausen, 1. S.
773; Neander, L. J. Chr., S. 378.

(2) Paulus, l. c., S. 170; Hase, L. J.,
§ 128; Sieffert aussi, l. c.

il ne met pas l'importance capitale de son action dans le sym-
bolisme de l'état et de la souffrance de l'arbre ; si telle eût été
son intention, le langage qu'il tint à ses apôtres, y eût été contradictoire, ou plutôt, telle ne put pas avoir été son intention puisqu'il parla ainsi. De la même façon tombe l'hypothèse de Sieffert, laquelle, du reste, ne s'appuie sur rien. Cet
auteur prétend que Jésus s'était entretenu avec ses apôtres
sur l'état et l'avenir du peuple israélite, non après la malédiction du figuier, mais avant, et dans le chemin qui le conduisait à cet arbre, et que cet entretien se termina par la
malédiction symbolique du figuier, laquelle, placée ainsi,
s'entendait d'elle-même. Mais, s'il est vrai que l'introduction
que Sieffert arrange ici, prépare les voies à l'intelligence de
l'acte en question, tout cela aurait été réduit à néant par
les paroles subséquentes de Jésus, qui ne signalent que le
côté miraculeux du fait dans un temps où l'on tendait à
voir partout du merveilleux. Ullmann, avec raison, a
donc cru devoir une concession aux paroles de Jésus qui
font partie du récit ; et, tout en reconnaissant comme admissible l'explication symbolique, il en préfère une autre qui
a été aussi proposée ailleurs (1), à savoir que Jésus, par cet
acte miraculeux, avait voulu donner aux siens une nouvelle
preuve de sa toute-puissance, afin de fortifier leur confiance
en lui pour les périls imminents ; ou plutôt, comme nulle
part il n'est question d'une allusion spéciale à la passion prochaine, et que les paroles de Jésus ne renferment rien qu'il
n'eût déjà dit précédemment (Matth., 17. 20. Luc, 17, 6),
il faut penser avec Fritzsche que la manière de voir des évangélistes fut, d'une façon tout-à-fait générale, celle-ci : Jésus,
ayant ressenti du mécontentement à cause de la stérilité du
figuier, saisit cette occasion pour accomplir un miracle dont
le but n'était que le but général de tous ses miracles, à sa-

____

(1) Heydenreich, daus : theol. Nachrichten, 1814, Mai, S. 121 ff.

voir de certifier son caractère de Messie (1). Ainsi, Euthymius parle d'une façon tout-à-fait conforme à l'esprit des narrateurs tel que Fritzsche le caractérise (2), quand il interdit toute argutie sur le but particulier de l'action de Jésus, et recommande de n'y considérer que le miracle en général (3). Mais il ne s'ensuit pas que nous devions, nous aussi, nous abstenir de toute réflexion, et accepter avec foi le miracle sans plus ample informé. Il nous est même impossible de nous empêcher de remarquer que le miracle particulier que nous avons ici, n'est explicable, ni par le but général des miracles, ni par un but particulier quelconque; que, à tout égard, il contredit la théorie et la pratique ordinaire de Jésus; et que, en conséquence, indépendamment même de la question de la possibilité physique, on doit déclarer avec une plus grande précision que pour tout autre, qu'il n'a pas été réellement accompli par Jésus.

Mais il nous reste encore l'obligation d'indiquer la source positive d'où un pareil récit a pu sortir, même sans motif historique. Nous trouvons, à la vérité, dans l'Ancien-Testament, où nous puisons ordinairement nos exemples, plusieurs discours et récits figurés d'arbres et de figuiers, mais aucun qui ait une analogie assez spécifique avec notre narration, pour que nous puissions dire que celle-ci en dérive. Sans aller jusqu'à l'Ancien-Testament, il ne faut pas feuilleter long-temps le Nouveau, pour trouver, d'abord dans la bouche de Jean-Baptiste (Matth., 3, 10), puis dans celle

(1) Comm. in Matth., p. 637.

(2) Comm. in Marc., p. 481 : Male... vv. dd. in eo hæserunt, quod Jesus sine ratione innocentem ficum aridam reddidisse videretur, mirisque argutiis usi sunt, ut aliquod hujus rei consilium fuisse ostenderent. Nimirum apostoli, evangelistæ et omnes primi temporis christiani, qua erant ingeniorum simplicitate, quid quantumque Jesus portentose fecisse diceretur, curarunt tantummodo, non quod Jesu in edendo miraculo consilium fuerit, subtiliter et argute quæsiverunt.

(3) Ne recherche pas subtilement pourquoi l'arbre a été puni, tout innocent qu'il était, mais vois seulement le miracle et admire-s-en l'auteur. Μὴ ἀκριβολογοῦ, διατί τιτιμώρηται τὸ φυτὸν, ἀναίτιον ὄν· ἀλλὰ μόνον ὅρα τὸ θαῦμα, καὶ θαύμαζε τὸν θαυματουργόν.

même de Jésus (7, 19), l'apophthegme de l'arbre qui, ne portant pas de bons fruits, est abattu et jeté dans le feu. Plus loin (Luc, 13, 6 seq.), ce thème est devenu l'histoire feinte d'un maître qui pendant trois années cherche vainement des fruits sur un figuier dans son vignoble, et qui le ferait arracher sans l'intercession du jardinier qui procure à l'arbre encore un délai d'un an. Dès les temps anciens, des Pères de l'Église n'ont vu, dans la malédiction du figuier, que la mise en scène de la parabole du figuier (1), dans le sens, il est vrai, de l'explication que nous avons rapportée plus haut, à savoir que Jésus lui-même avait voulu représenter l'état présent et la destinée prochaine du peuple juif, là, par un discours figuré, ici, par une action symbolique; ce qui, ainsi que nous l'avons vu, ne peut se concevoir. Cependant, nous ne pourrons nous défendre de soupçonner qu'ici nous avons un seul et même thème sous trois formes différentes : d'abord, sous la forme la plus concentrée, celle d'apophthegme ; puis étendu jusqu'à devenir une parabole ; enfin, transformé en une histoire réelle. Seulement nous n'admettons pas que Jésus ait représenté en dernier lieu par une action ce qu'il avait deux fois exprimé par des paroles, mais nous pensons que la tradition finit par faire un événement véritable de ce qui n'était d'abord qu'un apophthegme et une histoire parabolique. Si, dans l'histoire réalisée, la fin de l'arbre est un peu autre que la fin dont il est menacé dans l'apophthegme et dans la parabole, c'est-à-dire s'il sèche au lieu d'être abattu, cela ne doit pas faire difficulté; car, du moment que la parabole était devenue une histoire véritable avec Jésus pour sujet, toute sa valeur didactique et symbolique avait passé dans l'action extérieure. Celle-ci, pour acquérir plus d'importance et d'intérêt, dut prendre un

_____

(1) Ambrosius, Comm. in Luc., sur ce passage. Neander aujourd'hui s'explique de même, l. c.

caractère miraculeux , et , par conséquent , la destruction de
l'arbre, au lieu d'être opérée naturellement à l'aide de la ha-
che, dut se transformer en un desséchement immédiat produit
par la parole de Jésus. Il semble, à la vérité, que cette manière
de concevoir la narration, d'après laquelle son essence même
resterait toujours symbolique, est susceptible des mêmes objections que celle dont il a été parlé plus haut, à savoir que
le discours de Jésus qui y est joint, résiste à une pareille explication. Mais, dans notre manière de considérer les récits,
nous sommes autorisés à dire que la parabole, s'étant trans-
formée en histoire dans la tradition , perdit en même temps
sa signification primitive ; le miracle commença à être regardé comme le point essentiel, et l'on y rattacha, à tort, le
discours relatif à la puissance miraculeuse et à la force de la
foi. Il n'est pas même impossible d'indiquer avec vraisemblance pourquoi, en particulier, le discours du déplacement
des montagnes a été réuni au récit du figuier. Dans le récit
du figuier, la force de la foi est représentée par le succès de
ces mots adressés à une montagne : *Qu'on t'ôte de là et
qu'on te jette dans la mer*, ἄρθητι καὶ βλήθητι εἰς τὴν θάλασσαν ; ailleurs (Luc, 17, 6), elle se trouve symbolisée par
des paroles non moins efficaces adressées à une espèce de
figuier, συκάμινος : *Déracine-toi et va te planter dans la
mer*, ἐκριζώθητι καὶ φυτεύθητι ἐν τῇ θαλάσσῃ. Le figuier maudit, du moment que l'on en conçut le desséchement comme
l'effet de la puissance miraculeuse de Jésus, rappela l'arbre
ou la montagne que la force miraculeuse de la foi est capable de déplacer ; et c'est ainsi que les paroles sur la foi furent jointes au récit de la malédiction du figuier. Il faut donc
accorder ici le prix au troisième évangile, qui nous a conservé, dans leur séparation et leur pureté, la parabole du
figuier stérile, συκῆ, et l'apophthegme du *mûrier*, συκάμινος,
que la foi peut déplacer ; elles y sont l'une et l'autre dans
eur forme et avec leur signification primitives, tandis que

les deux autres synoptiques ont transformé la parabole en une histoire, et ont fait servir l'apophthegme sous une forme un peu différente, à une fausse explication de cette prétendue histoire (1).

(1) Comparez les explications de ce récit, concordantes pour le fond avec ce qui est dit ici, chez De Wette, exeg. Handb., 1, 1, S. 176 f. ; 1, 2, S. 174 f, et dans Weisse, die evang. Gesch., 1, S. 576 f.

DIXIÈME CHAPITRE.

*

§ CII.

Transfiguration de Jésus considérée comme phénomène miraculeux.

L'histoire de la transfiguration de Jésus sur la montagne ne pouvait pas être réunie aux récits de miracle examinés jusqu'à présent, non seulement parce qu'elle se rapporte à un miracle opéré en lui, et non à un miracle opéré par lui, mais encore parce qu'elle a, dans la vie de Jésus, le caractère d'une péripétie qui a son importance spéciale, et qu'on ne saurait guère comparer qu'avec le baptême et la résurrection, à cause de la ressemblance. Aussi Herder a-t-il désigné avec raison ces trois événements comme les trois points lumineux qui, dans la vie de Jésus, attestaient sa mission céleste (1).

L'histoire de la transfiguration manque dans le quatrième évangile; mais, telle qu'elle se présente chez les synoptiques (Matth., 17, 1 seq. Marc, 9, 2 seq. Luc, 9, 28 seq.), elle apparaît, au premier coup d'œil, comme un événement réel, extérieur et même miraculeux. Six ou huit jours après avoir annoncé pour la première fois sa passion, Jésus monta avec ses trois apôtres les plus intimes sur une haute montagne, et ces derniers virent comment, tout-à-coup, son visage et même ses habits vinrent à reluire d'un éclat plus que terrestre, comment deux formes vénérables du royaume des esprits, Moïse et Élie, apparurent et s'entretin-

(1) Vom Erlöser der Menschen nach unsern drei ersten Evangelien, S. 114.

rent avec lui, et comment, enfin, du sein d'un nuage lumineux, une voix céleste proclama Jésus le fils de Dieu auquel
ils devaient obéissance.

Ce petit nombre de traits suscite une multitude de questions que Gabler a recueillies, et on lui doit de la reconnaissance pour le soin qu'il a pris (1). Dans chacune des trois
circonstances principales de l'événement, à savoir l'éclat,
l'apparition des morts et la voix, il faut s'enquérir également
de la possibilité et de la raison suffisante. D'abord, d'où
sera provenu l'éclat extraordinaire qui entoura Jésus? Si l'on
réfléchit qu'il s'agit d'une *métamorphose* de Jésus, μετα-
μορφοῦσθαι, on pensera qu'il faut entendre, non qu'il fut simplement illuminé du dehors, mais qu'il le fut par une clarté
intérieure, comme si la *gloire* divine, δόξα, eût relui momen-
tanément à travers l'enveloppe humaine. C'est pour cette
raison que Olshausen considère cet événement comme capital dans le travail de purification et de transfiguration qu'il
suppose avoir existé durant tout le cours de la vie de Jésus,
dans son corps, jusqu'à l'ascension (2). Mais, sans développer de nouveau ici ce qui a déjà été dit, à savoir, ou
bien que Jésus n'était pas un homme véritable, ou bien
que la purification qui se passa en lui pendant sa vie, fut
autre que de rendre son corps lumineux et léger, remarquons que, en aucun cas, il n'est possible de comprendre
comment ses vêtements auraient participé à une illumination
interne. Si l'on aime mieux, à cause de ce dernier point,
supposer une illumination externe, ce n'est plus une métamorphose, ce dont cependant les évangélistes parlent; ainsi,
cette scène n'est pas susceptible d'une représentation dont
les différentes parties concordent entre elles; à moins, peut-
être, qu'on n'admette avec Olshausen, que Jésus réunissait

<hr>

(1) Dans un mémoire Sur l'histoire de
la transfiguration dans son : neuest.
theolog. Journal, 1. Bd., 5. Stück, S.
517 ff. Comparez Bauer, hebr. Mythol.
2, S. 253 ff.

(2) Bibl. Comm., 1, S. 524.

les deux choses , c'est-à-dire qu'il émettait et recevait des
rayons. Mais, quand bien même cet éclat serait possible,
reste toujours la question de savoir à quoi il servait. La première réponse est : pour glorifier Jésus. Mais , à côté de la
glorification spirituelle que Jésus se donnait à lui-même par
ses actes et par ses discours , cette illumination physique,
produite par un éclat lumineux, est tout-à-fait insignifiante
et presque puérile; si cependant on la suppose nécessaire
pour soutenir la foi trop faible , elle aurait dû se passer devant la multitude , ou du moins devant tous les apôtres ,
mais non en présence de trois seulement , et des trois les
plus fermes , et surtout il n'aurait pas dû être défendu aux
trois témoins oculaires de la cacher pendant le temps qui fut
le plus critique , et de ne la révéler qu'à la résurrection. Ces
deux questions se reproduisent avec une force nouvelle dans
la seconde phase de notre histoire , c'est-à-dire lors de l'apparition des deux morts. Des âmes défuntes peuvent-elles
apparaître aux vivants ? Et si les deux hommes de Dieu se
montrèrent , comme il le semble , avec leur corps ancien
seulement transfiguré , où , d'après les idées bibliques , le
prirent-ils avant la résurrection générale? A la vérité, pour
Élie, qui monta au ciel sans déposer son corps, cela fait moins
difficulté; mais Moïse du moins était mort, et son cadavre
avait été enterré. Enfin , pour quel but ces deux illustres
morts étaient-ils apparus? Le récit évangélique qui représente les deux formes comme *s'entretenant avec Jésus*,
συλλαλοῦντες τῷ Ἰησοῦ , paraît avoir mis en Jésus le but de
l'apparition, qui, si Luc a raison, se rapportait plus particulièrement à sa passion et à sa mort prochaines. Mais ce
n'est pas par cette voie qu'il en eut la première nouvelle,
car, d'après le dire concordant des synoptiques, il s'en était
expliqué depuis une semaine (Matth.. 16, 21 et parallèles).
En conséquence, on conjecture que Jésus ne fut instruit par
Moïse et par Élie que des circonstances et des conditions plus

précises de sa mort (1). Mais, d'une part, la position que les évangiles donnent à Jésus à l'égard des anciens prophètes, ne comporte pas qu'il ait eu besoin d'être instruit par eux ; d'autre part, Jésus avait prédit déjà antérieurement sa passion avec des détails si précis que les communications plus spéciales venues du monde des esprits ne pourraient guère avoir regardé que deux particularités, à savoir : *Ils le livreront aux Gentils*, παραδώσουσιν αὐτὸν τοῖς ἔθνεσιν (Matth., 20, 19), et *On lui crachera au visage*, ἐμπτύσουσιν αὐτῷ (Marc, 10, 34), circonstances dont Jésus ne parla que plus tard. Ou bien, admettra-t-on que la communication qui devait être faite à Jésus, avait pour but, non de l'instruire, mais de le fortifier pour sa passion prochaine ? A cette époque, on ne trouve dans le moral de Jésus rien qui pût demander une assistance de cette espèce ; un secours donné aussitôt n'aurait pas suffi pour la passion, qui arriva plus tard ; ce qui le montre, c'est qu'un nouveau secours devint nécessaire à Gethsemane. Nous laisserons-nous aller, bien que ce soit contre la disposition du texte, au désir d'essayer si l'apparition ne se rapporterait pas aux apôtres ? Mais, d'une part, le but de fortifier la foi, est un but trop général pour autoriser une dispensation aussi particulière ; et, d'autre part, il faudrait admettre que Jésus, dans la parabole de l'homme riche, aurait donné une fausse explication du principe qui dirige les dispositions providentielles ; car il y déclare que celui qui ne prête pas obéissance aux écrits de Moïse et des prophètes, et, à bien plus forte raison, au Christ présent, ne serait pas rappelé à la foi, même par un mort qui sortirait du tombeau. En conséquence, une pareille apparition n'est pas opérée par Dieu, au moins dans le but d'exciter la foi. Quant au but plus spécial de convaincre les apôtres de la concordance des doctrines et du destin de Jésus avec Moïse et les prophètes, il

____

(1) Olshausen, l. c., S. 527.

était en partie atteint, et il ne le fut complétement qu'après la mort et la résurrection de Jésus et après l'effusion de l'esprit, sans que la transfiguration ait fait époque à cet égard. Enfin, la voix qui sort de la nuée lumineuse (sans aucun doute celle de la *Schechinah*), est une voix divine comme celle qui se fit entendre lors du baptême ; mais, quelle idée anthropomorphique faut-il se faire de Dieu, pour croire à la possibilité de paroles de Dieu réelles et perceptibles par l'oreille ? ou bien, s'il ne s'agit ici que d'une communication de Dieu à l'oreille spirituelle (1), la scène de la transfiguration devient une vision, et nous passons subitement à une tout autre manière de la concevoir.

§ CIII.

Conception naturelle du récit sous diverses formes.

Aux difficultés de l'opinion qui regarde la transfiguration de Jésus comme une scène miraculeuse et extérieure, on a essayé d'échapper en la transportant tout entière dans l'intérieur des personnes intéressées. A ce point, on n'a pas besoin d'abandonner de prime abord le miracle, seulement on le juge plus simple et plus convenable comme miracle opéré dans l'intérieur humain. On admet donc que, par l'influence divine, l'être spirituel des trois apôtres, et même de Jésus, s'éleva jusqu'à l'état de l'extase, dans lequel ou bien ils vinrent réellement en contact avec le monde supérieur, ou bien ils purent en produire eux-mêmes les formes de la manière la plus vive, c'est-à-dire, dans ce dernier cas, que l'on se représente la scène comme une vision (2). Le premier appui de cette explication est dans Mat-

(1) Olshausen, 1, S. 529; comparez S. 174.

(2) C'est ce que disent Tertullien, adv. Marcion., 4, 22 ; Herder, l. c., S. 115 f. Gratz, Comm. z. Matth., 2, S. 163 f. 169, leur donne son assentiment.

thieu, qui, se servant de l'expression *vision*, ὅραμα (V. 9),
paraît caractériser toute la scène comme une vision purement subjective. Mais cet appui tombe, si l'on se rappelle
que ni la signification du mot ὅραμα n'emporte le caractère
d'une vision purement interne, ni l'usage du Nouveau-
Testament ne le borne à des visions internes, puisqu'il est
employé même pour des visions externes dans les Actes des
apôtres (7, 31) (1). Quant à la chose même, il est invraisemblable, et du moins sans exemple dans l'Écriture, que plusieurs, comme ici trois ou quatre, aient eu part à une même
vision, qui est ici très considérable (2). Ajoutons que toute la
difficile question relative à l'utilité d'une pareille dispensation
miraculeuse revient dans cette manière de concevoir la chose.

D'autres, pour éviter cet embarras, ont placé, il est vrai,
la scène dans l'intérieur des personnes intéressées, mais ils
l'ont regardée comme le produit d'une fonction naturelle
de l'âme, c'est-à-dire qu'ils y ont vu un songe (3). Pendant
ou après une prière prononcée par Jésus ou par eux-mêmes,
prière dans laquelle il fut question de Moïse et d'Élie, et
où l'on souhaita que ces précurseurs messianiques arrivas-
sent, les trois apôtres s'endormirent ; conservant dans leurs
oreilles assoupies le bruit de ces noms prononcés par Jésus,
ils rêvèrent que Moïse et Élie étaient présents et que Jésus
s'entretenait avec eux, et ces images flottèrent pendant quelque temps devant leurs yeux au premier moment de leur reveil, où leurs idées n'étaient pas encore redevenues bien claires.
La précédente explication s'appuyait sur le mot *vision*, ὅραμα,
de Matthieu ; celle-ci s'appuie sur le dire de Luc, qui représente
les apôtres comme *appesantis par le sommeil*, βεβαρημένοι
ὕπνῳ, et ne *s'étant réveillés*, διαγρηγορήσαντες, que vers la fin de

---

(1) Comparez Fritzsche, in Matth., p.
552; Olshausen, 1, S. 523.
(2) Olshausen, l. c.
(3) Rau, Symbola ad illustrandam
Evv. de metamorphosi J. Chr. narratio-
nem; Gabler, l. c., S. 539 ff.; Kuinöl,
Comm. z. Matth., S. 459 ff.; Neander,
L. J. Chr., S. 474 f.

la scène (V. 32). Cette ressource, que le troisième évangéliste
fournit à l'explication naturelle, devient un argument qu'on
fait valoir en faveur de la préférence à donner à sa narration
sur celle des autres ; et des critiques modernes déclarent que
par ce trait, et par d'autres qui rapprochent la scène des conditions naturelles, le récit de Luc présente le caractère d'un
récit original, tandis que Matthieu, en les omettant, montre
qu'il ne tient le sien que de la seconde main ; car, avec l'a-
mour des merveilles qui régnait à cette époque, personne
n'aurait sans doute imaginé des particularités qui atténuaient
le miracle, telles que le sommeil des apôtres (1). Nous serions
obligés d'adopter cette manière de raisonner, si véritablement la particularité dont il s'agit ici, ne pouvait se prendre
que dans le sens de l'explication naturelle. Mais rappelons-
nous que, dans une autre scène où la passion annoncée, d'après
Luc, à Jésus lors de la transfiguration, commençait à s'opérer, c'est-à-dire à Gethsemane, les apôtres sont également
représentés comme *endormis*, καθεύδοντες, et cela d'après
tous les synoptiques (Matth. 26, 40 et passages parallèles).
Un écrivain que la seule ressemblance extérieure dans la
forme des deux scènes pouvait déterminer à transporter la
particularité du sommeil dans l'histoire de la transfiguration,
pouvait y être non moins déterminé par la signification intrinsèque de cette particularité, qui dut lui paraître tout-à-
fait à sa place dans cette dernière histoire. En effet, le sommeil des apôtres, pendant que leur maître est l'objet de la
plus importante manifestation, montre la distance infinie
qui les sépare de lui, l'incapacité où ils sont d'atteindre
à sa hauteur, et la supériorité qu'il a sur eux. Le prophète,
celui qui reçoit une révélation, est parmi les hommes ordinaires, comme celui qui veille est parmi des gens endormis.

<hr>

(1) Schulz, über das Abendm., S. 319 ;   f.; comparez aussi Köster, Immanuel, S.
Schleiermacher, über den Lukas, S. 148   60 f.

Il était donc tout naturel de représenter les apôtres engour-
dis par le sommeil au moment de la glorification suprême de
Jésus, ainsi qu'au moment de sa souffrance la plus profonde.
Ainsi ce trait, loin de fournir des ressources à l'explication
naturelle, est destiné à relever, par un contraste, le miracle
qui s'opère en Jésus. Nous ne sommes donc plus autorisés à
regarder le récit de Luc comme le récit original, et à bâtir,
sur son dire, une explication de la scène; au contraire,
nous verrons, dans cette addition, jointe à celle dont il a
été question V. 31, une preuve que son récit est de seconde
main et a reçu des embellissements (1), et une raison de
plus qui nous oblige à nous en tenir au récit des deux premiers évangélistes.

Ainsi tombe l'appui principal de l'explication qui ne
voit ici qu'un rêve naturel des apôtres; mais en outre elle a
encore contre elle une multitude de difficultés. Elle ne suppose un rêve que chez les trois apôtres, et, admettant que
Jésus veilla, elle ne le comprend pas dans l'illusion. Or,
toute la narration évangélique se comporte comme si Jésus
avait eu l'apparition aussi bien que les apôtres. En effet, si
tout n'était qu'un rêve des apôtres, il ne pouvait pas leur dire
ensuite: *Ne parlez à personne de la vision*, μηδενὶ εἴπητε
τὸ ὅραμα, paroles qui les auraient confirmés dans l'opinion qu'il
s'était passé quelque chose de particulier et de miraculeux.
De plus, quand bien même Jésus n'aurait eu aucune part
au rêve, il est inouï que trois personnes rêvent, par voie
naturelle et en même temps, une seule et même chose. Les
partisans de cette explication l'ont senti, aussi prétendent-
ils que l'ardent Pierre, qui est le seul à parler, fut aussi le
seul à avoir le rêve, et que les évangélistes ont attribué
aux trois apôtres, en vertu de la figure appelée synec-

____

(1) Cette manière de voir est partagée par Bauer, l. c., S. 237; Fritzsche, p. 556; De Wette, exeg. Handb., 1, 2, S. 56 f.; Weisse, die evang. Gesch. 1, S. 536, et en partie aussi Paulus, exeg. Handb., 2, S. 447 f.

doque, ce qui n'était arrivé qu'à l'un d'eux. Mais, de
ce qu'ici, comme ailleurs, Pierre porte la parole, il
ne s'ensuit pas qu'il eût seul rêvé; loin de là, le contraire
est exprimé par les paroles des évangélistes, et nulle figure
de rhétorique ne peut leur ôter ce sens. Mais ceux qui
appliquent cette explication à la transfiguration, en con-
fessent l'insuffisance encore plus clairement. Non seulement,
comme il a été remarqué plus haut, ils font jouer, dans le
rêve des apôtres, un rôle adjuvant à l'invocation des noms
de Moïse et d'Élie prononcés à haute voix par Jésus, mais encore ils appellent à leur aide un orage qui introduisit, dans
le songe, par les éclairs l'idée d'un éclat surnaturel, par les
coups de tonnerre l'idée de conversations et de voix célestes,
et qui les entretint encore dans leur illusion pendant quelque temps après leur reveil. Mais Luc rapporte que les
apôtres, *en se réveillant,* διαγρηγορήσαντες, virent les deux
prophètes debout encore aux côtés de Jésus; cela ne ressemble point à une simple illusion se prolongeant de l'état
de sommeil à celui de veille. Pour ce motif, Kuinöl fait une
supposition de plus, c'est que, tandis que les apôtres dor-
maient, deux hommes inconnus s'approchèrent réellement
de Jésus, et qu'ils furent aussitôt confondus dans les images
vues par les dormeurs dans leur songe, et pris pour Moïse
et Élie. Ces hypothèses successivement ajoutées dénatu-
rent toutes les circonstances principales que l'explication de
cette scène par un songe avait intérêt à représenter comme
des visions intérieures, et les ramènent comme autant de phénomènes extérieurs; car l'idée d'un éclat lumineux est supposée produite par les éclairs, l'idée de voix entendues, par le
tonnerre, enfin l'idée de deux personnes présentes auprès de
Jésus, par la présence véritable de deux inconnus. Tout cela
ne pouvait être aperçu par les apôtres que dans l'état de
veille, et ainsi la supposition d'un rêve, devenant superflue,
n'a plus de raison suffisante.

Donc, puisque la participation de trois personnes à un même rêve a une difficulté toute spéciale, il vaut mieux rompre complétement le fil qui, d'après ce mode d'explication, rattache la scène à une vision interne, et transporter tout dans le monde extérieur. De la sorte, au lieu d'une scène surnaturelle, nous avons maintenant à examiner une scène naturelle. Quelque chose d'extérieur et de réel se montra aux apôtres; c'est pour cela que plusieurs purent en avoir la perception simultanée; s'ils se trompèrent, tout éveillés, sur ce qu'ils perçurent, c'est qu'ils se trouvaient tous dans le même ordre d'idées, dans la même disposition, dans la même situation. D'après cette manière de voir, l'essentiel de cette scène est un rendez-vous secret que Jésus projetait, et pour lequel il prit avec lui les trois apôtres sur qui il comptait le plus. Paulus ne se hasarde pas à décider qui étaient les deux hommes avec lesquels Jésus avait rendez-vous; Kuinöl soupçonne que c'étaient des adhérents du genre de Nicodème; d'après Venturini, des Esséniens, associés secrets de Jésus. Avant leur arrivée, Jésus pria; et les apôtres, qu'il n'avait pas admis à sa prière, s'endormirent. Une telle explication, afin de rendre plus vraisemblable l'illusion des apôtres à leur premier réveil, conserve volontiers ce sommeil donné par Luc, bien qu'elle n'y rattache pas de songe. Aux voix étrangères qu'ils entendent auprès de Jésus, ils se reveillent, ils voient Jésus, qui sans doute était debout sur un point plus élevé de la montagne que celui où ils étaient, reluire d'un éclat extraordinaire qui provenait des premiers rayons de l'aurore tombant sur lui et réfléchis peut-être par des neiges voisines; dans le premier moment de la surprise, cela leur semble une splendeur surnaturelle; et ils aperçoivent les deux hommes que, par des motifs inconnus, Pierre accablé de sommeil et après lui les autres prennent pour Moïse et Élie; leur confusion augmente quand ils voient les deux inconnus disparaître dans une claire nuée du matin qui s'abaissa au moment où ils partirent, et quand ils entendent un des deux inconnus crier du milieu de la nuée : *Celui-ci est mon fils bien-aimé*, etc. , οὗτός ἐστιν ὁ υἱός μου ὁ ἀγαπητὸς κ. τ. λ. ; dans de telles circonstances ils prirent nécessairement cette voix pour une voix céleste (1). Cette explication , pour laquelle Schleiermacher montre aussi de l'inclination (2) , croit, comme la précédente, trouver un appui particulier dans Luc , chez qui il est dit , avec bien moins d'assurance que chez Matthieu et Marc, que ces deux hommes étaient Moïse et Elie, et chez qui cette assertion paraît être bien plutôt due à une simple imagination de Pierre accablé par le sommeil. Voici sur quoi s'appuie cette différence : tandis que les deux premiers évangélist s disent directement : *Il virent Moïse et Élie*, ὤφθησαν αὐτοῖς Μοσῆς καὶ Ἡλίας, Luc, plus retenu ce semble, parle de *deux hommes* , ἄνδρε δύο, *qui étaient Moïse et Élie*, οἵτινες ἦσαν Μοσῆς καὶ Ἡλίας, et l'on prétend que, si les expressions des deux premiers désignent quelque chose d'objectif et de réel, les expressions du second ne désignent qu'une explication , laquelle est propre à l'évangéliste. Mais l'écrivain donne évidemment son assentiment à cette explication, puisqu'il dit *qui étaient*, οἵτινες ἦσαν, et non *qui paraissaient être*, οἵ τινες ἔδοξαν εἶναι. S'il ne parle d'abord que de deux hommes, et s'il ne les nomme que subséquemment, son intention a été, non pas de laisser au lecteur la faculté de prendre à son choix une toute autre explication, mais seulement de ménager, par une expression indécise au début, le mystérieux de cette scène extraordinaire. Ainsi, pas plus que les explications précédentes, celle-ci n'a d'appui dans l'un des récits évangéliques, et de plus elle n'a pas de moindres difficultés intrinsèques. Les apôtres devaient assez bien connaître l'il-

---

(1) Paulus, exeg. Handb., 2, 436 ff.   (2) L. c.
L. J. 1, b, S. 7 ff.; natürliche Geschichte, 3, S. 256 ff.

lumination matinale sur les montagnes de leur patrie pour
la distinguer d'une splendeur céleste. S'il n'est facile, dans
aucune des explications proposées, de comprendre comment ils imaginèrent que les deux inconnus étaient Moïse
et Élie, il l'est encore moins dans celle-ci. Quand
Pierre, proposant à Jésus de construire des *tentes*, σκηνὰς,
fit connaître l'illusion où étaient les apôtres, il est incompréhensible que Jésus ne l'ait pas dissipée; et Paulus
imagine pour expédient que Jésus n'entendit pas la proposition de Pierre. Toutes les hypothèses sur des alliés secrets
sont avec raison tombées dans le décri; et enfin celui de ces
alliés qui, du milieu de la nuée, aurait adressé aux apôtres
les paroles en question, se serait permis une indigne mysti-
fication.

§ CIV.

Histoire de la transfiguration considérée comme mythe.

Ici, comme toujours, nous nous trouvons, après avoir
parcouru le cercle des explications naturelles, ramené à l'explication surnaturelle; mais des raisons non moins décisi-
ves nous obligent à y renoncer. Empêchés, par le texte d'admettre une interprétation naturelle, par des motifs ration-
nels de conserver un caractère historique à l'interprétation
surnaturelle, qui est conforme au texte, il nous faut en venir
à examiner critiquement les données du texte évangélique.
Ces données ont ici des garanties toutes particulières; car le
fait est raconté par trois évangélistes, qui fixent exactement
la date avec une concordance frappante, et il est certifié,
en outre, par l'apôtre Pierre (2. Petr., 1, 17) (1). Cette
concordance de date (puisque les *huit jours*, ἡμέραι ὀκτὼ,
de Luc, suivant la manière de compter le premier et le der-

_____

(1) Paulus, exeg. Handb., S. 446; Gratz, 2, S. 165 f.

nier jour, disent la même chose que les *six jours*, ἡμέραι ἑξ, des autres), cette concordance, dis-je, est certainement frappante ; et de plus les narrateurs placent tous les trois, après la scène de la transfiguration, le récit de la guérison de l'enfant démoniaque, dans laquelle les apôtres avaient échoué. Mais cette double circonstance, la date concordante et la jonction des deux scènes, s'explique par l'origine des évangiles synoptiques, qui proviennent d'une prédication évangélique devenue permanente ; et, si cette prédication a groupé d'une certaine façon, mais sans réalité historique, mainte anecdote, il ne faut pas plus s'en étonner que de voir conservées souvent textuellement dans les trois rédactions, des expressions où elle aurait pu varier (1). Cette histoire est, il est vrai, attestée par les trois synoptiques ; mais l'authenticité qu'elle reçoit par là, est, du moins dans la manière ordinaire de se figurer le rapport entre les quatre évangiles, très affaiblie par le silence du quatrième. On ne voit pas, en effet, comment cet évangéliste n'aurait pas accueilli un événement aussi important, qui, en même temps, était si conforme à son système, et qui réalisait véritablement ce qu'il dit dans son prologue : *Et nous avons contemplé sa gloire, telle que doit être la gloire du fils unique du père*, καὶ ἐθεασάμεθα τὴν δόξαν αὐτοῦ, δόξαν ὡς μονογένους παρὰ πατρός (V. 14). Dire qu'il a pu supposer la transfiguration connue par les évangélistes ses prédécesseurs, c'est un argument usé, qui, outre sa fausseté générale, est ici particulièrement inapplicable, puisque, cette fois, aucun des synoptiques n'avait été témoin oculaire, et qu'il devait y avoir dans leur récit bien des choses à vérifier et à expliquer par un homme qui, comme Jean, avait assisté à la scène. On a donc cherché un autre motif pour cette omission et d'autres semblables dans le quatrième évangile, et on a cru le trouver dans la ten-

---

(1) Comparez De Wette, Einl. in das N. T., § 79.

dance anti-gnostique , ou , plus précisément , anti-docéti-
que, que l'on a transportée des Lettres de Jean dans le
quatrième évangile. Dans l'histoire de la transfiguration ,
disent ces commentateurs, l'éclat qui illuminait Jésus , la
transfiguration de son aspect en un aspect surhumain , peuvent prêter des armes à l'opinion qui supposait que sa forme
humaine n'avait été qu'une apparence à travers laquelle sa
nature vraie et surhumaine avait percé de temps en temps ;
son entretien avec les esprits d'anciens prophètes aurait pu
conduire à supposer qu'il n'était peut-être lui-même que
l'âme de quelque homme pieux de l'Ancien-Testament ; et,
pour ne donner aucun aliment à ces opinions erronées , qui
commencèrent de bonne heure à se développer parmi des chrétiens attachés à la Gnose, Jean préféra supprimer cette histoire et d'autres pareilles (1). Mais , indépendamment qu'il
ne convient pas à la *loyauté* apostolique, παῤῥησία, de dis-
simuler, à cause de l'abus possible de la part de quelques
individus, des faits capitaux de l'histoire évangélique , Jean
aurait dû, au moins, procéder en cela avec une certaine
conséquence, et exclure, du cercle de son travail, tous les
récits capables, aussi bien que le récit actuel, de provoquer
une fausse interprétation docétique. Or, chacun se rappelle
aussitôt l'histoire de la marche de Jésus sur la mer, histoire
qui, non moins certes que la transfiguration , suscite l'opinion d'une simple apparence corporelle en Jésus, et qui cependant a été recueillie par Jean. L'importance relative
d'un fait pouvait encore ici justifier une distinction ; ainsi,
de deux récits qui auraient une apparence également favorable
aux docètes , Jean pouvait accueillir l'un à cause du plus
grand intérêt qui y était attaché , et passer l'autre sous silence. Or, sans doute, personne ne voudra soutenir que la
marche de Jésus sur la mer, surpasse ou seulement égale en

____

(1) C'est ce que dit Schneckenburger, Beiträge, S. 62 ff.

importance la transfiguration. Si Jean avait à cœur d'éviter tout ce qui avait une apparence docétique, il devait, à tous égards et avant toute autre, supprimer l'histoire de la marche ; s'il ne l'a pas fait, c'est qu'il n'a pas été dirigé par le principe qu'on lui attribue, et dès lors on ne peut jamais en faire un motif de l'omission préméditée d'une histoire dans le quatrième évangile. Ainsi il demeure établi, au sujet de la transfiguration, que le rédacteur de cet évangile n'en a rien su ou du moins rien de précis (1). A la vérité, ce résultat ne peut être un argument contre le caractère historique de l'histoire de la transfiguration, que pour ceux qui supposent que le quatrième évangile est l'œuvre d'un apôtre ; nous ne pouvons donc, nous, argumenter de ce silence contre la vérité du récit. Mais, d'un autre côté, la concordance des synoptiques ne nous est pas une garantie, car nous avons été obligés de déclarer non-historique plus d'un récit dans lequel trois évangiles, et même tous les quatre concordaient. Quant au prétendu témoignage de Pierre, le passage relatif à la transfiguration est, à cause de l'authenticité plus que douteuse, de la seconde Lettre de Pierre, abandonné aujourd'hui, même par des théologiens orthodoxes, et ne peut plus servir à prouver la vérité historique de la transfiguration (2).

Outre les difficultés exposées plus haut qui gisent dans la teneur merveilleuse du récit, nous avons un autre motif contre la valeur historique de la transfiguration, c'est l'entretien que, d'après les deux premiers évangélistes, les apôtres eurent, immédiatement après, avec Jésus. En descendant de la montagne de la transfiguration, les apôtres demandèrent à Jésus : *Pourquoi donc les scribes disent-ils qu'il faut qu'Élie vienne premièrement ?* τί οὖν οἱ γραμ-

---

(1) Neander, attendu que la réalité objective de l'histoire de la transfiguration est douteuse pour lui, trouve lui-même, cette fois, que le silence du qua-trième évangile est embarrassant (S. 475 f.).

(2) Olshausen, S. 253, Anm.

μ.ατεῖς λέγουσιν, ὅτι Ἡλίαν δεῖ ἐλθεῖν πρῶτον (Matth., V. 10)?
Ce langage est tout-à-fait celui d'hommes qui précédemment auraient entendu quelque chose d'où ils avaient dû
conclure qu'Élie ne devait pas venir, et non le langage
d'hommes qui viennent de voir une apparition de ce même
Élie. Car, après une semblable vision, ils ne devaient pas
faire une question qui témoignait que leur attente n'avait pas
été satisfaite, mais ils devaient dire avec satisfaction : *Les
scribes ont donc raison de dire*, etc., εἰκότως οὖν οἱ γραμματεῖς
λέγουσιν κ. τ. λ. (1). En conséquence, les commentateurs interprètent la question des apôtres non comme s'ils n'avaient pas
vu l'apparition d'Élie, mais comme s'ils y avaient cherché en
vain une certaine marque; cette marque était que, d'après
l'opinion des scribes, Élie devait, lors de son apparition,
exercer une action puissante et réformatrice sur son peuple,
tandis qu'ici, après s'être montré, il avait disparu aussitôt
sans rien faire (2). Cette explication serait admissible, si les
expressions : *Élie..... rétablira toute chose*, ἀποκαταστήσει
πάντα, se trouvaient dans la question des apôtres ; mais,
au lieu de cela, chez les deux évangélistes qui ont cet entretien (Matth., V. 11 ; Marc, V. 12), elles ne se trouvent
que dans la réponse de Jésus. De la sorte, les apôtres se
seraient exprimés au rebours du droit sens, taisant ce qu'ils
désiraient, c'est-à-dire *le rétablissement de toute chose*,
et ne nommant que la *venue*, qu'ils ne pouvaient plus désirer après l'apparition qu'ils venaient d'avoir. Si la question
des apôtres, loin de supposer la réalité d'une apparition
d'Élie, suppose que cette apparition manqua, il en est de
même de la réponse de Jésus. Il répond : Les scribes ont
raison de dire qu'Elie doit venir avant le Messie ; mais cela

---

(1) Voyez Rau, Programme cité, dans
Gabler, neuestes theolog. Journal, 1, 5,
S. 506; De Wette, sur ce passage de
Matthieu.

(2) Fritzsche, in Matth., p. 553;
Olshausen, 1, S. 551. Des expédients
encore moins satisfaisants se lisent dans
Gabler, l. c., et dans Matthæi, Reli-
gionsgl. der Apostel, 2, S. 596.

n'est pas un argument contre ma messianité, car j'ai déjà
été précédé par un Élie dans la personne de Jean-Baptiste.
Or, puisqu'en indiquant qu'il avait été précédé par un Élie,
qui n'était Élie que par une figure, il cherche à les prému-
nir contre le doute que l'attente des *scribes* pourrait susciter en leurs âmes, il est impossible qu'il ait eu, immédiatement auparavant, l'apparition du véritable Élie ; s'il
l'avait eue, il aurait, avant toute chose, cité cette apparition, et ce n'est qu'ensuite qu'il aurait peut-être parlé de
Jean-Baptiste (1). Ainsi il ne peut pas être historique que
cette apparition et ce dialogue se soient suivis immédiatement, et le rapprochement en est dû seulement à ce que,
dans les deux, il est question d'Élie (2). Mais ni immédiatement ni médiatement un tel dialogue ne peut avoir été
précédé de l'apparition d'Élie ; car, quels que soient les
événements que l'on suppose entre les deux, quelque intervalle de temps qu'on admette, Jésus, aussi bien que les
trois apôtres, témoins oculaires, devait s'en souvenir,
et ils ne purent jamais parler comme si cette apparition
n'avait pas eu lieu. Un dialogue de ce genre, dans l'o-
pinion orthodoxe sur Jésus, ne peut pas, non plus, avoir été
suivi de l'apparition du véritable Élie ; car Jésus dit trop
clairement qu'il ne faut pas attendre de véritable Élie, et
que Jean-Baptiste a été l'Élie promis ; si donc, plus tard,
il y avait eu une apparition du véritable Élie , Jésus se serait trompé ; et cette supposition est la moins admissible
pour ceux-là justement qui ont le plus à cœur la réalité
historique de la transfiguration. Puisque l'apparition et le
dialogue s'excluent réciproquement , laquelle de ces deux
parties faut-il sacrifier ? La teneur de la conversation est
tellement confirmée par Matthieu, 11 , 14 (comparez

(1) Paulus en convient aussi, 2 , S.   (2) Schleiermacher, über den Lukas,
442.   S. 149.

Luc, 1 , 17), et l'histoire de la transfiguration est rendue
tellement invraisemblable par toutes sortes de difficultés, que
la décision ne peut pas être douteuse. En conséquence,
nous avons ici encore un exemple de ce que nous avons déjà
vu plusieurs fois, à savoir que des fragments de narration,
partant de suppositions tout-à-fait différentes, et même
formés en des temps différents, semblent avoir été assez
maladroitement réunis. Celui des fragments qui renferme la
conversation, part de l'opinion probablement antérieure
d'après laquelle la prophétie relative à Élie venait de s'accomplir en Jean-Baptiste ; le second, qui raconte la transfiguration, et qui a sans aucun doute une origine postérieure,
ne se contente pas d'une apparition d'Élie figurée dans la
personne de Jean-Baptiste au temps messianique de Jésus ;
il faut qu'Élie se montre au peuple et personnellement,
ne fût-ce qu'en passant et devant un petit nombre de
témoins (les témoins sont en petit nombre, parce qu'il
était connu qu'une apparition publique et ayant exercé une
action plus puissante n'avait pas eu lieu) (1).

Pour comprendre comment une pareille narration put
se former par voie légendaire, nous devons examiner tout
d'abord la particularité à l'essence de laquelle l'examen de
toutes les autres se rattache le plus facilement, à savoir
l'éclat qui rendait comme un soleil la face de Jésus, et la
clarté lumineuse que projetaient ses habits. Le beau, le ma-
jestueux est quelque chose de lumineux pour les Orientaux
et en particulier pour les Hébreux. Le poëte du Cantique
des cantiques compare sa bien-aimée à l'aube matinale, à
la lune, au soleil (6, 9); les hommes pieux, soutenus par
la bénédiction divine, sont comparés au soleil dans sa gloire
(Jud., 5 , 31); et nommément le sort futur des justes est
comparé à l'éclat du soleil et des astres (Dan., 12, 3 ; Matth.,

---

(1) Cela est pour répondre à l'objection de Weisse, S. 539.

13, 43) (1). En conséquence, non seulement Dieu paraît dans l'éclat de la lumière, et les anges se montrent avec une face radieuse et des vêtements lumineux (Ps. 50, 2. 3; Dan., 7, 9 seq.; 10, 5. 6; Luc, 14, 4; Apoc., 1, 13 seq.); mais encore les personnages pieux de l'antiquité hébraïque, comme Adam avant sa chute, et, dans les temps suivants, Moïse et Josué, sont représentés avec cet éclat de lumière (2). De même encore la légende juive postérieure prêta à des rabbins distingués un éclat surnaturel dans des moments d'exaltation (3). Ce qu'il y a de plus célèbre, c'est la face resplendissante de Moïse, dont il est parlé, 2. Mos., 34, 29 seq.; et ici comme dans d'autres cas on argumente de lui au Messie, *a minori ad majus*; c'est ce qu'indique déjà Paul, 2. Cor., 3, 7 seq., bien qu'il oppose à Moïse, *ministre de la lettre*, διάκονος τοῦ γράμματος, non Jésus, mais, en raison de l'occasion de son épître, les Apôtres et docteurs chrétiens, *ministres de l'esprit*, διακόνους τοῦ πνεύματος, et bien qu'il n'attende pour eux une *gloire*, δόξα, supérieure à l'éclat de Moïse que comme une *espérance*, ἐλπὶς, réservée à une autre vie. Le fait est qu'on espérait pour le Messie lui-même un éclat qui correspondît à celui de Moïse, et qui même le surpassât; et un écrit juif qui ne tient aucun compte de notre histoire de la transfiguration, argumente tout-à-fait dans l'esprit des Juifs des premiers temps chrétiens, quand il assure que Jésus ne peut pas avoir été le Messie, attendu que sa face n'eut pas l'éclat de la face de Moïse, sans parler d'un éclat supérieur (4). Les premiers chrétiens durent, ou entendre de pareilles objections de la part des Juifs, ou se

---

(1) Comparez Jalkut Simeoni P. 2. f. 10, 3 (dans Wetstein, p. 435) : Facies justorum futuro tempore similes erunt soli et lunæ, cœlo et stellis, fulguri, etc.

(2) Bereschith Rabba, 20, 29 (dans Wetstein) : Vestes lucis vestes Adami primi. Pococke, ex Nachmanide (ibid.) : Fulgida facta fuit facies Mosis instar so-lis, Josuæ instar lunæ; quod idem affirmarunt veteres de Adamo.

(3) Dans Pirke Elieser, 2, il se trouve d'après Wetstein que : inter docendum radios ex facie ipsius, ut olim e Mosis facie, prodiisse, adeo ut non dignosceret quis, utrum dies esset an nox.

(4) Nizzachon vetus, p. 40, ad Exod.

les faire à eux-mêmes; il en résulta nécessairement dans la plus ancienne église une tendance à reproduire dans la vie de Jésus ce trait de la vie de Moïse, à l'exagérer même à un certain égard, et à attribuer à Jésus, ne fût-ce que passagèrement, au lieu d'une face resplendissante que l'on pouvait couvrir avec un drap, un éclat rayonnant qui se répandait même sur les vêtements.

En outre, une série de traits isolés prouve que la transfiguration de la face de Moïse a servi de type à la transfiguration de Jésus. Moïse fut transfiguré sur la montagne de Sinaï; une montagne est aussi le théâtre de la transfiguration de Jésus. Dans une ascension antérieure qui put facilement se confondre avec l'ascension postérieure où son visage devint brillant, Moïse avait pris, pour participer à la contemplation de Jéhova sur la montagne, trois confidents, Aaron, Nadab et Abihu, outre les soixante-dix anciens (2. Mos., 24, 1. 9—11); de même Jésus prend avec lui ses trois disciples les plus intimes, afin qu'ils soient, autant que leurs forces le permettront, témoins de ce grand spectacle. Leur dessein immédiat était, d'après Luc, V. 28, de *prier*, προσεύξασθαι, justement comme Jéhova ordonne à Moïse de venir sur la montagne avec les trois et avec les anciens pour adorer de loin. Moïse étant monté avec Josué sur le Sinaï, la *gloire du Seigneur*, δόξα Κυρίου, couvrit comme un *nuage*, νεφέλη, la montagne (V. 15 seq. LXX); et Jéhova, du sein de la nuée, appela Moïse jusqu'à ce qu'enfin celui-ci pénétra dans la nuée, et vint auprès de lui (V. 16—18); de même, nous avons, dans notre récit, une *nuée de lumière*, νεφέλη φωτὸς, qui ombrage Jésus et les apparitions célestes;

34, 33 (dans Wetstein) : Ecce Moses magister noster felicis memoriæ, qui homo merus erat, quia Deus de facie ad faciem cum eo locutus est, vultum tam lucentem retulit, ut Judæi vererentur accedere : quanto igitur magis de ipsa divinitate hoc tenere oportet, atque Jesu faciem ab uno orbis cardine ad alterum fulgorem diffundere conveniebat? At non præditus fuit ullo splendore, sed reliquis mortalibus fuit simillimus. Quapropter constat, non esse in eum credendum.

une *voix de la nuée*, φωνὴ ἐκ τῆς νεφέλης ; et, chez Luc, une *entrée*, εἰσελθεῖν, des trois dans la nuée. Ce que la voix dit aux apôtres du sein de la nuée, est, dans la première partie, la déclaration de messianité qui, composée du verset 7 du psaume 2, et du verset 1 du chapitre 42 d'Isaïe, avait déjà retenti du haut du ciel lors du baptême de Jésus ; la seconde partie est empruntée aux paroles par lesquelles Moïse, dans le passage du Deutéronome cité d'abord (18, 15), annonce au peuple le Messie futur d'après l'interprétation ordinaire, et l'engage à lui obéir (1).

Par la transfiguration sur la montagne, Jésus avait été mis à côté de Moïse, son type ; et, comme il était dans l'attente des Juifs que, d'après Isaïe, 52, 6 seq., le temps messianique aurait, non pas un seul précurseur, mais plusieurs (2), et qu'entre autres particulièrement l'ancien législateur apparaîtrait aussi au temps du Messie (3), aucun moment n'était mieux choisi pour son apparition que celui où le Messie fut transfiguré sur une montagne de la même façon que lui, Moïse, l'avait été jadis. Alors il fut naturel de lui adjoindre celui qui, d'après Mal. 3, 23, possédait plus qu'aucun autre, le caractère de précurseur messianique, et même était attendu, d'après les rabbins, en même temps que Moïse. Du moment que ces deux personnages apparaissaient au Messie, ils devaient s'être entretenus avec lui ; et, si l'on s'enquérait de la teneur de cette conversation, le

(1) Cette comparaison avec l'ascension de Moïse sur la montagne fournit peut-être la raison de l'intervalle de *six jours*, par lequel les deux premiers évangélistes séparent la transfiguration de l'événement raconté en dernier lieu, car l'histoire propre de ce qui arrive à Moïse sur la montagne commence aussi par une pareille détermination de temps ; il y est dit, en effet, que, la montagne ayant été couverte pendant *six jours* par la nuée, Moïse fut appelé auprès de Jéhova (V. 16). Bien que le point de départ fût tout autre, cette fixation de temps peut avoir été conservée pour l'ouverture de la scène de transfiguration relative à Jésus.

(2) Voyez Bertholdt, Christologia Judæorum. § 15, p. 60 seq.

(3) Debarim Rabba, 3 (Wetstein) : Dixit Deus S. B. Mosi : Per vitam tuam, quemadmodum vitam tuam posuisti pro Israelitis in hoc mundo, ita tempore futuro, quando Eliam prophetam ad ipsos mittam, vos duo eodem tempore venietis. Comparez Tanchuma, f. 42, 1, dans Schöttgen, 1, p. 149.

chapitre immédiatement précédent suggérait naturellement qu'elle avait roulé sur la passion et la mort prochaines de Jésus. Ces objets, qui formaient, à proprement parler, le mystère messianique du Nouveau-Testament, étaient ce qu'il y avait de plus approprié à une pareille conversation avec des êtres d'un autre monde. On doit donc s'étonner que Olshausen soutienne que le mythe n'aurait pu arriver à cette teneur de la conversation. Ainsi nous aurions ici un mythe (1) dont la tendance est double : d'abord de reproduire, sous une forme plus élevée, la transfiguration de Moïse en la personne de Jésus ; secondement de réunir Jésus en qualité de Messie à ses deux précurseurs, de représenter, par cette apparition du législateur et du prophète, du fondateur et du réformateur de la théocratie, Jésus comme celui qui achève le royaume de Dieu et qui accomplit la loi et les prophètes, et, en outre, de faire confirmer sa dignité messianique par une voix céleste (2).

Pour conclure, cet exemple montre d'une façon particulièrement évidente comment l'explication naturelle, tout

(1) Ce récit est déclaré un mythe par De Wette, Kritik der mos. Gesch., S. 250 ; comparez exeg. Handb., 1, 1, S. 146 f. ; Bertholdt, Christologia Jud., § 15, not. 17 ; Credner, Einleitung in das N. T. 1, S. 241. Schulz, über das Abendmahl, S. 319, accorde du moins que les différentes relations évangéliques sur la transfiguration contiennent plus ou moins d'éléments mythiques ; et Fritzsche, in Matth., p. 448 seq. et 456, rapporte l'explication mythique de ce récit, non sans quelques signes d'assentiment. Comparez Kuinöl, in Matth., p. 459, et Gratz, 2, S. 161 ff.

(2) Platon aussi, dans le Banquet (p. 223, B, seq. Steph.) glorifie son Socrate dans un certain sens, c'est-à-dire qu'il compose, par une voie naturelle et d'une façon comique, un groupe semblable à celui que les évangélistes ont composé ici par voie surnaturelle et d'une façon tragique. Après un banquet où le vin fut prodigué, Socrate reste seul éveillé au milieu de ses amis, qui dorment autour de lui ; de même dans nos évangiles, les apôtres dorment autour du Seigneur. Deux grandes figures veillent seules avec Socrate ; ce sont le poëte tragique et le poëte comique, qui formaient les deux éléments de l'ancienne vie grecque, éléments que Socrate réunissait en lui ; de la même façon, Jésus s'entretient avec le législateur et le prophète, qui formaient les deux colonnes de la vie de l'Ancien Testament, et que Jésus renfermait en lui et avec plus de puissance. Enfin, dans Platon, Agathon et Aristophane s'endorment à leur tour, et Socrate demeure maître du champ de bataille ; de même, dans l'évangile, Moïse et Elie disparaissent finalement, et les apôtres ne voient plus que Jésus.

en voulant conserver la certitude historique des récits, en perd la vérité idéale, et, pour la forme, renonce au fond. Au contraire, l'explication mythique, sacrifiant le corps historique de ces récits, en trouve et en conserve l'idée, qui en est l'esprit et l'âme. En effet, si, comme le dit l'explication naturelle, la splendeur autour de Jésus a été un phénomène accidentel d'optique, et si les deux apparitions ont été ou les images d'un rêve, ou des personnages inconnus, que devient la signification de l'aventure? A quoi bon conserver, dans le souvenir de la première association chrétienne, une anecdote aussi vide, aussi dépourvue de toute idée, et fondée sur une illusion vulgaire et sur la superstition? Mais, bien que, comme l'exige l'explication mythique, je sois obligé de ne pas voir une aventure réelle dans le récit évangélique, je conserve du moins un sens et une valeur à la narration, et je sais quelles pensées la première association chrétienne y trouvait, et pourquoi les rédacteurs des évangiles lui accordèrent une place aussi importante dans leurs écrits (1).

§ CV.

Renseignements divergents sur le dernier voyage de Jésus à Jérusalem.

Bientôt après la transfiguration sur la montagne, les évangélistes rapportent que Jésus entreprit le voyage fatal qui le conduisit à sa passion. Les récits évangéliques ne

(1) Weisse peu satisfait de la signification que nous avons trouvée dans le mythe, et s'efforçant de conserver un fondement historique à la narration, se la représente comme une métaphore provenant des trois témoins oculaires eux-mêmes. Suivant lui, dans un langage figuré ordinaire aux Orientaux, ils exprimèrent de cette façon que alors leurs yeux s'ouvrirent, et qu'une pleine lumière les éclaira sur la destination de Jésus, et particulièrement sur ses rapports avec la théocratie de l'Ancien Testament et la prédiction du Messie. La haute montagne sur laquelle la scène est supposée se passer, figure symboliquement la hauteur de la connaissance qui fut en ce moment le partage des apôtres; la métamorphose de la forme de Jésus et l'éclat de son vêtement, sont un symbole de

concordent pas sur le lieu d'où il partit pour se rendre à Jérusalem et sur le chemin qu'il prit. Les synoptiques sont, il est vrai, d'accord sur le point de départ, puisqu'ils font tous partir Jésus de la Galilée (voyez Matth., 19, 1; **Marc,** 10, 1; Luc, 9, 51 : dans ce dernier, la Galilée n'est pas expressément nommée, mais cela s'entend de soi, puisque, dans ce qui précède, il est question de la seule Galilée et des localités galiléennes, et, dans ce qui suit, du voyage par la Samarie (1)). Néanmoins ils paraissent diverger sur le chemin que de là Jésus prit pour se rendre en Galilée. Les renseignements de deux d'entre eux sont tellement obscurs qu'ils pourraient paraître fournir des arguments à l'exégèse qui cherche à montrer la concordance des évangiles. Celui qui s'exprime de la manière la plus claire et la plus précise, est Marc, qui dit que Jésus traversa la Pérée; mais après il ajoute : *Il s'en va vers les confins de la Judée par le chemin qui est le long du Jourdain*, ἔρχεται εἰς τὰ ὅρια τῆς Ἰουδαίας διὰ τοῦ πέραν τοῦ Ἰορδάνου. Sans doute il ne faut voir dans cette phrase que l'explication que Marc crut se donner de l'expression à peine intelligible de Matthieu, qu'il suit dans ce paragraphe. Quant à ce que celui-ci entend en disant : *Il partit de la Galilée et alla vers les confins de la Judée le long du Jourdain*, μετῆρεν ἀπὸ τῆς Γαλιλαίας καὶ ἦλθεν εἰς τὰ ὅρια τῆς Ἰουδαίας πέραν τοῦ Ἰορδάνου, cela est en effet obscur. Si on l'explique en disant que cette phrase signifie que Jésus alla dans la partie de la Judée qui est au-delà du Jourdain(2), on pèche également contre la géographie et contre

l'intuition qu'ils eurent de l'idée messianique, qui prit une vive clarté pour les yeux de leur esprit. La nuée qui couvre l'apparition, désigne l'indécision nuageuse où se perdit, pour les apôtres, la nouvelle science qu'ils n'étaient pas encore en état de conserver; la proposition que fit Pierre, de bâtir des huttes, représente la tentative de cet apôtre pour fixer aussitôt dogmatiquement l'intuition supérieure qu'il venait d'avoir. Weisse craint (S. 543) que l'on ne prenne aussi pour une explication mythique, cette explication qu'il donne de l'histoire de la transfiguration. Je ne le pense pas; la sienne porte trop clairement les caractères d'une explication allégorique.

(1) Schleiermacher, über den Lukas, S. 160.

(2) Kuinœl et Gratz, sur ce passage.

la grammaire. La comparaison du texte de Marc a induit la plupart des interprètes à supposer que Jésus alla en Judée par la contrée située au-delà du Jourdain (1) ; et cette explication, même après la modification apportée par Fritzsche, n'est pas sans difficulté, du moins grammaticale. Quoi qu'il en soit, ce qui subsiste, c'est que Matthieu, comme Marc, fait prendre à Jésus, pour se rendre en Judée, le plus long chemin, celui de la Pérée ; au contraire, Luc semble lui faire prendre le plus court, celui de la Samarie. A la vérité, quand il dit, 17, 11, que Jésus, en se rendant à Jérusalem, *passait par le milieu de la Samarie et de la Galilée*, διήρχετο διὰ μέσου Σαμαρείας καὶ Γαλιλαίας, son expression n'est guère plus claire que celle de Matthieu que nous venons d'examiner plus haut. D'après la signification ordinaire des mots, cette phrase veut dire que Jésus coupa d'abord la Samarie, puis la Galilée, pour venir à Jérusalem. Mais cet ordre est inverse de l'ordre réel ; car, s'il partit d'une localité Galiléenne, il dut d'abord traverser le reste de la Galilée, puis la Samarie. En conséquence, on a entendu les mots διέρχεσθαι διὰ μέσου κ. τ. λ., comme s'ils signifiaient que Jésus passa entre la frontière de la Galilée et celle de la Samarie (2), et on concilie Luc avec les deux premiers évangélistes en supposant que Jésus parcourut la frontière Galiléo-Samaritaine jusqu'au Jourdain, qu'il traversa ce fleuve, et se rendit directement par la Pérée en Judée et à Jérusalem. Mais cette dernière supposition ne s'accorde pas avec Luc, 9, 51 seq. ; en effet, d'après ce passage, Jésus, étant parti de la Galilée, arrive aussitôt dans un village de Samarie, et y fait une mauvaise impression, *parce qu'il paraissait aller du côté de Jérusalem*, ὅτι τὸ πρόσωπον αὐτοῦ ἦν πορευόμενον εἰς Ἱερουσαλήμ. Cela semble vouloir dire qu'il se dirigeait de la Ga-

---

(1) Voyez, par exemple, Lightfoot, sur ce passage.

(2) Wetstein, Olshausen, sur ce passage ; Schleiermacher, l. c., S. 164, 214.

lilée vers la Judée par la Samarie. Ce que nous aurons de
mieux à faire, sera de voir, dans ce dire de Luc, un arrangement de mots (1) déterminé par le désir d'amener
l'histoire des dix lépreux, parmi lesquels était un Samaritain,
et, par conséquent, d'y reconnaître une divergence avec
les évangiles synoptiques (2). Ce n'est que vers la fin du
voyage de Jésus qu'ils redeviennent d'accord ; car, d'après
leur dire unanime, Jésus arrive à Jérusalem de Jéricho
(Matth., 20, 29 et parall.), ville qui, du reste, est plus
sur la route directe du Galiléen qui traverse la Pérée, que
de celui qui traverse la Samarie.

Tandis que les synoptiques, divergeant au sujet du chemin suivi par Jésus, sont d'accord sur le point de départ
et sur la dernière partie du voyage, le récit de Jean s'écarte
des leurs à l'un et l'autre égards. D'après lui, ce n'est pas
de la Galilée que Jésus part pour se rendre à la dernière
pâque qu'il visita ; car, ce semble, il avait quitté pour la
dernière fois cette province avant la fête des Tabernacles de
l'année précédente (7, 1. 10) : y serait-il retourné dans
l'intervalle entre cette fête et celle de la Dédicace (10, 22),
c'est du moins ce qui n'est pas dit ; après cette fête il alla
dans la Pérée, et il y demeura (10, 40) jusqu'à ce que la
maladie et la mort de Lazare le rappelèrent en Judée, et
tout près de Jérusalem, à Béthanie (11, 8 seq.). En raison
des poursuites de ses ennemis, il s'en éloigna bientôt de
nouveau ; cependant, comme il voulait assister à la pâque
prochaine, il ne se retira que dans la petite ville d'Ephraïm,
non loin du désert (11, 54) ; et de là il se rendit à Jérusalem pour la fête, sans qu'il soit fait mention d'un séjour
à Jéricho, qui, d'ailleurs, d'après la position assignée or-

______

(1) Voyez De Wette, sur ce passage.
(2) Fritzsche, in Marc., p. 415 : Mar-
cus Matthæi 19, 1, se auctoritati h. l.
adstringit, dicit que, Jesum e Galilæa (cf.
9, 33) profectum esse per *Peræam*. Sed
auctore Luca, 17, 11, in Judæam conten-
dit per *Samariam* itinere brevissimo.

dinairement à Éphraïm, ne se trouve pas sur la route d'un voyageur qui se rend de cette dernière ville dans la capitale.

Une divergence aussi complète a dû donner une occupation peu ordinaire aux harmonistes. D'après eux, quand les synoptiques disent que Jésus partit de Galilée, cela s'entend non du départ pour la dernière pâque, mais du départ pour la fête de la Dédicace (1), bien que Luc, en disant que *le temps s'approchait où il devait être retiré du monde*, ἐν τῷ συμπληροῦσθαι τὰς ἡμέρας τῆς ἀναλήψεως αὐτοῦ (9, 51), désigne, d'une façon non méconnaissable, ce départ comme celui qui amena Jésus à la fête où l'attendaient la mort et la passion, bien que tous les synoptiques terminent par l'entrée solennelle à Jérusalem le voyage ici commencé, bien que, enfin, cette entrée ait précédé, même d'après le quatrième évangéliste, cette dernière fête de pâque (2). Si donc le départ de Galilée qu'ils racontent, est le départ pour la fête de la Dédicace, et si l'arrivée à Jérusalem dont ils parlent, est l'arrivée pour la pâque qui suit la fête de la Dédicace, il s'ensuivrait, d'après cette supposition, qu'ils auraient omis tout ce qui est intermédiaire, à savoir l'arrivée et le séjour de Jésus à Jérusalem pour la fête de la Dédicace, son voyage de là dans la Pérée, de la Pérée à Béthanie, et de là à Éphraïm. Il semble donc en résulter qu'ils n'ont rien su de tout cela ; mais Luc, racontant que Jésus, aussitôt après être parti de la Galilée, rencontra des docteurs de la loi qui voulurent le mettre à l'épreuve (10, 25 seq.), puis le montrant à Béthanie, voisine de Jérusalem (10, 38 seq.), le ramenant à la frontière qui sépare la Samarie de la Galilée (17, 11), et enfin ne le faisant entrer qu'alors à Jérusalem pour la pâque (19, 29 seq.), Luc, dis-je, paraît indiquer clairement (et en effet on en a argué) qu'entre ce dé-

---

(1) Paulus, 2, S. 293, 554. Comparez Olshausen, 1, S. 573 f.   (2) Schleiermacher, l. c., S. 159.

part de la Galilée et cette arrivée à Jérusalem, Jésus était allé
une fois de plus en Judée et à Jérusalem, et qu'il en était revenu (1). Mais, d'une part, les docteurs de la loi ne prouvent rien ; d'autre part, il n'est pas question de Béthanie, il
n'est question que d'une visite de Jésus à Marthe et à Marie,
dont le quatrième évangile place la résidence dans ce village ;
et il ne s'ensuit pas que le troisième les y suppose résidant,
et que, par conséquent, il ait cru que Jésus, étant auprès
d'elles, était dans le voisinage de Jérusalem. Si, d'après le
récit de Luc, Jésus ne paraît sur la frontière entre la Galilée
et la Samarie qu'un aussi long-temps après être parti (9,
51—17, 11), cela signifie seulement que nous n'avons pas
ici sous les yeux une narration qui procède régulièrement.
Mais, selon ces harmonistes, Matthieu lui-même a eu connaissance de ces événements intermédiaires, et il les a indi-
qués pour celui qui y regarde de près ; son membre de phrase :
Il partit de la Galilée, μετῆρεν ἀπὸ τῆς Γαλιλαίας, fait
allusion au voyage de Jésus pour se rendre à la fête de la Dédicace, et forme un tout isolé ; et le membre de phrase : *Et
il alla vers les confins de la Judée le long du Jourdain*,
καὶ ἦλθεν εἰς τὰ ὅρια τῆς Ἰουδαίας πέραν τοῦ Ἰορδάνου, signifie
qu'il quitta Jérusalem pour aller dans la Pérée (Joh., 10,
40), et, par conséquent, ouvre un nouveau paragraphe. Du
reste, on confesse avec candeur que, sans les données de Jean,
on n'aurait pas songé à disjoindre ainsi les paroles de Matthieu (2). En face de pareilles arguties, celui qui suppose que
le récit de Jean est le véritable, n'a pas d'autre parti à prendre que celui qui a été pris par la plus récente critique : c'est,
pour Matthieu, qui n'a traité que très brièvement du voyage,
de sacrifier le caractère de témoin oculaire qui lui est attribué,
et, pour Luc, qui décrit le voyage avec détail, d'admettre que
lui ou le collecteur qu'il mit à contribution, a réuni deux ré-

____

(1) Paulus, 2, S. 294 ff.   (2) Le même, l. c., 295 f. 584 f.

cits différents , dont l'un concernait la visite antécédente de Jésus à la fête de la Dédicace , et l'autre son dernier voyage à la fête de pâque , et les a réunis sans soupçonner qu'entre le départ de Jésus de la Galilée et son entrée à Jérusalem avant la pâque, il y avait eu un séjour antécédent à Jérusalem, ainsi que d'autres voyages et d'autres événements (1).

Dès lors, dans le cours du récit du dernier voyage de Jésus , le rapport entre les évangiles synoptiques et l'évangile de Jean prend une tournure particulière. En effet, du côté des premiers se trouvait une grande lacune , ils omettaient plusieurs aventures et séjours intermédiaires , dont Jean fait mention ; maintenant, vers la fin du récit, une lacune, bien que petite, paraît se trouver du côté du dernier; il ne rapporte pas que Jésus ait passé par Jéricho pour se rendre à Jérusalem. On peut dire, à la vérité, que Jean n'a pas été obligé de parler du passage par Jéricho, bien que d'après les synoptiques une guérison d'aveugles et la visite à Zacchée y appartiennent; mais il s'agit de savoir si dans son récit il y a place à un passage par Jéricho. Cette ville n'est pas située sur la route d'Ephraïm à Jérusalem , elle est beaucoup à l'est; on remédie à cette difficulté en supposant que d'Ephraïm Jésus fit toutes sortes d'excursions ; que dans une de ces excursions il alla à Jéricho , et que de là il se rendit à Jérusalem (2).

En tout cas, on voit qu'entre les récits évangéliques du dernier voyage de Jésus règne une divergence particulière ; car, d'après la tradition vulgaire , celle des synoptiques, il serait parti de la Galilée et passé par Jéricho, traversant, d'après Matthieu et Marc la Pérée, d'après Luc la Samarie. tandis que , d'après le quatrième évangile , il devrait y être arrivé

(1) Schleiermacher, l. c., S. 161 f. ; Sieffert, über den Urspr., S. 104 ff. Olshausen est d'accord avec le premier, relativement à Luc. l. c.

(2) Tholuck, Comm. z. Joh., S. 277; Olshausen, 1, S. 761.

d'Ephraïm ; renseignements entre lesquels, si une conciliation est impossible, un choix est aussi très difficile.

§ CVI.

Divergences des évangiles relativement au point d'où Jésus fit son entrée à Jérusalem.

Les évangélistes ne sont pas même tout-à-fait d'accord
sur la fin du voyage de Jésus, sur la dernière station au-
devant de Jérusalem. D'après les synoptiques, il semble
que Jésus se rendit de Jéricho à Jérusalem le même jour et
sans station intermédiaire (Matth. 20, 34; 21, 1 seq. et
paral.) ; mais, d'après le quatrième évangile, il ne va d'É-
phraïm que jusqu'à Béthanie, il y passe la nuit, et ce n'est
que le lendemain qu'il fait son entrée dans la capitale (12,
1. 12 seq.). Pour concilier les deux récits, on dit que,
dans le récit sommaire des synoptiques, il ne faut pas s'é-
tonner qu'ils n'énoncent pas expressément la nuit passée à
Béthanie, mais qu'il ne faut pas conclure qu'ils nient ce
séjour intermédiaire ; qu'en conséquence il n'y a pas de
contradiction entre eux et Jean, mais que ce qui est con-
densé en peu de mots par les uns, est développé avec détail
par l'autre (1). Mais, tandis que Matthieu ne nomme même
pas Béthanie, les deux autres synoptiques font mention de
cette localité d'une manière qui contredit positivement que
Jésus y ait passé la nuit. En effet, ils racontent que Jésus,
approchant de Bethphage et de Béthanie, ὡς ἤγγισεν εἰς
Βηθφαγῆ καὶ Βηθανίαν, envoya chercher un âne au plus prochain
village, et que, monté sur cet animal, il fit aussitôt son entrée
dans la capitale. Entre des circonstances aussi étroitement
liées, on ne peut supposer l'intervalle d'une nuit ; il semble,

---

(1) Tholuck et Olshausen, ll. cc.

d'après la narration, que, immédiatement après avoir reçu le message de Jésus, le propriétaire envoya un âne, et que, l'âne étant arrivé, Jésus se prépara aussitôt à faire son entrée. De plus, si Jésus avait eu l'intention de passer la nuit à Béthanie, on ne pourrait imaginer quel fut son but en envoyant chercher un âne ; car, si le village où il l'envoya chercher était justement Béthanie, il n'avait pas besoin, voulant se procurer une monture pour le lendemain, d'envoyer en avant les apôtres, mais il pouvait convenablement attendre qu'il fût arrivé avec eux à Béthanie. Dire qu'avant d'avoir atteint Béthanie et d'avoir examiné s'il pouvait s'y procurer un âne, il envoya un message par de là Béthanie jusqu'à Bethphage, afin d'y avoir un âne pour le lendemain matin, c'est ce qui manque absolument de vraisemblance ; et cependant Matthieu du moins énonce positivement qu'on alla chercher l'âne à Bethphage. Ajoutons que, d'après le récit de Marc, lorsque Jésus arriva à Jérusalem, le *soir*, ὀψία, avait déjà commencé (11, 11), et qu'il n'eut que le temps de jeter un coup d'œil préliminaire dans la ville et dans le Temple ; sur quoi il se retira avec les douze à Béthanie. A la vérité, on ne peut démontrer (ce qui a déjà été soutenu) que le quatrième évangile place au matin l'entrée dans la ville ; mais on est en droit de demander pourquoi Jésus, venant seulement de Béthanie, village voisin, n'en partit pas plus tôt, afin d'avoir le temps de faire à Jérusalem quelque chose qui fût digne de mention? L'arrivée tardive de Jésus dans la capitale, telle que Marc la fixe, ne s'explique manifestement que parce que Jésus, étant parti de Jéricho, eut une plus longue route à parcourir. S'il n'était parti que de Béthanie, il n'en serait guère parti assez tard pour être obligé d'y retourner, après avoir jeté un coup d'œil sur la ville, avec l'intention de quitter Béthanie le lendemain de meilleure heure ; ce dont rien ne l'avait empêché la veille. A la vérité, en mettant l'arrivée de Jésus à Jérusalem dans la soirée, Marc n'est pas soutenu par les deux autres synoptiques, et même, d'après Matthieu, Jésus a encore le temps d'opérer des guérisons et de répondre à des interpellations des grands-prêtres et des docteurs de la loi (Matth. 21, 12 seq.). Mais, sans même que la soirée soit indiquée comme le moment de l'entrée de Jésus, l'arrivée de Jésus auprès de ces villages, le message dont les apôtres sont chargés pour se procurer un âne, la venue de cet animal, sur lequel Jésus monte, tout cela forme une série trop continue pour qu'on puisse intercaler, dans le récit des synoptiques, une nuit passée à Béthanie.

Si donc il reste établi que les trois premiers évangélistes font arriver directement Jésus de Jéricho à Jérusalem sans un séjour intermédiaire à Béthanie, et que le quatrième le fait arriver de Béthanie seulement, il faut qu'il soit question, si des deux côtés on est dans le vrai, d'entrées différentes, et c'est ce qui a été conjecturé récemment par divers critiques (1). D'après eux, Jésus arriva d'abord (ce que les synoptiques racontent) avec la caravane qui se rendait à Jérusalem pour la fête ; et, ayant été remarqué parce qu'il avait une monture, il fut l'objet, de la part de ses compagnons de voyage, d'hommages éclatants et non préparés qui transformèrent l'entrée en une marche triomphale. Le soir, il se retira à Béthanie ; le lendemain (ce que Jean raconte) une grande multitude se porta au-devant de lui pour l'aller chercher ; et, comme elle le rencontra venant de Béthanie, cette journée vit se renouveler, sur une plus grande échelle, la scène de la veille, scène qui cette fois avait été préparée par ses adhérents. Cette distinction entre une entrée antécédente de Jésus à Jérusalem, avant qu'on y connût son arrivée, et entre une entrée subséquente, alors que l'on avait déjà appris qu'il était à Bé-

_____

(1) Paulus, exeg. Handb., 5, a, S. 92 ff. 98 ff. ; Schleiermacher, über den Lukas, S. 244 f.

thanie, est favorisée par une différence entre les évangélistes, c'est que ceux qui lui rendent hommage le *précèdent*,
προάγοντες, et le *suivent*, ἀκολουθοῦντες (Matth., V. 9), d'a-
près les synoptiques, mais le *rencontrent*, ὑπαντήσαντες,
d'après Jean (V. 13. 18). Si l'on demande pourquoi chacun de nos évangélistes ne rapporte qu'une entrée et n'a pas
la moindre trace de deux, ces théologiens répondent pour
Jean que celui-ci garde le silence sur la première entrée, sans
doute parce qu'il n'y avait pas été présent, ayant peut-être
été envoyé pendant ce temps à Béthanie pour y annoncer
l'arrivée de Jésus (1). Mais nos principes exigent que, si l'on
suppose que l'auteur du quatrième évangile est l'apôtre Jean,
on suppose aussi que l'auteur du premier évangile est l'a-
pôtre Matthieu nommé dans le titre ; alors on demande en
vain à quel message fut employé Matthieu pendant la seconde
entrée, puisqu'il n'en dit pas un mot ; car, en raison des allées
et venues entre Béthanie et Jérusalem, on ne peut imaginer, au
sujet de Matthieu, aucun motif plausible pour un pareil message, qui d'ailleurs est aussi une pure invention au sujet de
Jean. N'oublions pas non plus que, lors même que les deux
évangélistes n'auraient pas été présents, ils auraient entendu
longuement parler, entre les apôtres, d'un événement aussi so-
lennel que l'entrée avait dû l'être même dans la répétition, et
en auraient su assez pour en rendre compte. Mais (remarque
capitale), tandis que le récit des synoptiques n'est pas
conçu dans des termes qui supposent qu'une seconde entrée
ait suivi la première décrite par eux, le récit de Jean est tel
qu'il est impossible d'en supposer une autre avant celle dont
il fait mention. En effet, ce récit porte que, le jour qui précéda l'entrée décrite par Jean, c'est-à-dire, d'après la supposition, le jour de l'entrée décrite par les synoptiques, plusieurs Juifs sortirent de Jérusalem pour se rendre à Béthanie,

(1) Schleiermacher, l. c.

ayant appris son arrivée, et désireux de le voir, lui et Lazare ressuscité par lui (V. 9, comparez V. 12). Mais comment, le jour de l'entrée décrite par les synoptiques, purent-ils entendre dire que Jésus était à Béthanie? Ce jour-là, Jésus traversa Béthanie ou laissa ce village de côté, et se rendit directement à Jérusalem ; or, tous les récits s'accordent à dire qu'il ne quitta la capitale que tard pour retourner à Béthanie ; donc la soirée était fort avancée lorsqu'il y fut rentré, et les Juifs, qui, apprenant qu'il était dans ce village, se mirent en route pour s'y rendre, ne pouvaient pas espérer d'arriver encore assez à temps pour le voir (1). Mais pourquoi se seraient-ils donné la peine de chercher Jésus à Béthanie, puisqu'il était à Jérusalem ce jour-là même? Certainement l'évangéliste n'aurait pas dû se contenter de dire qu'ils vinrent *pour voir non seulement Jésus, mais encore Lazare*, οὐ. διὰ τὸν Ἰησοῦν μόνον, ἀλλ' ἵνα καὶ τὸν Λάζαρον ἴδωσι ; il aurait dû dire qu'à la vérité ils avaient vu Jésus dans Jérusalem même, que maintenant ils voulaient voir Lazare, et que c'est pour cela qu'ils étaient venus à Béthanie. Mais l'évangéliste, qui fait venir des gens de Jérusalem à Béthanie pour voir Jésus, ne peut avoir supposé que, ce jour-là même, Jésus ait été à Jérusalem. On apprit le lendemain à Jérusalem, continue Jean, que Jésus y venait (V. 12) ; cela comporte, non que Jésus y avait été la veille, mais que l'on avait appris de Béthanie que Jésus arriverait à Jérusalem ce jour même. De même, la réception qu'on lui prépare aussitôt, n'a de sens qu'autant qu'elle est destinée à glorifier sa première entrée dans la capitale ; elle n'aurait pu convenir à sa seconde entrée que si, la veille, Jésus y était entré sans avoir été ni remarqué, ni honoré, et si on avait voulu réparer le lendemain cette omission ; mais elle ne convient plus, si la première entrée avait été aussi brillante que le rapportent les synoptiques. Il faudrait ad-

(1) Comparez Lücke, 2, S. 432, Anm.

mettre que toutes les particularités de la première entrée se fussent répétées dans la seconde ; ce qui reste toujours invraisemblable, soit qu'on y voie une intention de Jésus ou une rencontre fortuite des circonstances. Pour Jésus, on ne comprendrait guère comment il aurait voulu renouveler un spectacle qui, significatif la première fois, était sans intérêt et sans but la seconde (1). Quant aux circonstances, il faudrait qu'elles se fussent rencontrées d'une manière inouïe pour que, les deux fois encore, il y eût eu de la part du peuple les mêmes témoignages d'honneur, de la part de ses adversaires les mêmes expressions d'envie, et pour que, les deux fois encore, il se fût trouvé une monture qui rappelât la prophétie de Zacharie. En conséquence, on pourrait invoquer l'hypothèse de Sieffert sur l'assimilation des histoires, et supposer que les deux entrées, primitivement plus différentes, sont devenues tout-à-fait semblables par le mélange de la tradition ; mais une autre circonstance empêche d'admettre qu'ici les récits évangéliques aient pour bases deux faits différents.

Au premier abord, l'hypothèse de deux entrées différentes paraît être appuyée sur une remarque, à savoir, que Jean place l'entrée le lendemain de ce repas de Béthanie où Jésus fut oint avec des circonstances remarquables. Laissant de côté Luc, qui, de l'aveu de tout le monde, n'a pas su qu'un repas ait été donné à Béthanie, et à ce moment de la vie de Jésus, nous voyons que les deux premiers synoptiques mettent son entrée avant ce repas. Par conséquent, en conformité parfaite avec cette hypothèse, l'entrée décrite par les synoptiques paraîtrait la première, et l'entrée décrite par Jean paraîtrait la seconde. Cela serait bien si Jean ne plaçait pas l'entrée assez tôt, les synoptiques, le repas de Béthanie assez tard pour qu'il soit impossible que l'entrée ait suivi le repas. En effet, d'après Jean, Jésus arrive à Bétha-

---

(1) Hase, L. J., § 124.

nie six jours avant la pàque, et le lendemain il entre à
Jérusalem (12, 1. 12); au contraire, le repas de Béthanie,
d'après les synoptiques (Matth., 26, 6 seq. et parall.) peut
avoir été donné deux jours au plus avant pàque (V. 2), de
sorte que, si l'on soutient que l'entrée des synoptiques a eu
lieu avant l'entrée et le repas rapportés par Jean, il faudrait
admettre, après tout cela, un second repas à Béthanie
d'après les synoptiques. Mais les deux repas qu'il faut supposer, de même que les deux entrées, se ressembleraient jusque dans les moindres détails ; et l'entrelacement de deux
doubles aventures semblables est si suspect, qu'ici l'on aura
difficilement recours à l'hypothèse de deux entrées et de deux
repas qui originairement auraient été beaucoup plus dissemblables, et que la tradition, en transportant de l'une à
l'autre des particularités, aurait assimilés comme nous les
voyons maintenant. Du moment que l'on sacrifie la parfaite exactitude des récits, on concevra dans celui-ci ou
jamais, qu'il est plus facile que la tradition ait varié dans
le récit d'un seul événement, qu'il ne l'est qu'elle ait assimilé
deux récits (1).

§ CVII.

Détails de l'entrée. But et réalité historique de cette solennité.

Tandis que le quatrième évangile rapporte avant toute
chose que la foule se précipita à flots pressés au-devant de
Jésus pour lui rendre hommage, et ajoute seulement alors
en peu de mots qu'il monta sur un àne qu'on lui procura ; ce
qui occupe tout d'abord les synoptiques, c'est de décrire en
grand détail comment Jésus se procura l'àne. Etant arrivé,
disent-ils, dans le voisinage de Jérusalem vers Bethphage et

____

(1) Comparez De Wette, exeg. Handb., 1, 1, S. 172.

Béthanie, auprès de la montagne des Oliviers, il envoya deux de ses apôtres dans le village qui était devant leurs yeux; leur ayant indiqué qu'en y arrivant ils trouveraient, suivant Matthieu une ânesse attachée et son ânon près d'elle, suivant les deux autres un ânon sur lequel personne n'était encore monté, et qu'ils eussent à le (ou les) lui amener; que, si le propriétaire faisait des difficultés, ils répondissent que le Seigneur avait besoin de ces deux animaux, ou de cet animal. Les synoptiques ajoutent que les choses se passèrent ainsi, et que, après avoir étendu leurs vêtements, d'après Matthieu sur les deux animaux, d'après les deux autres sur le seul qu'ils eussent amené, les apôtres placèrent Jésus dessus.

Ce qu'il y a de plus frappant dans ces récits, c'est évidemment ce que dit Matthieu, à savoir que Jésus non seulement requit deux ânes bien qu'il eût seul l'intention de ne pas marcher à pied, mais encore qu'il se plaça réellement sur tous les deux. A la vérité, les tentatives n'ont pas manqué, soit pour expliquer le premier point, soit pour écarter le second. Jésus, dit-on, requit l'ânesse avec l'ânon sur lequel seul il voulait monter, afin que le jeune animal, qui tétait encore, marchât plus volontiers (1); ou bien on dit que la mère habituée à son petit le suivit d'elle-même (2). Mais un animal encore attaché à sa mère par l'allaitement, sera difficilement donné par le propriétaire pour servir de monture. Jésus n'avait un motif pour faire venir deux animaux qu'autant qu'il avait l'intention de les monter tous les deux; et c'est ce que Matthieu paraît dire assez clairement quand il rapporte que les vêtements furent étendus, et que Jésus s'assit sur les deux animaux (*sur eux*, ἐπάνω αὐτῶν). Mais comment se représenter cela? Fritzsche suppose que Jésus monta alternativement sur l'un et sur l'autre (3); c'était s'embarrasser

(1) Paulus, 3, a, S. 115; Kuinöl, in Matth., p. 541.

(2) Olshausen, 1, S. 766.
(3) Comm. in Matth., p. 630. De

inutilement pour un si court trajet. En conséquence, les interprètes ont cherché à se délivrer de cette donnée bizarre. Les uns, sur de très faibles autorités et contre tous les principes de la critique, ont, dans les mots qui expriment que les vêtements furent étendus, lu *sur lui* (*l'ânon*), ἐπ' αὐτὸν (τὸν πῶλον), au lieu de *sur eux*, ἐπάνω αὐτῶν ; et alors, quand il est dit que Jésus se mit dessus, ils entendent les mots *sur eux*, ἐπάνω αὐτῶν, des habits étendus sur un des animaux (1). D'autres ont cru s'en tirer, sans changer la leçon, par une énallage de nombre (2) ; explication que Winer a précisée, en disant que réellement le narrateur, par une inexactitude d'expression, parle de deux animaux, de même que nous disons d'un postillon qui descend de l'un des chevaux de l'attelage, qu'il descend des chevaux (3). Quand même cette explication serait suffisante, on ne comprendrait pas pourquoi Jésus, ne voulant se servir que d'un seul animal, en aurait commandé deux. Tout ce détail doit être d'autant plus suspect que le premier évangéliste est le seul qui l'ait ; car, pour concilier les autres avec lui, il ne suffit pas de répéter ce qu'on lit dans la plupart des livres : à savoir que les deux autres évangélistes ne nomment que l'ânon sur lequel Jésus monta, et qu'ils laissent de côté l'ânesse, comme objet accessoire, mais sans l'exclure.

On demandera maintenant comment Matthieu en est venu à un récit aussi particulier ? Il est singulier que la vraie solution ait été indiquée par ceux qui conjecturèrent que Jésus dans le message confié aux deux apôtres, et Matthieu dans son écrit original, s'étaient, en conformité avec le passage de Zacharie (9, 9), servi de plusieurs termes pour exprimer l'idée unique de l'âne ; multiplicité de termes

---

Wette donne son assentiment à cette explication, exeg. Handb., 1, 1, S. 173.

(1) Paulus, l. c., S. 143 f.
(2) Glassius, phil. sacra, p. 172.

Kuinöl et Gratz s'expriment de même (Sur ce passage).

(3) N. T. Gramm., S. 149.

qui induisit en erreur le traducteur grec du premier évangile, et qui lui fit mettre plusieurs animaux (1). En tout cas, les désignations de l'âne amoncelées dans ce passage de l'Ancien-Testament, החמור ועיר בן־ אתנות, ὑποζύγιον καὶ πῶλον νέον, LXX, ont été la cause du doublement de l'âne dans le premier évangile. En effet, le *et*, qui dans l'hébreu a une signification explicative, fut entendu dans un sens additif; et, au lieu de lire dans ce passage : *un âne c'est-à-dire un ânon*, on y lut : *un âne avec un ânon* (2). Mais le traducteur grec ne peut pas être celui qui le premier commit cette erreur ; car, si dans tout le récit de Matthieu il n'avait trouvé qu'un seul âne, il ne serait pas allé le doubler sans autre motif que le passage du prophète, ni ajouter un second âne dans tous les passages où son original parlait d'un seul âne, ou bien mettre le pluriel au lieu du singulier ; la faute a dû être commise par celui dont la seule source écrite était le passage du prophète, et qui s'en servit, concurremment avec la tradition orale, pour rédiger tout son récit ; c'est-à-dire que c'est l'auteur du premier évangile, qui par là, perd irrévocablement le titre de témoin oculaire, comme le soutient avec raison la critique moderne (3).

Si cette méprise appartient au premier évangéliste seul, les deux évangélistes intermédiaires ont, de leur côté, une particularité qu'il est bien au rédacteur du premier d'avoir évitée. Avant d'en venir au fait, qu'il me soit permis de faire remarquer, en passant, que la narration de ces deux derniers est traînante. D'après les trois synoptiques, Jésus avait désigné d'avance, avec exactitude, aux deux apôtres envoyés en message, comment ils trouveraient l'âne et comment ils en satisferaient le propriétaire ; or , Marc et Luc

<hr>

(1) Eichhorn, allgem. Bibliothek, 5, S. 896 f. Comparez Bolten, Bericht des Matthæus, S. 317 f.

(2) Voyez Fritzsche, sur ce passage. Neander en convient aussi, p. 55o.

(3) Schulz, über das Abendmahl, S. 3io f.; Sieffert, über den Urspr. S. 107 f.

n'épargnent ni à eux ni au lecteur la peine de répéter en détail et scrupuleusement comment tout le message a été accompli (Marc, V. 4 seq. ; Luc, V. 42 seq.); au lieu que Matthieu s'en tire habilement en mettant : *Ayant fait comme Jésus leur avait prescrit*, ποιήσαντες καθὼς προσέταξεν αὐτοῖς ὁ Ἰησοῦς ; mais cela ne concerne que la forme, et je n'y insisterai pas davantage. Quant au fond même, Marc et Luc disent que Jésus voulut un animal *sur lequel personne n'était encore monté*, ἐφ᾽ ὃ οὐδεὶς πώποτε ἀνθρώπων ἐκάθισε , particularité dont Matthieu ne parle pas. On ne comprend pas comment Jésus put sciemment rendre difficile sa marche en avant par le choix d'un animal qui n'eût pas été encore monté ; en effet, la plus grande habileté humaine dans l'équitation ne suffit pas pour répondre de la docilité d'un animal que l'on monte pour la première fois ; et, à moins qu'il ne l'eût rendu soumis par l'effet de la toute-puissance divine, ce choix aurait grandement compromis la régularité de l'entrée solennelle ; d'autant plus que , d'après les deux synoptiques intermédiaires, il n'était pas précédé de sa mère, dont il n'est question que dans le récit du premier évangéliste. Sans doute Jésus ne s'est pas exposé à cette incommodité sans un motif suffisant; ce motif paraîtrait se trouver, sans grande peine, dans l'opinion des anciens, d'après laquelle, suivant l'expression de Wetstein, *animalia , usibus humanis nondum mancipata, sacra habebantur.* Ainsi Jésus, pour sa personne sanctifiée et pour le but élevé de son entrée messianique, n'aurait pu employer qu'un animal sacré. Examinée de plus près, cette raison paraîtra sans fondement et même bizarre ; car les spectateurs ne pouvaient pas, à l'âne, voir s'il n'avait pas encore été monté, sauf par l'indocilité avec laquelle il aurait troublé la marche tranquille du cortége (1). Si nous ne comprenons pas de

______

(1) Paulus a aussi senti que ce motif ne suffisait pas pour expliquer la mesure

cette façon comment Jésus peut avoir cherché un honneur à entrer à Jérusalem sur un animal non encore monté, nous comprendrons que de bonne heure la communauté chrétienne ait cru, par honneur pour Jésus, devoir le faire aller sur un animal non encore monté, de même qu'elle raconte plus tard qu'il fut déposé dans un tombeau qui n'avait pas encore été occupé. Les rédacteurs des évangiles intermédiaires n'hésitèrent pas à consigner cette circonstance parmi celles qu'ils jugeaient dignes d'être notées, parceque sans doute, en écrivant ils n'éprouvèrent pas, de l'animal non monté, l'incommodité que Jésus en aurait éprouvée.

Si les synoptiques ont chacun leur part dans les deux difficultés examinées jusqu'à présent, il en est une autre qui leur est commune à tous; c'est que Jésus, avec autant d'assurance, ait envoyé deux apôtres chercher un âne qu'ils devaient trouver dans le plus prochain village et dans telle et telle situation, et que le résultat ait répondu aussi exactement à sa prédiction. Ce qui pourrait paraître le plus naturel, ce serait de songer à une convention préalable, d'après laquelle un animal aurait été tenu prêt pour Jésus à une heure et dans un lieu convenus (1). Mais comment aurait-il pu avoir fait une pareille convention à Bethphage, puisqu'il ne faisait que d'arriver de Jéricho ? En conséquence, Paulus, cette fois aussi, trouve qu'il y a quelque chose de plus vraisemblable, c'est que, dans les villages placés sur la grande route qui menait à Jérusalem, on tenait prêts, vers le temps

prise par Jésus; car ce n'est que par son désespoir de n'avoir pas trouvé un motif plus réel et plus spécifique, qu'on peut expliquer comment, dans cette occasion seule, il devient mystique, et comment il se rapproche de Justin Martyr, que partout ailleurs il combat comme l'auteur des fausses interprétations bibliques données par l'Église. Justin dit que l'ânesse appelée *bête de somme*, ὑποζύγιον, désignait les Juifs, et l'âne non encore monté les païens (Dial. c. Tryph., 53); à son imitation, Paulus cherche à faire voir que Jésus, en entrant à Jérusalem sur un animal non encore monté, voulut s'annoncer comme le fondateur et le chef d'une nouvelle société religieuse. Exeg. Handb., 3, a, S. 116 ff.

(1) Natürliche Geschichte, 3, S. 566 f.; Neander, L. J. Chr., S. 550, Anm.

des fêtes, beaucoup de bêtes de somme pour les louer aux pè-
lerins ; mais il faut remarquer là-contre que Jésus ne parle
pas d'un animal le premier venu, mais d'un animal déterminé. On est donc en droit de s'étonner de lire dans Olshausen
qu'il est seulement probable que l'intention des évangélistes a
été de représenter toute chose préparée par la volonté de
Dieu, suivant que besoin était, pour l'entrée du Messie ; il
n'est pas moins étonnant que ce même commentateur, pour
expliquer la complaisance des possesseurs de l'animal, trouve
nécessaire de supposer qu'ils avaient des liaisons d'amitié
avec Jésus ; car, justement ce trait est destiné à représenter la
puissance non moins magique qui, dès que Jésus le voulait,
résidait dans le nom du *Seigneur*, Κύριος ; il suffisait de le
prononcer pour que le possesseur de l'âne donnât son âne
sans hésitation, comme plus tard le possesseur de la salle
donna la salle. (Matth., 26, 18 parall.). A ces dispositions
providentielles en faveur du Messie, et à la force irrésistible
de son nom, ajoutons le savoir supérieur qui lui montrait
comme présentes sous ses yeux, des choses qu'il pouvait utiliser pour ses besoins.

Si tel est le sens, si telle est l'intention des évangélistes dans
ces particularités de leur narration, on pourrait concevoir
qu'une pareille annonce d'une circonstance fortuite a été l'effet d'une vue magnétique à distance (1). Mais, d'une part,
nous connaissons trop bien la tendance de la primitive légende
chrétienne à donner de pareilles preuves de la nature supérieure de son Messie (que l'on songe à la vocation des
deux couples de frères ; l'analogie est surtout très exacte
avec l'histoire de la manière dont Jésus commanda la salle
pour son dernier repas avec les douze ; cette histoire, citée
plus haut, sera examinée plus bas) ; d'autre part, on peut
démontrer avec évidence le motif dogmatique et pris aux

____

(1) Weisse, S. 573.

prophètes pour lequel, avoir connaissance d'un certain âne attaché, est la preuve que Jésus donne de sa faculté de voir à distance. Nous ne pouvons donc nous abstenir de conjecturer que nous n'avons pas sous les yeux autre chose qu'un produit de la tendance qui animait la primitive société chrétienne, et du travail qui lui fit attacher ses dogmes au passé israélite. En regard du passage de Zacharie cité dans le premier et dans le quatrième évangiles, on oublie ordinairement de tenir compte d'un autre passage de l'Ancien-Testament, où il est plus particulièrement parlé de l'âne *attaché* du Messie. C'est le passage (1. Mos. 49, 11) où Jacob mourant, s'adressant à Juda, tid du *schilo*, שׁילה : *Attachant à la vigne son poulain et au cep le poulain de son ânesse*, δεσμεύων πρὸς ἄμπελον τὸν πῶλον αὐτοῦ καὶ τῇ ἕλικι τὸν πῶλον τῆς ὄνου αὐτοῦ (LXX). Justin Martyr comprend le passage de Moïse aussi bien que celui du prophète, comme étant une prédiction de l'entrée de Jésus, et en conséquence il soutient formellement que le poulain que Jésus envoya chercher était attaché à un pied de vigne (1). Il en fut de même des Juifs ; non seulement ils entendirent du Messie ce *schilo*, comme on peut le démontrer dans les Targumim (2); mais encore ils combinèrent les deux passages, et ils admirent que le Messie se servirait de l'âne attaché et monterait dessus (3). Si cette prophétie n'a été citée par aucun de nos évangélistes, cela prouve au plus qu'en consignant par écrit le récit dont il s'agit, ils n'avaient pas la prophétie textuellement présente à l'esprit ; mais cela ne prouve nullement qu'elle ne l'ait pas été au cercle où l'anecdote se forma la première fois. On doit

---

(1) Apol. 1, 32 : Les mots : *attachant à la vigne son poulain*, étaient un symbole de ce qui devait arriver à Jésus et de ce qu'il devait opérer ; car il y avait, dans quelque partie d'un village, un ânon attaché à une vigne, qu'il ordonna qu'on lui amenât. Τὸ δὲ, δεσμεύων πρὸς ἄμπελον τὸν πῶλον αὐτοῦ... σύμβολον δηλωτικὸν ἦν τῶν γενησομένων τῷ Χρίστῳ καὶ τῶν ὑπ' αὐτοῦ πραχθησομένων· πῶλος γάρ τις ὄνου εἱστήκει ἔν τινι εἰσόδῳ κώμης πρὸς ἄμπελον δεδεμένος, ὃν ἐκέλευσεν ἀγαγεῖν αὐτῷ κ. τ. λ.

(2) Voyez Schöttgen, Horæ, 2, p. 146.

(3) Midrasch Rabba, f. 98.

penser que le récit passa par les mains de plusieurs narrateurs qui n'avaient plus le sentiment du rapport de la prophétie avec la narration ; ce qui le montre, c'est que la narration n'est plus parfaitement conforme à la prophétie. En
effet, pour que la conformité fût parfaite, il aurait fallu que
Jésus, après avoir fait sur l'âne son entrée dans la capitale
conformément à la prophétie de Zacharie, eût attaché l'a-
nimal, en en descendant, à un cep de vigne, au lieu de le
faire détacher, comme le dit le récit, dans le plus prochain
village (à la porte d'une maison située sur le chemin, d'a-
près Marc). Outre l'accomplissement de ces deux prophéties, la légende y trouvait un autre avantage, ce fut de
pouvoir y rattacher une preuve du savoir surnaturel de
Jésus et de la puissance magique de son nom. Cela pourrait
rappeler en particulier que, quand jadis Samuel donna une
preuve de sa faculté de voyant, ce fut en disant d'avance
que Saül, en retournant chez lui, rencontrerait deux hommes qui lui annonceraient que les ânesses de son père Cis
étaient retrouvées (1. Sam., 10, 2). Le quatrième évangile, n'ayant pas de rapport avec le passage mosaïque en
question, n'a pas la particularité de l'âne attaché que les
apôtres vont chercher ; et, se référant exclusivement à la
prophétie de Zacharie, il dit brièvement : *Jésus, ayant
trouvé un ânon, s'assit dessus*, εὑρὼν δὲ ὁ Ἰησοῦς ὀνάριον,
ἐκάθισεν ἐπ᾽ αὐτὸ (V. 14) (1).

Ce qui vient immédiatement après, c'est l'hommage que
Jésus reçoit du peuple. D'après tous les récits, excepté celui
de Luc, on coupa des branches d'arbre ; les deux synoptiques disent qu'on en joncha le chemin ; Jean (suivant lui,
c'étaient des branches de palmier), qu'on les porta à sa
rencontre. De plus, la multitude poussait une joyeuse accla-

____

(1) En raison de ce silence du quatrième évangile, Neander (l. c.) est, cette
fois encore, disposé à accorder la possibilité qu'un fait primitivement plus
simple ait reçu des transformations non
historiques, vu l'importance exagérée qui
s'y attacha plus tard.

mation, que tous, à part des modifications insignifiantes,
rapportent dans ces termes : *Béni soit celui qui vient au
nom du Seigneur*, εὐλογημένος ὁ ἐρχόμενος ἐν ὀνόματι Κυρίου.
Tous, excepté Luc, disent que la foule cria : *Hosannah*,
ὡσαννά. Enfin, tous disent qu'elle le salua roi ou fils de David.
A la vérité, les mots du Psaume 117, 26, *Béni soit celui
qui vient au nom du Seigneur*, ברוך הבא בשם יהוה,
sont une formule ordinaire de salut pour ceux qui visitaient
la fête; de même les mots *hosannah*, הושיעה נא, qui appartiennent au verset précédent du même psaume, étaient une
acclamation ordinaire dans la fête des Tabernacles et à Pâques (1). Mais l'addition des mots : *Au fils de David*, τῷ
υἱῷ Δαυίδ, et *le roi d'Israël*, ὁ βασιλεὺς τοῦ Ἰσραήλ, montre
qu'ici on appliquait spécialement ces formules à Jésus en qualité de Messie, qu'on le saluait dans ce sens éminent, et que
l'on faisait des souhaits pour le succès de son entreprise.
Quant aux personnes qui rendent des hommages, Luc reste
dans les bornes les plus étroites ; en effet, quand il dit que
les habits furent étendus sur le chemin (V. 36), il rattache
cet acte à ce qui précède, de sorte qu'il semblerait ne l'attribuer qu'aux apôtres, comme l'acte d'étendre les habits
sur l'âne; de même, il met les louanges à Dieu, seulement
dans la bouche *de toute la foule des disciples*, ἅπαν τὸ
πλῆθος τῶν μαθητῶν; au contraire, Matthieu et Marc rapportent que ces acclamations partaient des masses populaires qui accompagnaient Jésus. Néanmoins cela se concilie aisément ; car, Luc, quand il parle de la *foule des disciples*,
exprime le cercle le plus étendu des partisans de Jésus, et de
son côté Matthieu, quand il parle des *masses populaires*,
πλεῖστος ὄχλος, entend l'ensemble de ceux qui dans la foule
lui étaient favorables. Mais, tandis que les synoptiques ne
parlent que de la troupe qui allait à la fête, et qui voyageait
avec Jésus, Jean attribue, comme il a été dit plus haut,

____

(1) Comparez Paulus, sur ce passage.

toute la solennité à ceux qui sortirent de Jérusalem au-devant de Jésus (V. 13); dans cette narration, la foule qui arrive avec Jésus atteste à ceux qui viennent à la rencontre, la résurrection de Lazare opérée par lui, miracle qui, selon Jean, avait déterminé la foule à aller chercher Jésus en triomphe (V. 17 seq.). Ayant, plus haut, par des motifs de critique, révoqué en doute la résurrection de Lazare, nous ne pouvons conserver aucune valeur à ce motif ; mais le fait de ce cortége triomphal qui part de Jérusalem, est ébranlé, du moment qu'il perd son motif prétendu ; et nos doutes croîtront encore, si nous réfléchissons qu'il pouvait paraître exigé par la dignité de Jésus, que la ville de David se portât solennellement à sa rencontre. N'oublions pas non plus que c'est une des particularités de la narration du quatrième évangéliste de dépeindre, avant l'arrivée de Jésus aux fêtes, avec quelle vivacité l'attente du peuple était dirigée sur lui (7, 11 seq.; 11, 56).

Le dernier trait du tableau que nous avons sous les yeux est la colère que cause aux ennemis de Jésus le vif attachement que le peuple lui témoigne en cette occasion. D'après Jean (V. 19), les Pharisiens se dirent entre eux : Nous voyons qu'il ne nous sert de rien d'avoir procédé à son égard comme nous avons fait jusqu'à présent (c'est-à-dire de l'avoir ménagé) ; tout le monde se porte vers lui (il nous faut intervenir par la force). D'après Luc (V. 39 seq.), quelques Pharisiens s'adressèrent à Jésus lui-même, en lui conseillant d'imposer silence à ses disciples ; sur quoi, il leur répond que, si ceux-là ne criaient pas, les pierres crieraient. Luc et Jean placent ces particularités dans le trajet du cortége ; mais, dans Matthieu, ce n'est que plus tard que, Jésus étant arrivé dans le Temple, et les enfants continuant encore là à crier Hosannah au fils de David, les grands-prêtres et les docteurs de la loi lui font remarquer ce qu'ils considéraient comme un désordre ; et il repousse leur observation par une sentence prise du Psaume 8 , 3 : *Tu as tiré la louange la plus parfaite de la bouche des enfants et de ceux qui sont à la mamelle*, ἐκ στόματος νηπίων καὶ θηλαζόντων κατηρτίσω αἶνον (V. 15 seq.) ; sentence qui est ici appliquée à Jésus, bien que dans l'original elle se rapporte évidemment à Jéhova. La plainte de Jésus sur Jérusalem, plainte que Luc rattache à l'entrée, sera examinée plus bas.

Matthieu par son expression : *Tout cela se fit pour que fût accomplie la prophétie*, etc., τοῦτο δὲ ὅλον γέγονεν, ἵνα πληρωθῇ κ. τ. λ (V. 5), et Jean expriment d'une manière équivoque que le dessein de Dieu en disposant cette scène , puis aussi du Messie Jésus qui connaissait et partageait les conseils divins, fut d'accomplir une ancienne prophétie par cet arrangement de la solennité. S'il est vrai que Jésus vit , dans le passage de Zacharie (9, 9) (1), une prophétie relative à lui en tant que Messie, ce ne peut être en vertu du principe supérieur qui résidait en lui ; car, à supposer qu'il faille rapporter le passage de la prophétie , non à un prince historique tel que Osias (2) ou Jean Hyrcan (3), mais à un personnage messianique , toujours est-il que ce personnage y est représenté, comme pacifique à la vérité, cependant comme prince temporel, et comme jouissant tranquillement de la possession de Jérusalem. Mais il paraît que Jésus peut avoir été conduit naturellement à ce rapprochement , puisque les rabbins du moins appliquent au Messie, avec une grande concordance, le passage de Zacharie (4). En effet,

---

(1) Dans la manière dont Matthieu cite la prophétie , il y a une réunion d'un passage d'Isaïe avec celui de Zacharie : *Dites à la fille de Sion*, Εἴπατε τῇ θυγατρὶ Σιών, est d'Isaïe, 62, 11 ; le reste est de Zacharie, 9. 9, où la traduction des Septante a d'une façon un peu différente : Ἴδου ὁ βασιλεύς σου ἔρχεταί σοι δίκαιος καὶ σώζων αὐτὸς πραὺς καὶ ἐπιβεβηκὼς ἐπὶ ὑποζύγιον καὶ πῶλον νέον.

(2) Hitzig, Sur le temps de la rédaction des prophéties de Zacharie, 9-14, dans : Theol. Studien, 1830, 1. S. 36 ff., rapporte les versets précédents aux exploits guerriers de ce prince ; par conséquent, il rapporte le verset en question à ses vertus pacifiques.

(3) Paulus , exeg. Handb., 3, a, S. 121 ff.

(4) Dans le passage capital emprunté

comme cette arrivée peu brillante, qui était ici prédite au Messie, paraissait être en contradiction avec l'entrée brillante que Daniel avait prophétisée, nous savons que plus tard on s'habitua à concilier cette contradiction, en disant que, selon que le peuple Juif se montrerait digne ou indigne, son Messie apparaîtrait sous la forme glorieuse ou sous la forme humble (1). Or, si au temps de Jésus cette distinction n'était pas encore développée, mais si l'on n'avait alors fait que rapporter au Messie le passage de Zacharie (9, 9), Jésus put s'imaginer que la prophétie de Zacharie devait s'accomplir présentement lors de sa première venue sur terre, et que celle de Daniel s'accomplirait un jour lors de sa seconde venue. Mais il y aurait encore une troisième possibilité : ce serait, ou bien que, Jésus ayant été monté fortuitement sur un âne lors de son entrée, cela ait été postérieurement entendu de la sorte par les chrétiens, ou bien que toute la solennité de l'entrée ait été librement composée, afin que ne manquât aucun des attributs messianiques que comportaient les deux prophéties et la supposition dogmatique d'un savoir supérieur en Jésus.

à Midrasch Koheleth, et cité t. 1, § 14, le passage de Zacharie : *Pauper et insidens asino*, est tout d'abord rapporté au *Goel postremus*. Cet âne du Messie fut aussitôt regardé comme identique avec celui d'Abraham et de Moïse. Voyez Jalkut Rubeni f. 79, 3, 4, dans Schöttgen, 1, S. 169. Comparez Eisenmenger, entdecktes Judenthum, 2, S. 697 f.

(1) Sanhedrin f. 98, 1 (dans Wetstein) : Dixit R. Alexander : R. Josua f. Levi duobus inter se collatis locis tanquam contrariis visis objecit : Scribitur Dan. 7, 13 : Et ecce cum nubibus cœli velut filius hominis venit. Et scribitur Zach., 9, 9 : Pauper et insidens asino. Verum hæc duo loca ita inter se conciliari possunt : nempe, si justitia sua mereantur Israelitæ, Messias veniet cum nubibus cœli : si autem non mereantur, veniet pauper, et vehetur asino.